中國學術思想 研究輯刊

二三編

林慶彰 主編

第 5 冊

先秦至魏晉孔子形象之道家化歷程
——兼論儒道關係（下）

鄭倩琳 著

花木蘭文化出版社

國家圖書館出版品預行編目資料

先秦至魏晉孔子形象之道家化歷程——兼論儒道關係（下）／
鄭倩琳 著 — 初版 — 新北市：花木蘭文化出版社，2016〔民
105〕
目 2+196 面；19×26 公分
（中國學術思想研究輯刊 二三編；第 5 冊）
ISBN 978-986-404-556-3（精裝）
1.（周）孔丘 2. 學術思想 3. 儒學 4. 道家
030.8　　　　　　　　　　　　　　　　105002141

ISBN-978-986-404-556-3

9 789864 045563

中國學術思想研究輯刊
二三編　第 五 冊　　　　　　　ISBN：978-986-404-556-3

先秦至魏晉孔子形象之道家化歷程
——兼論儒道關係（下）

作　　者　鄭倩琳
主　　編　林慶彰
總 編 輯　杜潔祥
副總編輯　楊嘉樂
編　　輯　許郁翎
出　　版　花木蘭文化出版社
社　　長　高小娟
聯絡地址　235 新北市中和區中安街七二號十三樓
　　　　　電話：02-2923-1455／傳真：02-2923-1452
網　　址　http://www.huamulan.tw 信箱 hml810518@gmail.com
印　　刷　普羅文化出版廣告事業
封面設計　劉開工作室
初　　版　2016 年 3 月
全書字數　335755 字
定　　價　二三編 24 冊（精裝）新台幣 46,000 元　　版權所有·請勿翻印

先秦至魏晉孔子形象之道家化歷程
——兼論儒道關係（下）

鄭倩琳　著

目

次

第六章 《淮南子》的孔子詮釋

　　《淮南子》的孔子詮釋涉及儒道兼採問題，處理這個問題，當然無法略過《淮南子》的學派歸屬議題。關於《淮南子》的思想屬性，論者或認爲它是「雜家」〔註1〕，或認爲它是「道家」〔註2〕（或另立「秦漢新道家〔註3〕」、

〔註1〕 馮友蘭言：「《淮南鴻烈》……雜取各家之言，無中心思想。」見氏著《中國哲學史》（台北：藍燈文化，1989年10月），頁477。

　　戴君仁認爲《淮南子》的雜字是融合的雜，不是集合的雜。……這些淮南八公，我們固然無法知道他們是否一身兼諸家之學，而此書之撰成，是和諸儒共同講論的，可見其內容思想有調和融攝之處。而劉安本身也能屬文，或許有所折衷修訂。所以這部混合思想的《淮南子》，即使作者不都是一身兼眾學，而它終究是有意造成混合折衷思想的一部子書，足以顯示雜家的特殊面目。見氏著〈雜家與淮南子〉，收入于大成、陳新雄主編《淮南子論文集》（台北：木鐸出版社，1976年），頁3～5。

　　李增指出：《淮南子》在《漢書・藝文志》分類中歸屬於雜家，但這個雜字不是雜亂無章的雜，也不是七拼八湊的雜，而是「采儒墨之善、集名法之要」的「兼儒墨、合名法」之雜，「雜者，通眾家之意」。見氏著《淮南子》（台北：東大圖書，1992年7月），頁2。

　　孫紀文認爲：把《淮南子》歸爲道家的認識是以偏概全的表現。原因是：一、就二十篇中的某一篇主旨而言，的確體現了道家思想（黃老思想）的主張，如〈主術訓〉。（筆者按：「訓」字本是高誘解經之用語，《淮南子》原作各篇之名無「訓」字，從〈要略〉兩度細數各篇，篇名皆無「訓」字可知。）但立足全書的整體思想來看，則不是這種情況，如〈泰族訓〉顯然是儒家思想的集結。二、《淮南子》中的道家思想顯然有老莊之道和黃老之道的區分，且老莊思想占據主要地位，以黃老思想統帥整部書的思想自然不妥。所以，《淮南子》的思想是當時不同思想的賓客，在學術自由中平等競進、集體著作的結果。決非是出自道家一家的思想性格或企圖。也就是說《淮南子》是一部集諸子百家思想於一體的著作。若強行區分學術派別的話，莫若依從《漢志》的「雜家」之說。見氏著《淮南子研究》（北京：學苑出版社，2005年7月），

「淮南道家〔註4〕」之名），或強調「儒道互補」、「儒道兼用〔註5〕」。名號雖

頁 123。

對此，筆者以爲：整體而言，《淮南子》是以道家思想爲依歸，且〈泰族訓〉
中的儒家思想兼有黃老色彩，已非先秦的儒家思想；另外，《莊子》外雜篇中
也有被歸爲「黃老派」的黃老思想，由此可知所謂「老莊之道」與「黃老之
道」兩者在發展過程中並非壁壘分明的兩個派別，時至漢初，是否有必要將
兩者完全區隔、一分爲二？且「老莊思想」是否占據《淮南子》中道家思想
的主要地位，亦可再議。

〔註2〕 梁啓超認爲：《淮南鴻烈》實可謂爲集道家學說之大成，就其內容爲嚴密的分
類，毋寧以入道家也。見《諸子考釋・漢書藝文志諸子略考釋》（台北：臺灣
中華書局，1971 年 11 月），頁 105。

〔註3〕 牟鍾鑒指出：《淮南子》是以《呂氏春秋》爲藍本而寫成的。兩書基本思想一
致，推崇老莊哲學，以其爲主幹，融合各家學說，從而形成一種綜合性理論。
這種理論的綜合性，恰巧就是秦漢道家的特色。《呂氏春秋》是秦漢道家的初
創之作，《淮南子》是秦漢道家的最高理論結晶。見氏著《《呂氏春秋》與《淮
南子》思想研究》（濟南：齊魯書社，1987 年 9 月），頁 2～5。

陳鼓應認爲：《呂氏春秋》與《淮南子》屬秦漢新道家，兩書有許多共同點，
如：歸本黃老、寫作宗旨相同、中心論題是君道、以道家爲主體而兼採各家
之長及兩書對古典經學的吸收與發揚等等。見氏著〈從《呂氏春秋》到《淮
南子》論道家在秦漢哲學史上的地位〉，《文史哲學報》第 52 期（2000 年 6 月），
頁 32～36。

熊鐵基認爲：屬於黃老道家的作品不少，但較全面的總結性的代表作還是秦
的《呂氏春秋》和漢的《淮南子》，其黃老之學的理論最高、論述最全面。見
氏著《秦漢新道家》（上海：上海人民出版社，2001 年 3 月），頁 28。

〔註4〕 陳德和指出：道家思想是《淮南子》的根本思想，但這種道家思想不是老莊
道家。因爲老莊雖然對於儒墨可以有「作用的保存」，然而它是通過辯證的過
程、用批判的反省來顯其「守母以存子」的本領，而不是直接承認諸子百家
而樂意接納之。《淮南子》中的道家思想則直接表示接納的態度，它認爲綜合
百學是應該且明智的。它比較接近黃老道家。陳氏又言：《淮南子》是黃老，
但性格不全屬於黃老，惟一可以相稱的，是司馬談〈論六家要旨〉的那種道
家。……學界也有把司馬談所形容的道家完全等同於黃老者，這不恰當，因
爲司馬談的道家沒有君尊臣卑的論調，也找不到「道生法」的主張。《淮南子》
這種新道家就是被班固認爲「兼儒墨，合名法，知國體之有此，見王道之無
不貫」的雜家。陳氏將其重新定位爲「淮南道家」。見氏著《淮南子的哲學》
（嘉義：南華管理學院，1999 年 2 月），頁 30 及 46。

〔註5〕 徐復觀認爲：〈要略〉的全書敍目，是由一位道家執筆；〈要略〉中主要表現
了道家的想法，是以道家的立場去貫通全書的；對於儒家的立場，多含混帶
過去。因此，從〈要略〉不能把握到全書的精神、脈絡。由儒家寫了〈泰族
訓〉的全書總結，再由道家寫〈要略〉的全書敍目，推想，這是劉安當時調
和於二者之間的妥協的辦法。所以，《淮南子》中所大集結的當時思想，乃是
來自當時抱有不同思想的賓客，在平等自由中，平流競進，集體著作的結果。
決非是出自道家一家的思想性格或企圖。他們意識地要作這一大集結。見氏

然不同，各家說法其實有互通之處，並非完全扞隔。推究其源，「雜家說」乃是根據劉向《別錄》、劉歆《七略》及班固《漢書‧藝文志》的分類；而「道家說」則是源於高誘「其旨近《老子》，淡泊無爲，蹈虛守靜，出入經道」的說法。可見早在漢代，學者對此書的屬性就已有不同的看法。

高誘《淮南子注‧敘目》言：「於是遂與蘇飛、李尚、左吳、田由、雷被、毛被、伍被、晉昌等八人及諸儒大山、小山之徒，共講論道德，總統仁義，而著此書。」已說明了《淮南子》成於眾人之手，彼此以「道德」與「仁義」爲討論中心，著成此書。《鹽鐵論‧晁錯篇》亦言：「日者，淮南、衡山修文學，招四方游士，山東儒墨，咸聚於江、淮之間，講議集論，著書數十篇。然卒於背義不臣，使謀叛逆，誅及宗族。」也說明了儒、墨之士參與《淮南子》的編輯。因此，要將《淮南子》列爲「雜家」，或強調「儒道兼用」，都是於理有據。

然而，「雜家」之名容易使人有拼湊、駁雜的聯想；「儒道兼用」之名則隱含了儒道立場不同、互相競爭之意，似乎也未盡其實。主張這些說法者，也常是以各家（或儒道）殊異立場的角度去分析《淮南子》，彷彿《淮南子》只是各家競言之總集，沒有中心思想〔註6〕。《淮南子》確實出於眾人之手，

著《兩漢思想史》（台北：臺灣學生書局，1999年10月），頁285。

陳靜指出：《淮南子》有在道家的立場上統攬全書的意圖，這是很明顯的。但是卻又沒有把道家的立場貫徹到底，而是游移於儒家和道家之間。整部《淮南子》從頭到尾恰好是一個從道家轉移到儒家的過程。……想在道家立場上貫通全書的《淮南子》實際上有道家和儒家兩個思想立場，這是《淮南子》最終被戴上「雜家」帽子的根本原因。見氏著《自由與秩序的困惑——『淮南子』研究》（昆明：雲南大學出版社，2004年11月），頁157～158。

張允熠指出：《淮南子》主要出入於「經、道」兩家，「經」是《六經》，「道」是《道德經》，即儒、道兩家。至於「其旨近老子淡泊無爲，蹈虛守靜」，這只是「道」的一個方面，這從〈原道訓〉、〈俶真訓〉、〈精神訓〉、〈本經訓〉、〈道應訓〉等篇章可知；但另一個方面則是「儒」道，這從〈繆稱訓〉、〈修務訓〉、〈人間訓〉、〈泰族訓〉等篇章可知。……《淮南子》圍繞著「講論道德，總統仁義」八字宗旨統領材料，所謂「出入經道」，即在宏旨上主要出入於道、儒兩家，力圖把「道德」和「仁義」糅合起來，將儒、道貫通，實現一種儒道互補、儒道合流的價值結構。見氏著〈《淮南子》思想主旨新探〉，《安徽大學學報》（哲學社會科學版）第31卷第4期（2007年7月），頁5。

〔註6〕正如王雪對徐復觀先生《淮南子》學的批評：徐先生主要是從儒道分野的視角分析《淮南子》，而不是對《淮南子》的整體思想進行分析，因此沒有反映《淮南子》思想的全貌。參見氏著《《淮南子》哲學思想研究》（西北大學中國思想史博士論文，張豈之先生指導，2005年4月），頁5。

但必然有人總攬全書、統一主旨；《淮南子》中確實有儒道矛盾之處，然而，最後仍走出了一條融合會通之途，這才是更該被強調的。梁啓超說：「劉安博學能文，其書雖由蘇飛輩分纂，然宗旨及體例，計必先行規定，然後從事，或安自總其成亦未可知。〔註7〕」陳師麗桂亦言：「各篇的撰作，儘管不盡出於劉安；然以劉安見稱於一世的風雅，他照應全書，總承其事，應該是可以斷言的。淮南鴻烈在『兼儒、墨，合名、法』之餘，能自具一貫之宗旨，有其獨特的價值，全賴此。而貫串廿一篇，篇篇不免鋪張揚厲、刻意曼衍雕飾的文字色彩，也在在顯現該書曾經一手總裁的痕跡。尤其，在最後一篇要略裏，作者更費盡力氣地介紹全書的組織、架構與精神，要人相信他們的書確是有著嚴肅的使命、偉大的構想，自始至終經過縝密周詳地經營的〔註8〕」。如果《淮南子》中只是各家競爭的狀態，自己本身矛盾未解，要如何達成「統天下，理萬物，應變化，通殊類」的目標？《淮南子》中確實可見儒道混合，但它也的確開出了一條儒道會通之路。《淮南子》以大道、道德居優位，強調以「道德」收攝「仁義」，應該歸屬道家（詳見下論）〔註9〕。再者，〈脩務〉作者把「無為」定義為「循理而舉事，因資而立【功】〔註10〕，權自然之勢，而曲故不得容」，將「無為」轉化為「因自然而為」，就代表其已先接受了「無為者，道之宗」（〈主術〉）的思想。否則，直接否定「無為」即可，何必改造？

〔註7〕 見氏著《諸子考釋・漢書藝文志諸子略考釋》，頁105。

〔註8〕 見師著〈淮南鴻烈的內容體系與價值〉，《中華文化復興月刊》第十八卷第四期（1985年3月），頁29。師又言：有關《淮南內篇》的成書，實際上固是劉安君臣通力合作下的結果，作者本該是集體的，而非個人；但從劉安個人足以領騷一方的高超才華，再衡諸全書有計劃撰作的痕跡，與其頗為統一的風格體制，全書經過劉安一人用心地整理過應該是沒有問題的，〈要略篇〉也應該是劉安寫的，是他以一個名符其實的主編者、審訂者的身份寫的。見師著〈淮南多楚語——論淮南子的文字〉，《漢學研究》第2卷第1期（1984年6月），頁167。

〔註9〕 這就好比陸賈的思想雖然融合道法、兼採陰陽，但根據他「以仁義為一切事物根本」的思想（《新語・道基》言：「百姓以德附，骨肉以仁親，夫婦以義合，朋友以義信……陽氣以仁生，陰節以義降……乾、坤以仁和合，八卦以義相承……禮以仁盡節，義以義升降」，見王利器《新語校注》，北京：中華書局，1986年8月，頁30），我們仍將其歸為儒家。

〔註10〕 王念孫云：「因資而立」下脫一字，當依《文子・自然》篇作「因資而立功」，「立功」與「舉事」相對為文。〈氾論篇〉曰：「聖人隨時而動靜，因資而立功。」〈說林篇〉曰：「聖人者隨時而舉事，因資而立功。」皆其證也。見張雙棣《淮南子校釋》（北京：北京大學出版社，1997年8月），頁1955。

可見「無爲」已是這群儒道作者的共同價值。最後，無論學者所持學派意見爲何，不可否認的是，《淮南子》在道家發展史上確實有重要價值，「老」與「莊」第一次併稱出現在〈要略〉中，〈道應〉全篇解釋《老子》章句，〈俶眞〉多發揮《莊子》學說，《淮南子》大量引用並詮釋老莊思想，都說明了《淮南子》承繼老莊思想的宗旨。

但，「雜家」之說也並非毫無意義。對於《淮南子》的撰作者來說，學派歸屬顯然不是他們最關心的問題，他們著作的目的，是要建立一套君王南面之術，而這正是「雜家」鋪論國政、輔王弼治的特質。「雜家」說能顯示出《淮南子》以大道爲中心思想，兼容並蓄、併採各家的學術傾向，也就是〈要略〉所言，既要「言道」，又要「言事」，這也說明了《淮南子》並非單純的承續道家思想，而是有所轉化、改造。

《淮南子》對孔子的評價及詮釋，也可以是一個新的切入點，有助於釐清《淮南子》中複雜的儒道關係。早在先秦時，儒墨已爲顯學，儒家有師徒傳承，墨家有嚴密組織，孔子、墨子分別爲儒、墨之宗師。由司馬談〈論六家要旨〉一文可知，「道家」之名正式出現，漢人已經有非常明確的「學派」意識，那麼，《淮南子》對「孔子」的態度，是否可以代表這部書對「儒家」的態度？

另外，在《莊子》中，既有受批判的孔子，也有經提點而得道的孔子；在《呂覽》中，孔子形象在儒家思想的基調下，兼融了黃老道家色彩。《淮南子》中的孔子形象又是如何？《莊子》對《淮南子》的影響無庸置疑，關於這一點，許多學者都撰有專文討論〔註11〕。《淮南子》深受《莊子》影響，其

〔註11〕 王叔岷指出：《文選》江文通〈雜體詩〉注、謝靈運〈入華子岡詩〉注、陶淵明〈歸去來辭〉注、任彥昇〈齊竟陵文宣王行狀〉注並引淮南王《莊子略要》……張景陽〈七命〉注引淮南王《莊子后解》……據此，則淮南王劉安乃精習《莊子》者。惜《莊子略要》、《莊子后解》二書並已失傳，爲治《莊子》一大憾事！見氏著〈淮南子與莊子〉，收入于大成、陳新雄主編《淮南子論文集》，頁27。
此外，《淮南子》多處援引《莊子》。周駿富〈淮南子與莊子的關係〉一文認爲：淮南不但是素習莊子者，且爲研讀莊書最有心得者，淮南內容思想多處因襲莊子。見氏著〈淮南子與莊子的關係〉，收入于大成、陳新雄主編《淮南子論文集》，頁27。又，王叔岷指出：檢《淮南》全書，其明引《莊子》之文僅一見……其暗用《莊子》者則觸篇皆是。今本《莊子》三十三篇，惟〈說劍篇〉之文，不見於淮南。其餘三十二篇，則均有稱引。《漢志》列淮南於雜家，然其思想仍以道家爲指歸。尤與莊子爲近，故引用莊子之文特多。見氏

孔子形象是否承襲《莊子》，與《莊子》中的孔子形象有何異同？再者，《淮南子》和《呂氏春秋》同樣以治理天下為標的，兼融各家思想，兩者的孔子詮釋又是否有雷同之處？這些都是筆者所欲探討的。

關於《淮南子》中的孔子詮釋問題，有論者提出：「《淮南子》認為，孔子的智慧是常人無法看透的，他的行為作風也是平常人難以理解的。他是真正懂權變，識進退，知忍讓的人。」、「《淮南子》雖然對孔子的功績有所肯定，但是基本遵從漢初對待孔子的客觀態度，並非像漢以後將其神化。〔註12〕」有論者更進一步將「《淮南子》的孔子觀」歸納為三點：一、尊孔子為「聖人」、「素王」，二、對孔子言行的肯定和人格的褒揚，三、對孔子推行仁義之術，力行救世的批判〔註13〕。有論者比較《淮南子》與《史記》中的孔子，認為：「二者對孔子在教育和治政上的功績都給予了充分肯定。然而與《史記》不同的是，《淮南子》對孔子及學說中的不合理成分也進行了深刻的批判。指出了孔子學說的侷限和對人性的禁錮。二者對待孔子的不同態度，究其原因在於《淮南子》和《史記》分別產生於西漢的不同階段，因為社會背景的不同，二者所秉承的創作主旨也有所不同。〔註14〕」站在前人研究的基礎上，我們可以更深入探討《淮南子》的孔子詮釋所蘊含的深義。

第一節　儒道相爭與結合

與《呂氏春秋》相同，《淮南子》中儒道既有相爭之處，也有結合之處〔註15〕。《淮南子》不以儒家「仁義」為最高價值，甚而在一些篇章中嚴辭

著〈《淮南子》引《莊》舉偶〉，收入《道家文化研究》第十四輯（北京：生活・讀書・新知三聯書店，1998年7月），頁366。

〔註12〕參見邱維寅〈《淮南子》論孔子〉，《淮南師範學院學報》2010年第1期，頁37～38。

〔註13〕參見馬文戈《〈呂氏春秋〉與〈淮南子〉孔子觀之比較》（曲阜師範大學孔子文化學院碩士論文，修建軍先生指導，2006年4月），頁23～27。

〔註14〕參見劉慧源《〈淮南子〉、〈史記〉孔子論》（安徽大學中國古代文學碩士論文，陳廣忠先生指導，2012年4月），頁1。

〔註15〕牟鍾鑒認為：《淮南子》全書引《詩》約三十次，引《易》十餘次，數稱《書》、《樂》、《春秋》，對儒家經典相當熟悉。〈泰族訓〉稱道孔子和六藝，與《禮記・經解》同，又主張以禮樂化民成俗，以實行宗法等級制度為治國綱紀。〈脩務訓〉發揮儒家教育思想，強調後天教化。這兩篇中，儒的成分多於道，又將〈泰族訓〉放在書末，給予極高評價。……《淮南子》使各家（尤其道與儒）在理論上更密切結合，可是衝突也加劇。見氏著《〈呂氏春秋〉與〈淮

批判「仁義」，〈繆稱〉言：「道滅而德用，德衰而仁義生。故上世體道而不德，中世守德而壞也，末世繩繩乎唯恐失仁義。」以爲「仁義」的功能是有限的，這種有限性，是相對於大道的「無限性」而言。

一、對儒家的矛盾立場

在《淮南子》中，有不少批判儒家的聲音，如〈齊俗〉言：

> 故魯國服儒者之禮，行孔子之術，地削名卑，不能親近來遠。越王句踐劗髮文身，無皮弁搢笏之服，拘罷拒折之容，然而勝夫差於五湖，南面而霸天下，泗上十二諸侯皆率九夷以朝。胡、貉、匈奴之國縱體拖髮，箕倨反言，而國不亡者，未必無禮也。楚莊王裾衣博袍，令行乎天下，遂霸諸侯。晉文君大布之衣，牂羊之裘，韋以帶劍，威立于海內，豈必鄒魯之禮之謂禮乎？（《淮南子校釋》，頁1137～1138）

長期以來，儒家獨占「禮」之名，然而，只有儒家制度才能稱作「禮」嗎？只有行孔子之術才能致富強嗎？就魯國衰弱、夫差霸天下、楚莊王霸諸侯的史實來看，答案恐怕是否定的。須注意的是，這裡批判的是「服儒者之禮」、「行孔子之術」的魯國，而非「孔子本人」。〈齊俗〉又言：

> 世之明事者，多離道德之本，曰禮義足以治天下，此未可與言術也。所謂禮義者，五帝三王之法籍風俗，一世之迹也，譬若芻狗土龍之始成，文以青黃，絹以綺繡，纏以朱絲，尸祝袀袨，大夫端冕，以送迎之。及其已用之後，則壤土草薊而已，夫有孰貴之。（《淮南子校釋》，頁1157）

此段繼承《莊子·天運》之論，以儒家禮義爲一世之陳迹、祭祀之芻狗。指責當世許多「明事者」，悖離道德之本，企圖以禮義治天下，無疑緣木求魚。此處，作者所批判的對象，正是標舉仁義禮樂的儒士。

《淮南子》除了批判儒家之禮外，對於儒家的興起，它所採取的是《莊子·天下》篇「道術將爲天下裂」的學術史觀，認爲儒家也不過是「一家之言」。〈俶眞〉言：「周室衰而王道廢，儒墨乃始裂道而議，分徒而訟。於是博學以疑聖，華誣以脅眾；弦歌鼓舞，緣飾《詩》《書》，以買名譽於天下。繁登降之禮，飾紱冕之服，聚眾不足以極其變，積財不足以贍其費。」其中「博

學疑聖」、「華誣脅眾」、「緣飾詩書」等對儒生的批評，幾乎與《莊子・盜跖》篇「作言造語，妄稱文武」、「搖脣鼓舌，擅生是非」等語無異。不同的是，〈盜跖〉認為「天下學士不反其本，妄作孝弟而徼倖於封侯富貴」必須由儒家宗師「孔子」負起全責；〈齊俗〉則只指責當時儒生的不當言行，並沒有直指孔子。由此可知，《淮南子》批判的對象多針對儒生、禮教，幾乎不會波及孔子。

再者，《淮南子》中有對於儒家禮義的批判，也有為儒墨反駁的聲音。〈泰族〉說：「法能殺不孝者，而不能使人為孔曾之行；法能刑竊盜者，而不能使人為伯夷之廉。孔子弟子七十，養徒三千人，皆入孝出悌，言為文章，行為儀表，教之所以成也。墨子服役者百八十人，皆可使赴湯蹈刃，死不還踵，化之所致也。夫刻肌膚，鑱皮革，被創流血，至難也，然越為之，以求榮也。聖王在上，明好惡以示之，經誹譽以導之，親賢而進之，賤不肖而退之，無被創流血之苦，而有高世尊顯之名，民孰不從？」文中讚頌孔子的教化之功，讓孔門三千弟子在家孝順、出外敬長，言行足為表率。前文批判儒生，這裡卻稱讚儒家後學「言為文章，行為儀表」，由此可知，《淮南子》對儒家與儒者的態度有其抉選與切入的角度。它對於儒生的言行，有褒有貶；對於儒家之禮、儒家之術，則多所批判〔註16〕。

二、「三年之喪」的爭論

儒道之間的針鋒相對，具體呈現在關於「三年之喪」禮制的討論。「三年之喪」究竟有無必要？是本於人心，抑或過於矯情？《論語・陽貨》篇記載：「宰我問：『三年之喪，期已久矣。君子三年不為禮，禮必壞；三年不為樂，樂必崩。舊穀既沒，新穀既升，鑽燧改火，期可已矣。』」可見「三年之喪」制度的合理性在孔門內部就曾遭到質疑。《淮南子》也呈現了兩種不同的聲音。〈齊俗〉說：

> 禮者，實之文也；仁者，恩之效也。故禮因人情而為之節文，而仁發怜以見容。禮不過實，仁不溢恩也，治世之道也。夫三年之喪，是強人所不及也，而以偽輔情也；三月之服，是絕哀而迫切之性也。夫儒墨不原人情之終始，而務以行相反之制、五縗之服。（《淮南子校釋》，頁1146）

〔註16〕由以上所引文字亦可見《淮南子》中「儒墨合流」的現象，「儒墨」時常並提，墨家幾乎已經完全附屬在儒家之下，這一點與《呂氏春秋》相同。

〈齊俗〉認爲：禮是依據人情所作的調節和文飾，而仁是內心情感充滿後的自然表露。在此，它特別強調「禮」與「仁」皆必須由「人情」——眞實的情感出發，兩者都不能缺乏內心的眞情。《禮記・坊記》曰：「禮者因人之情而爲之節文，以爲民坊者也。」《管子・心術上》曰：「禮者因人之情，緣義之理，而爲之節文者也。」上博簡〈民之父母〉也提及「志之所至者，禮亦至焉；禮之所至者，樂亦至焉；樂之所至者，哀亦至焉」，禮、樂、哀的共同根源在於心志。可知從戰國以來，由人情出發，以眞情爲本，文飾以表露已是各家對「禮」的共同要求。然而，「人情」的眞實是什麼？是否可能因人而異？因時而異？「眞情」無法量化，什麼樣的禮制才恰當，才符合人性之實，很可能落入一人一義、十人十義的困境。因此，當宰我說他能安於「食夫稻，衣夫錦」時，孔子也只能大嘆「女安則爲之」。

在諸多禮制當中，儒家特重喪禮、愼終追遠；墨家與儒相對，提倡「節葬」。〈齊俗〉則以爲：儒家訂定的三年之喪「太過」，墨家推行的三月之服「不及」，都未能窮究人情的本末，這樣的禮制當然不符社會所需。三年之喪是以人爲的文飾來輔助內在的實情，這樣的文飾超過了眞情，「文過於質」，並非自然的人情展現，有落入虛僞矯情的危險。文中直接指明「魯治禮而削，知禮而不知體也。」只知「禮」而不知「體」，這正是儒家不符現實，導致失敗之主因。但必須注意的是，〈齊俗〉並沒有絕對否定禮義，其後所言「故制禮義，行至德，而不拘於儒墨」，說明了「制禮義，行至德」仍是必要的，只是不必拘於「儒墨」之制度，而必須應時因地、因情置宜。

〈齊俗〉反對儒家「三年之喪」，而在〈本經〉中，卻有爲此制度辯護的聲音：

> 夫三年之喪，非強而致之，聽樂不樂，食旨不甘，思慕之心未能絕也。……喪者，所以盡哀，非所以爲僞也。（《淮南子校釋》，頁878）

〈本經〉批判當世「君臣相欺，父子相疑，怨尤充胷，思心盡亡，被衰戴絰，戲笑其中，雖致之三年，失喪之本」，並認爲：儒家守喪制度立基於人情，是爲了「盡哀」，表達內心漲滿充實、不得不發的哀傷之情，這是孺慕之情、思慕之心不能斷絕，並非虛僞矯情。因至親離去而哀傷，乃是人情之常，「三年之喪」本於人情，合於孝心，何「僞」之有？〈齊俗〉認爲三年之喪是強人所難，是制度本身的設計有問題；〈本經〉卻認爲三年之喪是出自眞情，某些人「被衰戴絰，戲笑其中」是他們個人未能自省、品德低下，乃是人病而非

法病。

〈齊俗〉與〈本經〉的兩種聲音表面看似對立，是儒道相爭的反映，其實兩者皆符合「制度」必須本於「人情」的基礎，〈齊俗〉說「禮不過實」，強調喪制要由真實的人情出發；〈本經〉說「喪者，所以盡哀」，也認為喪禮是為了表達哀傷之情。兩篇立論的基礎相同，只是對於何謂「人情之實」，兩篇看法不同。所以，不能單純只將「三年之喪」的爭論視為儒道之爭，因為〈齊俗〉與〈本經〉都堅守了「人情」的標準。更重要的是，〈齊俗〉沒有完全否定禮義，而是強調「制禮義」、行禮義的同時，要有「恩」、有心、「盡哀」；更要「行至德」。真心、真恩、至德是禮制之「體」，更是至治之本。

三、《淮南子》的本末觀

《淮南子》認為，儒家最大的缺失，一如《莊子》所言，是「不明人情」〔註17〕，也就是上文所說的不能執本。〈本經〉言：

> 仁義禮樂者，可以救敗而非通治之至也。夫仁者所以救爭也，義者所以救失也，禮者所以救淫也，樂者所以救憂也。神明定於天下而心反其初，心反其初而民性善，民性善而天地陰陽從而包之，則財足而人贍矣，貪鄙忿爭不得生焉。由此觀之，則仁義不用矣。道德定於天下而民純樸……是故知神明然後知道德之不足為也，知道德然後知仁義之不足行也，知仁義然後知禮樂之不足脩也。（《淮南子校釋》，頁820）

仁義禮樂可以拯救人間衰敗之困境，但只能治標，不能治本，並非最高之治術。神明、道德立於天下，則民心自然純樸，反之，「立仁義、脩禮樂則德遷而為偽矣」。

〈本經〉認為：神明、道德才是最高的治術。在道家文獻中，《莊子》外雜篇多以「神明」或「神」指稱天地間靈妙的功能與現象〔註18〕。黃老帛書

〔註17〕〈精神〉也提及：「夫顏回、季路、子夏、冉伯牛，孔子之通學也，然顏淵夭死，季路菹於衛，子夏失明，冉伯牛為厲。此皆迫性拂情而不得其和也。故子夏見曾子，一臞一肥。曾子問其故，曰：『出見富貴之樂而欲之，入見先王之道又說之，兩者心戰，故臞；先王之道勝，故肥。』推其志，非能貪富貴之位，不便侈靡之樂，直宜迫性閉欲，以義自防也。雖情心鬱殪，形性屈竭，猶不得已自強也。故莫能終其天年。」同樣批評了儒家壓抑性情、以義自防，不能終其天年的缺失。

〔註18〕《莊子‧天下》曰：「古之人其備乎！配神明，醇天地，育萬物，和天下，澤

及《鶡冠子》將「天道」視爲「神明」的根源，四時運行、孕育萬物的現象即是「天」的靈妙作用，也就是「神明」〔註19〕。〈本經〉此處的「神明」是用以指稱超乎「道德」之上，比道德更爲根源的靈妙存在。「神明」立於「道德」之上，當然更超乎人爲判定的價值標準，是在仁義禮樂之上的最高準則與根源。此外，〈本經〉還說：「夫至大，天地弗能含也；至微，神明弗能領也」、「神明藏於無形，精神反於至眞，則目明而不以視，耳聰而不以聽，必條達而不以思慮」，其中的「神明」皆指涉「精神之靈明狀態」。由此推測，此處之「神明」亦指涉聖人靈明之精神。聖人修養至極後與道渾同，因此，其靈明精神亦可說是天地四時、人間秩序的根源。聖人保持清淨澄明之精神，穩定恬靜，能洞察事物本性，以此爲本，實行無爲之治，這正是人心返回樸拙狀態、民性歸復於善的前提。

再者，此處的「道德」不但和儒家克己復禮、居仁由義之「道德」不同，和《老子》的「道」、「德」也有差別。此處之「道德」是黃老意義之「道德」，也就是形、神兼養，虛無爲本、因循爲用，重時應變、講求事功的黃老道家思維。總之，〈本經〉以爲：仁義禮樂只能救治衰敗，亡羊補牢；神明、道德才是治世的根本。

〈齊俗〉也提出了相似的看法：

率性而行謂之道，得其天性謂之德。性失然後貴仁；道失然後貴義。是故仁義立而道德遷矣，禮樂飾則純樸散矣，是非形則百姓眩矣，珠玉尊則天下爭矣。凡此四者，衰世之造也，末世之用也。夫禮者，所以別尊卑、異貴賤；義者，所以合君臣、父子、兄弟、夫婦、朋友之際也。今世之爲禮者，恭敬而忮；爲義者，布施而德；君臣以相非，

及百姓，明於本數，係於末度，六通四辟，小大精粗，其運無乎不在。」、「判天地之美，析萬物之理，察古人之全，寡能備於天地之美，稱神明之容。」〈在宥〉說：「一而不可不易者，道也；神而不可不爲者，天也。」、〈天道〉言：「莫神於天，莫富於地，莫大於帝王。」

〔註19〕黃老帛書〈經法‧名理〉曰：「道者，神明之原也。神明者，處於度之內而見於度之外者也。處於度之〔內〕者，不言而信；見於度之外者，言而不可易也。處於度之內者，靜而不可移；見於度之外者，動而不可化也。靜而不移，動而不化，故曰神。神明者，見知之稽也。」《鶡冠子‧環流》說：「故氣相加而爲時，約相加而爲期，期相加而爲功，功相加而爲得失，得失相加而爲吉凶，萬物相加而爲勝敗。莫不發於氣，通於道，約於事，正於時，離于名，成於法者也。法之在此者謂之近，其出化彼謂之遠。近而至，故謂之神，遠而反，故謂之明。」

骨肉以生怨，則失禮義之本也，故攝而多責。(《淮南子校釋》，頁1109)

〈齊俗〉以「率性而行」定義「道」；以「得其天性」定義「德」。《中庸‧首章》言：「天命之謂性，率性之謂道，修道之謂教。」〈齊俗〉在此明顯襲用了《中庸》的語句，兩篇都認爲人之性乃是天生自然，但兩者所談之「性」內涵其實大不相同。《淮南子》所言「率性而行」當然也不同於《中庸》的循善慎獨、喜怒中節。〈齊俗〉所闡發的，是《老子》「失道而後仁，失仁而後義，失義而後禮」、「聖人之治，虛其心，實其腹，弱其志，強其骨。常使民無知無欲，使夫智者不敢爲也」的主張。

有趣的是，作者雖然認爲「仁義禮樂」是「衰世之造」、「末世之用」，卻又認爲「禮義」有其功用──「禮」用來「別尊卑、異貴賤」；「義」用來「合君臣、父子、兄弟、夫婦、朋友之際」，也就是說《淮南子》也承認：在人倫社會中，「禮義」能區別人我分際，確立人倫關係，社會才能井然有序。這正合於漢初政治所需，〈氾論〉言：

> 逮至暴亂已勝，海內大定，繼文之業，立武之功，履天子之圖籍，造劉氏之貌冠，摠鄒魯之儒墨，通先聖之遺教，戴天子之旗……當此之時，有立武者見疑。一世之間，而文武代爲雌雄，有時而用也。
> (《淮南子校釋》，頁1381)

劉氏一統天下，統合鄒魯的儒墨之道，通達先聖的遺教，原本的重武之風，一改爲文教，改變的關鍵就在於「有時而用」。這顯現出《淮南子》強烈的現實性、應時性。

因此，在《淮南子》中，「仁義」與「道德」可以並存，關鍵就在於必須執道德以行仁義，《淮南子》中屢次強調這個觀念，〈俶眞〉言：

> 孔墨之弟子，皆以仁義之術教導於世，然而不免於儡。身猶不能行也，又況所教乎！是何則？其道外也。夫以末求返于本，許由不能行也，又況齊民乎！誠達于性命之情而仁義固附矣，趨捨何足以滑心！(《淮南子校釋》，頁216)

孔墨弟子以悖離本性、外於大道的「仁義」來教導世人，這無疑是捨本逐末，因爲仁義異於大道。反之，若能通達性命之實，則仁義自然存在。這說明了「性命之情」乃是「仁義」的根源，「性命之情」才合於「大道」。道家一向強調性命之情、人性之眞，《老子》以嬰兒喻純眞之本性〔註20〕，《莊子‧漁

〔註20〕《老子‧二十章》曰：「我獨泊兮其未兆，如嬰兒之未孩。」、〈二十八章〉曰：

父〉言：「謹修而身，慎守其眞」。若往性命之源此一議題追溯，何以《淮南子》質疑儒家的「仁義」異於「大道」？爲什麼「仁義」一定悖離本性？嚴格說來，道家沒有反對出自眞心的仁義，道家反對的是儒家推崇標舉仁義的行爲。因爲有所推崇標榜，必同時相對生一否定，所謂「有無相生，難易相成，長短相較，高下相傾」（《老子・第二章》）、「大道廢，有仁義；智慧出，有大僞」（《老子・十八章》）。何況人性之眞是不能夠被標準化、定義化的，它是人心自然而然的展現，這種人心的展現必須包容個別的差異，也就是說「眞情」與「仁義」不能被標準化，成爲僵化之「禮制」。儒家雖然也強調仁的發用要由內心的眞實感受出發，子思學派就十分強調「德」由「心」啓，由「中」發「思」、「中心之憂」，也就是「德」駐於心性的問題〔註21〕。孟子也說：「人皆有不忍人之心。先王有不忍人之心，斯有不忍仁之政矣」（〈公孫丑上〉），但在標舉仁義、進行教化的過程，不可能避免將眞情、仁心加以制度化、標準化，因爲儒家的初心，不只要「脩己以敬」，更要「脩己以安人」、「脩己以安百姓」。因此，無論就內在思想發展，或外緣歷史因素來看，儒家勢必重視「禮樂」的制作，並以此教化人心。且不說荀子「由士以上則必以禮樂節之」（〈富國〉）、「論禮樂，正身行，廣教化，美風俗」（〈王制〉）等強調以禮樂節制人心、教化人性的論點，就連強調內心自覺的帛書〈五行〉經文也有「仁內義外」之意，有以「義」爲「外」的傾向〔註22〕，難怪〈俶眞〉要以爲儒家之「仁義」不出於性命之情。

《呂氏春秋・有度》說：「孔墨之弟子徒屬，充滿天下，皆以仁義之術教導於天下，然而無所行。教者術猶不能行，又況乎所教。是何也？仁義之術，外也。夫以外勝內，匹夫徒步不能行，又況乎人主。唯通乎性命之情，而仁義之術自行矣」，呈現相同的意旨。值得注意的是，〈有度〉說：「教者術猶不能行，又況乎所教。」對於此處「教者」爲誰，高誘以爲是「孔、墨之弟子」，

「常德不離，復歸於嬰兒。」

〔註21〕 見陳師麗桂〈先秦儒學的聖、智之德──從孔子到子思學派〉，《漢學研究》第30卷第1期（2012年3月），頁1～12。

〔註22〕 陳師麗桂指出：帛書〈五行〉經文以「思」說仁、智、聖，義、禮不在其內，大有仁內義外之意，這與孟子強調的「義內」不同。師又言：經文作者於「五行」中，對聖、智二行之成德，特別強調由衷之「憂」，亦即內心深處的自覺。見師著〈從郭店竹簡〈五行〉檢視帛書〈五行〉說文對經文的依違情況〉，《哲學與文化》廿六卷第五期（1999年5月），頁430～434。

陳奇猷以爲是「孔、墨」〔註23〕，尚有爭議。〈俶眞〉則言「孔墨之弟子……身猶不能行也，又況所教乎？」批評的對象確定是孔墨弟子，並不涉及孔墨本人。由此可以看出，相較於《呂氏春秋》來說，《淮南子》對儒家的批評比較委婉，也儘量避免直接批評孔墨。

「禮義」縱然有其功用，但終究是「末」而非「本」，不能執末而忘本。當今爲政者「失禮義之本」，無法安處於人倫脈絡之中。〈齊俗〉中明確指出「道德」爲本，「仁義」爲末。此處之「道德」是黃老意義下因循爲用、重時應世的「道德」。仁義禮樂有其功用，但必須在把握黃老義「道德」的前提之下，仁義禮樂才能發揮其作用。

由此可知，《淮南子》對「仁義禮樂」的態度是有條件地接受，它認爲必須以「道」（就本體言，稱「大道」；就聖人之修養言，稱「道德」；就靈妙之功能作用言，稱「神明」）爲前提，才能含攝仁義禮樂，讓仁義禮樂恰如其分地發揮作用。仁義禮樂包含於大道中，執本以統末，這是《淮南子》的本末觀，這思想與《莊子》外雜篇中被歸納爲「黃老派」，具有黃老思想的篇章相同〔註24〕。因此，在《淮南子》中，才會出現既批判仁義禮樂，又包容仁義禮樂的情形。「道德」與「仁義」的歧差，終究是可以調整的。

《莊子》外雜篇中既有反對仁義禮樂之說；也有納仁義於大道之說，《淮南子》對於仁義也是既批判又接納，《淮南子》在批判「仁義禮樂」之後，又建立自己的一套詮釋，可以說是企圖改正儒家「仁義禮樂」的偏失，再取儒家仁義爲己用。

學者在郭店《老子》出土後，對於「道家反對仁義」的一貫說法，看法有了轉變。今本《老子・十九章》說「絕仁棄義」，郭店《老子・甲本》卻寫作「絕僞棄慮」，不見非毀「仁義」之文字，但是，「絕僞棄慮」之「僞」指的是企圖改變自然的人爲活動，而「慮」所指是「統治者意圖治民之思慮」，這句是指統治者內在的「慮」（治民之有爲意圖）外發爲「僞」（治民的人爲

〔註23〕高誘《注》：「所教，謂孔、墨弟子之弟子也。」由此可推他認爲「教者」是「孔、墨弟子」；陳奇猷則認爲：「教者謂孔、墨，所教謂孔、墨之弟子徒屬。」見氏著《呂氏春秋校釋》（台北：華正書局，1988年8月），頁1655。

〔註24〕論者可能會以〈泰族〉：「仁義者，治之本」來質疑筆者說法，然而，〈泰族〉此段全文是：「故仁義者，治之本也，今不知事脩其本，而務治其末，是釋其根而灌其枝也。且法之生也，以輔仁義；今重法而棄義，是貴其冠屨而忘其頭足也。」可見此處是以「仁義」對比「法」而言，強調「仁義」比「法」更具根源性。

活動），企圖矯治民性，使民歸於孝慈﹝註25﹞。由此可知，無論是「絕僞棄慮」，抑或「絕仁棄義」都可以看出，道家反對世俗化、教條化的道德條目，反對統治者矯治民性的一貫立場。「絕僞棄慮」與「絕仁棄義」思考方向一致，只是「絕僞棄慮」確實不像「絕仁棄義」用詞這麼激烈。相較於《老子》（無論哪一個版本的《老子》），可以說《淮南子》調整了道家的立場，認爲只要在「道德」的保證下，不必絕棄仁義之教。《淮南子》的轉變是因爲它企圖「道」、「事」兼顧，〈氾論〉言：「聖人所由曰道，所爲曰事。道猶金石，一調不更；事猶琴瑟，每終改調。」聖人在與化游息之外，也要能處理繁雜的人世之事。但本末順序不可顛倒，〈主術〉說：「不直之於本，而事之於末，譬猶揚堁【堁】而弭塵，抱薪以救火也。故聖人事省而易治，求寡而易贍。」聖人必須「執本」才能「事末」，達到「不求而得，不爲而成」的道家境界，這正是《淮南子》的「本末」觀。

第二節　孔子的有限性

　　《淮南子》對於「孔墨弟子」、「仁義之術」多所批判，可見它批評的主要目標乃是孔門之徒及他們所施行的儒家之術。爲何《淮南子》對儒士有負面的批評？除了儒道立場有異之外，當時的儒門風氣也值得注意。〈脩務〉言：「今取新聖人書，名之孔、墨，則弟子句指而受者必眾矣。故美人者，非必西施之種；通士者，不必孔、墨之類，曉然意有所通於物，故作書以喻意，以爲知者也。」說明了「孔墨」的名號在當時有巨大的影響力，而「今取新聖人書，名之孔墨」更說明了「託名孔墨」在當時可能是普遍的行爲。正因爲任何人都可以打孔墨的招牌，導致孔墨之名遭到濫用，不僅如此，學說的

﹝註25﹞ 請參考拙著〈從《郭店‧老子甲》「絕智棄辯」章探析《老子》相關思想之詮釋發展〉，《國文學報》第三十九期（2006 年 6 月），頁 92～93。
　　　　又，劉笑敢指出：如果我們相信竹簡本早於帛書木，那麼，這些攻擊儒家倫理的句子一定出自那些受到戰國中期儒道紛爭影響的編校者之手。這種改變算不算嚴重？它是不是歪曲了竹簡本的思想？答案可以是肯定的，也可以是否定的……如果我們檢查《老子》文本中批評儒家的其他段落，那麼，帛書本和後出版本不過是發展和強化了文本中原有的觀點。……總而言之，帛書和後出版本的第十九章對文句的改變和對儒家的批評都既不是突然的，也不是不可理解的，它們並非無中生有地歪曲了竹簡原來的思想。見氏著《老子古今：五種對勘與析評引論》（北京：中國社會科學出版社，2006 年 5 月），頁 58～59。

內涵也不可避免有所扭轉改變。因此，賢愚難辨、良莠不齊，「行貨賂，趨勢門，立私廢公，比周而取容，曰『孔子之術』也。此使君子小人紛然殽亂，莫知其是非者也。」（〈泰族〉）趨炎附勢、結黨營私，以博取榮寵之人，也自稱是孔子之術。難怪〈脩務〉要大聲疾呼：「儒有邪辟者，而先王之道不廢，何也？其行之者多也。今以爲學者之有過而非學者，則是以一飽之故，絕穀不食，以一蹟之難，輟足不行，惑矣。」看來儒門傳習、桃李滿天下的現象，也無可避免帶來了一些弊端。〈脩務〉的作者雖仍強調「先王之道不可廢」，但也支持「通士者不必孔墨之類」的立場，由此可見這群參與《淮南子》撰作的儒士，在學術上不墨守成規、不迷信聖人的精神〔註26〕。

在這些批評的文字中，《淮南子》並沒有直接點名孔子、墨子，只是批評其末流、弊端，這一點是《淮南子》與《莊子》最大的不同。《莊子》外雜篇對孔子有不少批判，〈盜跖〉篇將孔子塑造爲「魯國之巧僞人」、〈漁父〉篇稱孔子「子之難悟也」，而《淮南子》最多只是提及孔子的有限性，絕無嚴辭批評。值得注意的是，《淮南子》之所以提及孔子之「有限」，是相對於與王權之「無上」與大道之「無限」而言，目的並不在於鄙薄孔子其人。

一、博學無勢不足以治天下

〈主術〉說：

> 孔丘、墨翟修先聖之術，通六藝之論，口道其言，身行其志，慕義從風，而爲之服役者不過數十人。使居天子之位，則天下徧爲儒墨矣。（《淮南子校釋》，頁 985）

〈主術〉作者此論在強調「勢」的重要——「攝權勢之柄，其於化民易矣。

〔註26〕《新語‧術事》所言：「良馬非獨騏驥，利劍非惟干將，美女非獨西施，忠臣非獨呂望……書不必起仲尼之內，藥不必出扁鵲之方，合之者善，可以爲法。」意近於此。
又，孫紀文認爲：〈脩務訓〉不迷信古史傳說，不迷信儒家經書的訓導，不迷信孔子的神聖。……只能視爲是發展荀子的思想而有所變通。……一方面表明此時的儒家思想沒有被經術化，孔子也沒有被權威化；另一方面也表明此時的荀學後人仍然非常尊崇荀子，立場與《荀子‧堯問篇》所評論的荀子不比孔子遜色的觀點相一致，由此更可佐證〈脩務訓〉確爲荀學派所言。見氏著《淮南子研究》，頁 189。對此，筆者以爲，在《淮南子》中，孔子不僅沒有被儒家權威化，而且逐步黃老道家化。因爲《淮南子》中的「聖人」本就有道家色彩，並非原始儒家義的「聖人」。

衛君役子路,權重也;景、桓【桓景】(公)臣管、晏,位尊也。」〔註27〕。
這是承繼慎到、韓非一系重「勢」思想。《韓非子・難勢》引《慎子》說:「賢
人而詘於不肖者,則權輕位卑也;不肖而能服於賢者,則權重位尊也。堯為
匹夫不能治三人,而桀為天子能亂天下。吾以此知勢位之足恃,而賢智之不
足慕也。」慎到、韓非強調權勢足恃,直接否定賢智的價值,〈主術〉也說:
「上多故則下多詐」,反對人主以智故治國,由此皆可見〈主術〉對慎、韓重
「勢」思想的繼承。漢初大一統情勢已然確立,以治天下為標的的《淮南子》
當然了解:在現實政治中,「勢」是最基本的統御條件。居於天子之位,權重
位尊,才可能化民成俗。相對於王權的至尊無上而言,孔子當然有其侷限。

〈主術〉說:

> 孔、墨博通,而不能與山居者入榛薄險阻也。由此觀之,則人知
> 之於物也,淺矣。而欲以徧照海內,存萬方,不因道之數,而專
> 己之能,則其窮不達矣。故智不足以治天下也。(《淮南子校釋》,
> 頁 912)

自《左傳》、《國語》以來,就已確立了孔子「博學多智」的形象〔註28〕。然
而,《淮南子》卻認為:孔子、墨子雖然才學博通,卻不如山居者能深入叢林
高山,這說明了個人對於萬物所知非常有限。天地萬物這樣廣博浩瀚,即便
是博學如孔墨,也不可能窮盡所有知識。因此憑個人才智不足以治天下,必
須「因道之數」,順道而行。此處要強調的是才智之有限,唯有執道、順道,
才能通治天下。

〔註27〕 其後桓寬《鹽鐵論・論儒》說:「無鞭策,雖造父不能調駟馬。無勢位,雖舜、
禹不能治萬民。孔子曰:『鳳鳥不至,河不出圖,吾已矣夫!』故輶車良馬,
無以馳之;聖德仁義,無所施之」也提到孔子無政治實權,所以無從施展抱
負,推行聖德仁義,可與此相參看。見王利器校注《鹽鐵論校注》(北京:中
華書局,1992 年 7 月),頁 149。

〔註28〕 張岩指出:《左傳》描述的孔子形象主要突出了孔子的兩個特點。一是對禮、
對封建等級秩序的維護。二是孔子的睿智、善思與博學。⋯⋯《左傳》中孔
子的博學與智慧不僅表現於他熟知古代的典籍,還表現在他能正確地預言某
些事態的發展動向和辨知奇物、天象等方面。而《國語》中的孔子形象描述
比較單純,主要集中於孔子博物的特點上。《國語》中有四則關於孔子的小故
事,其中三則都是講孔子辨識奇物的故事。參見氏著〈先秦三部典籍中的孔
子形象剖析〉,《遼寧大學學報》(哲學社會科學版)第 34 卷第 6 期(2006 年
11 月),頁 90～91、〈論《左傳》中的孔子形象及其描述特點〉,《遼寧青年管
理幹部學院學報》2000 年第 1 期,頁 63。

二、一己之見不足以為治事之本

〈齊俗〉言：

> 晉平公出言而不當，師曠舉琴而撞之，跌衽宮壁。左右欲塗之，平
> 公曰：「舍之，以此為寡人失。」孔子聞之曰：「平公非不痛其體也，
> 欲來諫者也。」韓子聞之曰：「羣臣失禮而弗誅，是縱過也，有以也
> 夫，平公之不霸也！」（《淮南子校釋》，頁 1174）

作者並列孔子與韓非對於一事的看法，說明每個人對於事物的評價皆異。這
無疑是將孔子與韓非列為同一層次，沒有高低上下的分判，兩人之說都只是
一己之見，自然不足以成為治事之根本。〈氾論〉亦言：

> 夫弦歌鼓舞以為樂，盤旋揖讓以修禮，厚葬久喪以送死，孔子之所
> 立也，而墨子非之。……墨子之所立也，而楊子非之。……楊子之
> 所立也，而孟子非之。趨捨人異，各有曉心，故是非有處，得其處
> 則無非，失其處則無是。（《淮南子校釋》，頁 1380）

學派不同，主張各異，孔子之所立，墨子非之。在此，作者顯然認為孔子儒
家也不過是諸子各家之一，在各家之中，並不具備優越性。如同前文所言：「周
室衰而王道廢，儒墨乃始裂道而議，分徒而訟。」儒家也只是一家之言，當
然，這是相對於「大道」來說。〈齊俗〉中的這一段話，更是值得玩味：

> 神農之法曰……故身自耕，妻親織，以為天下先。其導民也，不貴
> 難得之貨，不器無用之物。是故其耕不強者，無以養生；其織不力
> 者，無以揜形；有餘不足，各歸其身。衣食饒溢，姦邪不生；安樂
> 無事，而天下均平。故孔丘、曾參無所施其善，孟賁、成荊無所行
> 其威。（《淮南子校釋》，頁 1196）

作者說神農氏時安樂無事、天下太平，所以，孔丘、曾參之善就沒有機會可
以施用。此處「不貴難得之貨，不器無用之物」乃是承繼《老子・第三章》
所言「不貴難得之貨，使民不為盜；不見可欲，使民心不亂。」在老子「為
無為而無不治」的治國之道下，孔子「無所施其善」；在無為大道之前，孔子
毫無用武之地，可見無為而治的效用遠大於仁義禮樂，隱約可以看出道高於
儒的意趣。大道之無限性反顯出孔子的有限性。

由此可知，《淮南子》之所以要提出孔子的有限性，是要強調大道的至高
無上，在自然大道之前，儒家主張只是一家之見，博學多聞亦無可施用。

第三節　孔子的黃老道家化

　　《淮南子》有時提及孔子的有限性，但絕無嚴辭批判孔子，更有多處爲其立說。在反對孔子的聲音中，最常被提及的便是孔子有「封侯富貴」的企圖，〈脩務〉爲孔子反駁道：

> 若以布衣徒步之人觀之，則伊尹負鼎而干湯，呂望鼓刀而入周，伯里奚轉鬻，管仲束縛，孔子無黔突，墨子無煖席。是以聖人不高山，不廣河，蒙恥辱以干世主，非以貪祿慕位，欲事起天下之利而除萬民之害。（《淮南子校釋》，頁1950）

聖人向人君求位，不是爲了貪圖利祿，他們之所以願意蒙受恥辱罵名，是要爲天下興利，爲萬民除害。孔子周遊列國、不暇飲食；墨子居無定所、席不暇暖，他們愛利天下萬民的用心應該得到肯定。

　　另外，〈說山〉也提出中肯之言：「爲孔子之窮於陳蔡而廢六藝則惑，爲醫之不能自治其病，病而不就藥則勃矣。」藉此論證「物固有不正而可以正，不利而可以利」，強調不必廢棄六藝，孔子學說仍有可以利用之處。孔子困危陳蔡只是偶然事件，若因此而廢棄六藝，無異於因噎廢食。

　　更重要的是，在許多篇章中，它轉化了孔子形象，讓孔子兼通儒道，〈主術〉說：

> 夫榮啓期一彈而孔子三日樂，感于和。鄒忌一徽而威王終夕悲，感于憂。（《淮南子校釋》，頁905）

文中說孔子能感於榮啓期之「和」，理解道家隱者平和知足、自以爲樂的氣象，是以他聆聽榮啓期鼓琴而三日樂。這正說明孔子境界與一般儒者不同，他能藉由音樂，不必透過語言，感通道家隱者的生命境界，孔子形象因而有了會通儒道的可能。

　　除此之外，《淮南子》更常以孔子言行說明黃老道家之理，儒道兩家因此產生了會通的契機。〈繆稱〉綜合儒道兩家理論，援儒說以入道；〈道應〉則多處以孔子之言行證《老子》之理論。在《淮南子》的塑造下，孔子日趨黃老道家化，成爲儒道共通之聖人。

一、有德專一、以成素王

　　〈人間〉言：

> 夫有陰德者必有陽報，有陰行者必有昭名。……周室衰，禮義廢，

孔子以三代之道教導於世，其後繼嗣至今不絕者，有隱行也。(《淮
南子校釋》，頁 1856)

戰國中晚期以後，「德福是否一致」成爲各家討論的焦點之一。從郭店楚簡〈窮
達以時〉、上博五〈鬼神之明〉皆可看出此一趨勢。〈人間〉認爲：孔子在周
室衰落以後，以三代之道教導世人，他的後代子孫迄今不斷絕，正是因爲暗
中有了善行。〈人間〉在此以孔子之例證明「君子致其道而福歸焉」，認爲孔
子是有德之人，所以即便其政治之路不順遂，所得之福仍能後遺子孫，後嗣
不絕，德福一致。〈脩務〉言：「夫項託年七歲爲孔子師，孔子有以聽其言也。」
則是描述孔子不恥下問，謙虛好學的精神。此處的孔子還只是儒家之聖人，
但《淮南子》對孔子的描述不僅於此，〈說山〉言：

陳成子恒之劫子淵捷也，子罕之辭其所不欲，而得其所欲，孔子之
見黏蟬者，白公勝之倒杖策也，衛姬之請罪於桓公，子見子夏曰：
何肥也，魏文侯見之反被裘而負芻也，兒說之爲宋王解閉結也，此
皆微眇可以觀論者。(《淮南子校釋》，頁 1646)

〈說山〉引用《莊子·達生》篇「孔子見佝僂丈人」的故事，說明孔子因見
黏蟬之巧妙，了解到人若能專心一致，精神便能凝聚至神妙的境界。《淮南子》
引述《莊子》中的孔子故事，是運用經典作爲權威，以進行論述〔註 29〕，因
此，秦漢時代的孔子形象就此層層疊疊被累積起來。在此，孔子還只是理解
佝僂丈人心神凝定狀態的配角，到了〈主術〉中，孔子進一步被塑造爲「行
事專一」的「素王」。

〈主術〉言：

孔子之通，智過於萇弘，勇服於孟賁，足躡郊菟，力招城關，能亦
多矣。然而勇力不聞，伎巧不知，專行孝道，以成素王，事亦鮮矣。
春秋二百四十二年，亡國五十二，弒君三十六，采善鉏醜以成王道，

〔註 29〕黃俊傑在〈孟子運用經典的脈絡及其解經方法〉一文中區分了「運用」(use)
與「稱引」(mention)兩詞的不同涵義。他指出：中國思想家使用經典時，也
可以區分爲「運用」與「稱引」兩種情況。所謂「運用」是指使用經典以論
證某一命題或指示某一事實或現象；所謂「稱引」則是以經典本身内容作爲
研究的對象。從先秦諸子引用經典的情況看來，似乎以第一種情況較爲常見，
尤其是孔、孟常引用經典以證立道德命題。他們的重點不在於經典本身，而
在於以經典作爲權威而進行論述。在這種情況下，孔、孟其實是以經典作爲
論述之工具而「運用」(use)經典。黃氏之文收入李明輝主編《儒家經典詮
釋方法》(台北：喜馬拉雅研究發展基金會，2002 年 3 月)，頁 166。

論亦博矣。然而圍於匡，顏色不變，絃歌不輟，臨死亡之地，犯患難之危，據義行理而志不攝，分亦明矣。然爲魯司寇，聽獄必爲斷，作《春秋》，不道鬼神，不敢專己。夫聖人之智固已多矣，其所守者有約，故舉而必榮。愚人之智固已少矣，其所事者多，故動而必窮矣。吳起、張儀，智不若孔、墨，而爭萬乘之君，此其所以車裂支解也。（《淮南子校釋》，頁 1009～1010）

〈主術〉認爲：聖人應具備「心欲小而志欲大」、「智欲圓而行欲方」、「能欲多而事欲鮮」的能力，並以堯、舜、禹、湯、文、武、成、康爲前兩項的代表，以孔子爲末項的代表。在該篇論述中，作者將孔子與聖王並列，認爲孔子與這些儒家聖王同樣具備王者的身份。孔子有智慧、有勇力，才能多方。但他從來不以勇力聞名，一心推行孝道，終成無爵之「素王」。他被圍於匡時，據義行理、無所畏懼；爲魯司寇時，斷訟果決；作《春秋》時，不敢專斷。行事專注一致，故能功成事遂，成就「素王」之名。

「素王」一詞首出於《莊子》，《莊子·天道》曰：「夫虛靜恬淡寂漠無爲者，萬物之本也。明此以南鄉，堯之爲君也；明此以北面，舜之爲臣也。以此處上，帝王天子之德也；以此處下，玄聖素王之道也。」文中以上位之「帝王天子」與下位之「玄聖素王」對舉，可知「素王」之意涵乃是有道而無位、無冕之王。漢初文獻中，賈誼《新書》最早提及「素王」，〈過秦下〉曰：「諸侯起於匹夫，以利會，非有素王之行也。」但無論是《莊子》或《新書》，「素王」一詞都並未指涉「孔子」。「孔子」被稱爲「素王」，首見於《淮南子》。雖然，「素王」是否爲孔子之「專稱」，仍有爭議，且此處之「素王」與《春秋》學中「素王」之意涵是否有關連，亦有不同看法〔註30〕，然而，「孔子」

〔註30〕 王光松指出：就〈主術訓〉作者立足於孔子與《春秋》之間的特殊關係而以孔子爲素王的談論方式來看，作者確實與孟子保持著某種密切的精神聯繫。據《漢書·賈誼傳》，賈氏曾修習《春秋左氏傳》，〈主術訓〉篇作者與董仲舒皆依孔子同《春秋》之間的特殊關係而談論孔子素王，素王話語與《春秋》之間的這種關聯在漢初當不是偶然現象。素王話語由道入儒的轉換是在漢初《春秋》學論域中實現的。……在賈誼同時或之前的漢初儒學中，「素王」一詞在儒道兼習的時風中實現了由道入儒的過渡，但該詞彼時既未專指孔子，也未被賦予深意。〈主術訓〉篇作者受孟子的啓發與影響，將其與賈誼式「素王」論相結合，「素王」遂由泛指而專指孔子。見氏著〈漢初「孔子素王論」考〉，《廣東教育學院學報》第 28 卷第 2 期（2008 年 4 月），頁 94。然而，伍師振勳認爲：此處之「素王」應非專稱「孔子」，亦可能與《春秋》學意義下的「素王」無關。

確實在此首度被冠以「素王」之名，且〈主術〉也提及「春秋二百四十二年……采善鉏醜以成王道」。《淮南子》之所以使用「素王」一詞，就先秦源流來說，承自《莊子》；就漢代來論，「素王」已是儒道共用的詞彙。且《淮南子》不僅襲用了《莊子》中「素王」一詞，沿用其「有道而無位」之意，更重要的是，〈齊俗〉與〈道應〉分別引用《莊子》中孔子悟道、孔顏坐忘的故事，可見《莊子》對孔子的正面詮釋已被消化吸收於《淮南子》中。《淮南子》言「孔子」爲「素王」，可能是受到《莊子》中「道家化的孔子」文字之啓發。

再者，「素王」一詞由道家之詞彙變爲儒道共通的語彙，及「孔子」冠以「素王」之稱，說明了戰國以來，儒道長期處於相爭與交融並行的狀態，及漢代儒生大多儒道兼習的狀況，聖人形象也因此融會儒道，兼有兩家色彩。魏晉之後，孔子逐步被玄學化，不只是「素王」，更成爲「玄聖」〔註31〕。

二、精誠感人、先義後法

〈繆稱〉曰：

> 聖人在上，化育如神。太上曰：「我其性與！」，其次曰：「微彼其如此乎！」故《詩》曰：「執轡如組」，《易》曰：「含章可貞。」動於近，成文於遠。夫察所夜行，周公慚乎景，故君子慎其獨也，釋近斯遠，塞矣。聞善易，以正身難。夫子見禾之三變也，滔滔然曰：「狐鄉丘而死，我其首禾乎！」故君子見善則痛其身焉。身苟正，懷遠易矣。（《淮南子校釋》，頁1053～1054）

道家的理想政治，是化育人民如有神助，「功成事遂，百姓皆謂我自然〔註32〕」，此乃無爲而治的最高境界。作者接著徵引《詩經‧邶風‧簡兮》「執轡如組」及《易經‧坤卦》六三爻辭「含章可貞」相參證〔註33〕。「執轡如組」言聖人

〔註31〕 唐成玄英《疏》云：「用此無爲而處物上者，天子帝堯之德也；用此虛淡而居臣下者，玄聖素王之道也。夫有其道而無其爵者，所謂玄聖素王，自貴者也，即老君尼父是也。」成玄英更將老子與孔子同列爲「玄聖素王」，是在重玄學學風下對「素王」的重新詮釋。

〔註32〕 劉笑敢認爲：《老子‧十七章》的敘事主體是聖人，是聖人「功成事遂」，且「功成事遂」語意未完足，必須緊接下句，因此下文的內容應該也是關於「聖人」的，不能是只關於百姓自己的，所以其句義應該是百姓稱讚聖人無爲而治的管理辦法符合「道法自然」的原則，實現了自然而然的社會秩序。見氏著《老子古今：五種對勘與析評引論》，頁80。其說可參，但與〈繆稱〉的判讀不同，二說似可並存。

〔註33〕 「含章可貞」謂六三爻陰居陽位，猶內含剛美而不輕易發露，故可守貞。針

修身以平治天下,「含章可貞」論待時而應、待命而發之理。聖人之教化雖不
輕易顯露,然而其身正,故能以無言教之、以無心化之,人民自然能受其感化。
聖人運於近,修養自身;而能夠收效於遠,安定天下。其後又以周公、孔子為
例,提出愼獨正身之論,承襲《中庸》「君子愼其獨」與《大學》「身修」而後
「國治」、「天下平」之說,強調聖人正身以懷遠,以達成道家「百姓皆謂我自
然」的境界,這是《淮南子》企圖會通儒道的又一明例。

　　儒道兩家雖然都談「無為而治」,然而,事實上,儒道對於「無為」的定
義並不一致。這段論述結合了道家「化育如神」的理想與儒家「正身愼獨」
的修養工夫,就義理上來說,其實是混漫了道家式「無為」與儒家式「無為」。
因為儒家之「無為」強調的是施政者到達圓滿的德境後,以仁心化民;而老
子之「無為」強調的是去除心機智巧,順任自然,不擾人民;儒道在「無為
而治」論題中,表面上看來似乎有可以會通之處,然各家的義理內涵其實有
異。文末引孔子見禾之三變,深切自我反省為例,說明君子能見善而痛其身,
是以能夠懷柔遠人,也隱含著孔子能夠端正己身、無為而治之意〔註34〕。

　　　對〈坤卦〉六三爻辭,《象傳》曰:「『含章可貞』,以時發也。」王弼《注》:
　　　「三,下卦之極,而不疑於陽,應斯義者也。不為事始,須唱乃應,待命而
　　　發,含美而可正者,故曰『含章可貞』也。」朱熹《本義》云:「六陰三陽,
　　　內含章美,可貞以守。然居下之上,不終含藏,故或時出而從上之事,則始
　　　雖無成,而後必有終。爻有此象,故戒占者有此德,則如此占也。」皆言六
　　　三爻說明了君子應根據時機發揮作用。
〔註34〕陳師麗桂指出:到了黃老學家,一方面把《老子》的因順自然一義偏向政治
　　　結構的設計與政治倫理的講求上,去推衍成為因天道以為治道,因提煉出黃
　　　老帛書與《管子》一系的刑名術與尊君理論;另一方面,它們擷取《老子》
　　　的雌柔哲學以為處事的指導原則,正對著「無不為」的目標,積極地術化了
　　　《老子》的無為哲學,使轉化為管、申、韓一系「不欲見」的「靜因」君術。
　　　《老子》的「無為而無不為」至高原則,夾藏著旺盛的企圖心與強烈的權謀
　　　味。師又言:這樣的「無為」,其實是一種要求因順事物自然條件以求發展,
　　　特定意義與條件的「有為」。……原本道家是不遷求建立事功的,《老子》至
　　　少沒正面講過建立事功,《莊子》則根本否定「用」。……《淮南子》不但正
　　　面提倡建立事功,並且使之成為「無為」的終極目標。見氏著〈淮南子裏的
　　　黃老思想〉,《中國學術年刊》第十四期（1993年3月）,頁24及37。
　　　林聰舜亦言:《淮南子》的「無為」可分為兩種類型,除了與先秦道家較接近
　　　的徹底消極的「無為」外,另一種類型的「無為」是透過因、後、柔等觀念,
　　　納入「有為」的內容或積極作為的政治思想,這等於對「無為」下了轉語,
　　　於是《淮南子》「無為」的政治思想遂能吸納各家「有為」的觀念,而不覺得
　　　有任何扞格,《淮南子》中大量吸收了儒、法兩家的政治思想,就是透過對「無
　　　為」的特殊解釋,將「有為」與「無為」結合在一起。見氏著《西漢前期思

孔子的政治之途多舛，理想難以施展。然而，《淮南子》仍稱許孔子的政治才能，〈泰族〉曰：

> 宓子治亶父，巫馬期往觀化焉，見夜漁者得小即釋之，非刑之所能禁也。孔子為魯司寇，道不拾遺，市買不豫賈，田漁皆讓長，而班白不戴負，非法之所能致也。……賞善罰暴者，政令也；其所以能行者，精誠也。故弩雖強不能獨中；令雖明不能獨行，必自精氣所以與之施道。故擴道以被民，而民弗從者，誠心弗施也。（《淮南子校釋》，頁 2045）

宓子賤治亶父、孔子為魯司寇時的政治成效不是用刑所能達致。政令刑罰只能賞善罰暴，唯有靠「精誠」感人才能推行其道。因此，施政一定要心誠，以精誠之心去感動人民。此處的「精誠」指的是真純而專一不雜的心靈狀態；「精」乃心志專注、專一不雜之意。文末言「令雖明，不能獨行，必自精氣所以與之施道。故擴道以被民而民弗從者，誠心弗施也。」這種專注的心靈狀態，作者也以「精氣」稱之。然此「精氣」並不指涉萬物存在之根源，而是指心靈專注下的狀態及其所產生的效能。「精氣」一詞說明了精誠之心的發用，可以如氣之大、如氣之廣，德澤普施。此處「精」、「精氣」的用法應是受《管子‧心術下》的影響。

《管子‧心術下》言：「形不正者德不來，中不精者心不治。正形飾德，萬物畢得，翼然自來，神莫知其極，昭知天下，通於四極。是故曰：無以物亂官，毋以官亂心，此之謂內德。」心體不達到「精」，就不能修養自身，修德之道在於去除外物、官能的擾亂。在此，「精」指涉心靈無欲專一的神妙境界。〈心術下〉又言：「能專乎？能一乎？能毋卜筮而知凶吉乎？能止乎？能已乎？能毋問於人而自得之於己乎？故曰：思之，思之不得，鬼神教之；非鬼神之力也，其精氣之極也。一氣能變曰精，一事能變曰智。」透過深思內求的功夫，凝聚內在的精氣，便能得到彷彿鬼神之助的成效。「一氣能變曰精」是說「精」乃專一誠敬之氣，此氣能隨順外物、靈妙變化，故以「精」稱之。

由此可推，〈泰族〉以「精氣」來形容精誠至極，其精誠、德心如氣廣被的狀態，應是受黃老一系精氣論的影響。不同的是，《管子‧心術下》講的是優越領導統御心靈的向內修養；而《淮南子‧泰族》強調的是優越統御心靈之向外發用。

想與法家的關係》（台北：大安出版社，1991 年 4 月），頁 155～156。

以精誠化民是施政的根本，爲了完成「帝王之事備矣」（〈要略〉）的目標，〈道應〉說：

> 宓子治亶父三年，而巫馬期絻衣短褐，易容貌，往觀化焉。見夜魚釋之，巫馬期問焉，曰：「凡子所爲魚者，欲得也。今得而釋之，何也？」漁者對曰：「宓子不欲人取小魚也，所得者小魚，是以釋之。」巫馬期歸，以報孔子曰：「宓子之德至矣，使人闇行，若有嚴刑在其側者。宓子何以至於此？」孔子曰：「丘嘗問之以治，言曰：『誠於此者刑於彼』，宓子必行此術也。」故老子曰：「去彼取此。」（《淮南子校釋》，頁 1300）

此段文字的主角仍是宓子賤與孔子，可見秦漢時代宓子賤與孔子善於治國的形象已深植人心。《呂氏春秋》也有此則文字。然而，「誠於此者刑於彼」卻寫作「誠於此者刑於彼」〔註 35〕。若排除抄寫錯誤的可能，這樣的變化其實非常耐人尋味。巫馬期讚賞宓子德行圓滿，人民不必法規約束，不必官吏監督，也能自我要求。爲政的關鍵在於「誠於此者刑於彼」。

「誠於此」一句，有兩個詮釋方向，一者，解作「自我警惕」〔註 36〕；二者，解作「囑告人民」〔註 37〕。若按第一個方向來解釋，則「誠於此」是統治者對自我的要求，對己嚴整以治、修德養性，人民自然引以爲典範，不需嚴刑恐嚇，自然成教。若按第二個方向來解釋，則「誠於此」也是偏向柔性的囑告，上位者囑告、教化人民，則人民有軌則可循，自然成治。這兩個詮釋方向不是完全互斥的，第一種詮釋較能呼應上則引文「無爲而治」之說；第二種詮釋則較強調教民、化民〔註 38〕，也能符合《淮南子》納禮樂教化於大道的立場。《呂氏春秋》非常強調在施政上，要以精誠之心感化人民；《淮

〔註 35〕現存諸版本中，除道藏本及明新安吳勉學校刻本外，皆寫作「誠」。

〔註 36〕此時「誠」字意爲「戒備、警惕」之意。《左傳‧桓公十一年》：「鄭人軍其郊，必不誠。」、《漢書‧賈誼傳》：「鄙諺曰：『……前車覆，後車誡』。」

〔註 37〕此時「誠」字意爲「囑告」之意。《史記‧項羽本紀》：「梁乃出，誠籍持劍居外待。」

〔註 38〕王充《論衡‧本性》曰：「周人世碩以爲『人性有善有惡，舉人之善性，養而致之則善長；〔惡〕性，養而致之則惡長。』如此，則〔情〕性各有陰陽，善惡在所養焉。故世子作〈養〔性〕書〉一篇。宓子賤、漆雕開、公孫尼子之徒，亦論情性，與世子相出入，皆言性有善有惡。」見黃暉撰《論衡校釋》（北京：中華書局，1990 年 2 月），頁 132～133。由此可知宓子賤認爲人性有善有惡，或可由此推論宓子賤因而重視教化之功，以教化人民方式來養善抑惡。

南子》則在精誠之外，強調自我修身與教化人民，讓百姓言行舉止能有所依循，不必真有「嚴刑」在側，人民也能奉公守法。《淮南子》以此寓言來注解《老子》的「去彼取此」，也讓《老子》的詮釋走向了實際的政治運作。

十分務實的《淮南子》了解，光靠柔性的精誠感人與教化人民，不一定能讓所有人民聽命行事，因此，必要時不得不用「法」，〈氾論〉云：

> 故聖人因民之所喜而勸善，因民之所惡以禁姦，故賞一人而天下譽之，罰一人而天下畏之。故至賞不費，至刑不濫。孔子誅少正卯而魯國之邪塞，子產誅鄧析而鄭國之姦禁，以近論遠，以小知大也。故聖人守約而治廣者，此之謂也。（《淮南子校釋》，頁 1441～1442）

為政者必須適時運用賞罰，孔子殺少正卯〔註 39〕、子產殺鄧析，都是為了禁塞姦邪之風，達到「罰一人而天下畏之」的目標。為了避免為政者濫權，《淮南子》特別強調「至賞不費，至刑不濫」，賞刑的施用必須基於「民意」，因此，民之所喜、民之所惡才是賞罰的基準，而非為政者一人的喜怒。可見《淮南子》認為賞罰也是為政的必要措施，只是必須謹慎使用，〈主術〉曰：

> 所禁於民者不行於身。所謂亡國，非無君也，無法也；變法者，非無法也，有法者而不用，與無法等。是故人主之立法，先自為檢式儀表，故令行於天下。孔子曰：「其身正，不令而行；其身不正，雖令不從。」故禁勝於身，則令行於民矣。（《淮南子校釋》，頁 966）

法律是全民行事的依據，也應該是人君行事的準則。人主立法，應先拿來作為衡量自我行為的標準，自己做得到，才可施用。這是承襲黃老之法論，《管子・法法》曰：「上之所好，民必甚焉；是故明君知民之必以上為心也，故置法以自治，立儀以自正也；故上不行，則民不從，彼民不服法死制，則國必亂矣；是以有道之君，行法修制，先民服也。」〈主術〉引孔子言「其身正，不令而行」，強調君主必須端正己身，先自行法以率民服行，政令才能行於天下。《淮南子》認同治國可以用法，但「法」的使用必須在人君以身作則、為民表率的前提下，才能執行。《淮南子》在此借孔子思想來防堵用「法」可能產生的弊端，也連結了黃老一系的法論與孔子「身正令行」的思想。

〔註 39〕夏長樸指出：就學術史的角度來看，「孔子誅少正卯」事件雖只是傳說，但卻有積極意義，它應是法家或具有法家色彩的學者託古立說的一個具體證據，並且也是戰國末期荀學與法家合流的產物。……它是戰國末期儒、法合流現象的一個具體的佐證。見氏著〈子為政焉用殺——論孔子誅少正卯〉，《臺大中文學報》第十期（1998 年 5 月），頁 80。

　　總之，如同〈泰族〉所言：「仁義者，治之本也，今不知事脩其本，而務治其末，是釋其根而灌其枝也。且法之生也，以輔仁義；今重法而棄義，是貴其冠履而忘其頭足也。」《淮南子》的立場是以「仁義」爲治國之根本，但也承認「法」有輔佐之效，故言「法之生也，以輔仁義」，提醒君主不可本末倒置，重法棄義。在《淮南子》的詮釋下，孔子不僅強調以「精誠」感動民心、以身作則、化民成俗，也認同黃老法論。《淮南子》以孔子爲善治的代表，藉孔子之口論黃老道家爲政之理，以達黃老「求治」目標，亦由此可見一斑。

三、見微知著、見小曰明

　　與《呂氏春秋》相同，《淮南子》非常強調孔子見微知著、洞燭機先的能力，在《淮南子》中，這是聖人必備的條件。〈繆稱〉曰：

> 紂爲象箸而箕子譏，魯以偶人葬而孔子歎，見所始則知所終。故水出於山，入於海；稼生乎野，而藏乎倉；聖人見其所生，則知其所歸矣。（《淮南子校釋》，頁 1090）

作者以「紂爲象箸而箕子譏，魯以偶人葬而孔子歎」爲例，說明聖人見始能知終，見其所生，則知其所歸。〈說山〉亦言：

> 曾子立孝，不過勝母之閭；墨子非樂，不入朝歌之邑；孔子立廉，不飲盜泉；所謂養志者也。（《淮南子校釋》，頁 1688）

正因爲聖人見霜而知冰、見小能知大；小事可以累積成大，所以聖人必定注意小節。孔子就連名爲「盜泉」的水也敬謝不敏，正是爲了涵養心志，以廉潔自許。這種「先知」的能力讓爲政者知所取捨、待時而爲。〈氾論〉的表達更加明確：

> 闇主亂于姦臣小人之疑君子者，唯聖人能見微以知明。……故聖人之論賢也，見其一行而賢不肖分也。孔子辭廩丘，終不盜刀鈎；許由讓天子，終不利封侯。故未嘗灼而不敢握火者，見其有所燒也；未嘗傷而不敢握刃者，見其有所害也。由此觀之，見者可以論未發也，而觀小節足以知大體矣。（《淮南子校釋》，頁 1434～1435）

〈氾論〉認爲，聖人見已發能知未發、見小節能知大體。從孔子辭去廩丘的官祿，就可推論其品德操守，這正是見一行能知其賢。

　　在這一類的論述中，孔子有時是見微知著、見小知大的「聖人」，有時是修養心性、注重小節的「賢人」。《淮南子》在此似乎是「聖」、「賢」有別，

屢次強調「見微知著」、分判賢不肖是聖人必備的能力。只有能見小知大、預知後事者，才能被尊爲「聖人」，而此「聖人」當然也含有「聖王」的意涵〔註40〕。在實際的政治領導中，能預知後事才能作出準確的判斷，這正是《呂氏春秋》、《淮南子》特別強調「知幾」的原因。〈人間〉亦記載孔子能體察魯君的情緒、處事的關鍵、弟子的專才，魯君接受孔子的建議，派遣子貢出使吳國後，事情果然順利解決〔註41〕，作者以此印證「聖人之舉事，不加憂焉，察其所以而已矣。」知幾才能治事，問題的關鍵在於：如何能夠「知幾」？〈齊俗〉曰：

> 故《易》曰：「履霜，堅冰至。」聖人之見終始微言！故糟丘生乎象櫡，炮烙生乎熱斗，子路撜溺而受牛謝。孔子曰：「魯國必好救人於患。」子贛贖人而不受金於府，孔子曰：「魯國不復贖人矣。」子路受而勸德，子贛讓而止善，孔子之明，以小知大，以近知遠，通於論者也。由此觀之，廉有所在而不可公行也。故行齊於俗，可隨也；事周於能，易爲也。矜僞以惑世，伉行以違眾，聖人不以爲

〔註40〕 在《淮南子》中，「聖人」較「眞人」、「至人」來說，更具備「理想的統治者」這個意涵。

陳德和指出：《淮南子》中的「聖人」分爲好幾類，一、無爲義的聖人（和眞人至人一樣，用老莊式的語言去形容它，以道家思想爲論述主軸的篇章最多。）二、無不爲義的聖人（因資用眾、因物之性、因勢利導、應時耦變、化民成俗以完成事功的聖人。）三、無爲而無不爲的調和。（陳氏認爲：《淮南子》有所謂類似老莊義無爲的聖人，也有近乎儒家大有爲義的聖人，二者更迭出現，不是因爲原作者群流派有別，而是因爲有其可統合的思想背景能使其兩行。）見氏著《淮南子的哲學》，頁164～174。

又，周葉君指出：《淮南子》試圖把老子的素樸治世與莊子的逍遙適志融爲一體。這種結合的典範就是《淮南子》所稱許的「聖人」，即以道治世的上古聖王……精神上聖人逍遙自得，是體道者，同時現實社會中聖人更是以道治世，積極救世之弊者。可以說《淮南子》從社會理想、人格理想等各個方面都顯現了其希望將「道」與「事」相結合的努力。見氏著《〈淮南子〉對老莊思想的繼承與發展》（安徽大學中國哲學博士論文，李霞先生指導，2012年4月），頁62。

〔註41〕 〈人間〉曰：「昔者，衛君朝於吳，吳王囚之，欲流之於海。說者冠蓋相望而弗能止。魯君聞之，撤鐘鼓之縣，縞素而朝。仲尼入見曰：『君胡爲有憂色？』魯君曰：『諸侯無親，以諸侯爲親；大夫無黨，以大夫爲黨。今衛君朝於吳王，吳王囚之，而欲流之於海。孰衛君之仁義而遭此難也。吾欲免之而不能，爲之奈何？』仲尼曰：『若欲免之，則請子貢行。』魯君召子貢……子貢可謂知所以說矣。」見張雙棣《淮南子校釋》，頁1926。

民俗。(《淮南子校釋》,頁1116)

〈齊俗〉此段文字旨在論述「以小知大,以近知遠」之理。作者引坤卦初六爻辭:「履霜,堅冰至」,《象傳》曰:「『履霜堅冰』,陰始凝也。馴致其道,至堅冰也。」陰氣增積漸盛,順沿其中的規律,則堅冰必將來到。在此,作者將焦點置於「履霜則『知』堅冰至」之「知」,也就是能順沿事物規律,才能推導未來的發展。孔子能夠以小知大、以近知遠的關鍵在於「通於論」,也就是通達事理。他不僅熟悉《詩》、《書》之教,更能理解人情之常、民性趨向。因此,文中以「子路受而勸德」、「子贛讓而止善」為例,說明道德有其適用之處。行為必須合於世俗,民眾才能跟隨遵循;一意高超其德,孤卓其行,必拉大與民眾距離,無法教導民眾、蔚成風氣。為了達到治天下的目標,體察民情、通達人情世故,才能「知幾」。

〈主術〉言:

> 樂,聽其音則知其俗,見其俗則知其化。孔子學鼓琴於師襄,而諭
> 文王之志,見微以知明矣。延陵季子聽魯樂而知殷夏之風,論近以
> 識遠也。(《淮南子校釋》,頁906)

魯樂官師襄教孔子〈文王操〉,孔子因此知曉文王之志。由《史記‧孔子世家》的記載,可知孔子先學會了曲調,加強了技巧,習染之下終於漸漸領略文王之為人與志向〔註42〕。可見孔子能夠見微以知明、論近以識遠,除了天生悟性之外,還要靠鍥而不捨的探求體察。孔子由樂以知聖人心志,是由末微之道技體會出聖人開闊大明之襟懷。在此,孔子見微知明的關鍵在於「感」——善於感知、用心體察。由此可知,了解民心的關鍵在於與民同感,善於

〔註42〕《史記‧孔子世家》記載:「孔子學鼓琴師襄子,十日不進。師襄子曰:『可以益矣。』孔子曰:『丘已習其曲矣,未得其數也。』有閒,曰:『已習其數,可以益矣。』孔子曰:『丘未得其志也。』有閒,曰:『已習其志,可以益矣。』孔子曰:『丘未得其為人也。』有閒,(曰)有所穆然深思焉,有所怡然高望而遠志焉。曰:『丘得其為人,黯然而黑,幾然而長,眼如望羊,如王四國,非文王其誰能為此也!』師襄子辟席再拜,曰:『師蓋云文王操也。』」伍師振勳指出:「周文」作為「古典型」之價值範例,被視為出自周文王的神聖創作,〈文王操〉在修習經驗中正是「周文」的載體,因此,周文王現身,意謂著修習者彷彿親臨周文原初的神聖創作。這是一種「無時間性」或「同時性」的神聖體驗,類似一種宗教性的參與過程,在這一體驗中,修習者感受生命中一股上契天道的神聖力量,乃得以真正活化承傳作為「古典型」之價值範例。參見師著〈聖人敘事與神聖典範:《史記‧孔子世家》析論〉,《清華學報》新三十九卷第二期(2009年6月),頁243。

感知。〈繆稱訓〉亦言：

> 申喜聞乞人之歌而悲，出而視之，其母也。艾陵之戰也，夫差曰：「夷
> 聲陽，句吳其庶乎？」同是聲而取信焉異，有諸情也。故心哀而歌
> 不樂；心樂而哭不哀。夫子曰：「絃則是也，其聲非也。」文者，所
> 以接物也，情繫於中而欲發外者也。以文滅情則失情，以情滅文則
> 失文。文情理通，則鳳麟極矣，言至德之懷遠也。（《淮南子校釋》，
> 頁 1063）

如何達到「至德懷遠」的理想，如何懷柔遠方之人？孔子說：「絃則是也，其
聲非也」正是關鍵。絃聲即便相同，其背後的情緒未必相同，為政者必須考
察人情，以知民心向背。〈繆稱〉亦云：「子曰：鈞之哭也。曰：『子予奈何兮
乘我何？』其哀則同，其所以哀則異。故哀樂之襲人情也深矣。」同樣都是
哭聲，背後的成因卻各異，為政者不能夠只見「哀」，而忽略背後「所以哀」
的原因，應主動去深究情緒表達背後的成因，才能夠見微知著。由此可知，《淮
南子》式的見微知著，強調的不只是思考上的理性推論，更是深入群眾，體
察民情，進而與民同氣。此處所言的至德懷遠、與民同感，與上文所言「精
誠」感民，正是一體之兩面，互通互補。

　　孔子之「見微知著」與老子之「見小曰明」在〈道應〉中結合為一，〈道
應〉言：

> 魯國之法，魯人為人妾於諸侯，有能贖之者，取金於府。子贛贖魯
> 人於諸侯，來而辭不受金。孔子曰：「賜失之矣！」夫聖人之舉事也，
> 可以移風易俗，而受教順可施後世，非獨以適身之行也。今國之富
> 者寡而貧者眾。贖而受金，則為不廉；不受金，則不復贖人。「自今
> 以來，魯人不復贖人於諸侯矣。」孔子亦可謂知禮矣。故老子曰：「見
> 小曰明。」（《淮南子校釋》，頁 1231）

文中以孔子見微知著、移風易俗，來印證《老子》「見小曰明」的理論，此種
論證模式在〈道應〉中通篇一貫，拉近了孔子與道家的距離。〈道應〉中，常
以孔子的言行來印證《老子》的思想，孔子體現了道家思想，幾乎成為《老
子》思想的代言人。

　　值得注意的是，《說苑·政理》與《孔子家語·觀思》中也有同樣的記載
〔註43〕，《說苑·政理》中的文字幾乎與本文相同。以《說苑》、《孔子家語》

〔註43〕　《說苑·政理》曰：「魯國之法，魯人有贖臣妾於諸侯者，取金於府。子貢贖

完成的時代來論，《淮南子》成書應在《說苑》、《孔子家語》之前，可能是後二書的底本，但也不能排除《淮南子》、《說苑》、《孔子家語》有其它共同的來源，這個來源可能是文獻，也可能是民間傳說，在更多資料佐證「《淮南子·道應》爲《說苑·政理》、《孔子家語·觀思》之底本」這個說法之前，吾人不宜過度推論。無論如何，孔子學於老子、孔子體現老子思想的論題在兩漢非常流行，顯現出一種儒、道可以藉由「孔子」而會通、合流的狀況。孔子體現老子思想，非但沒有折損孔子的地位，反而讓孔子成爲統合儒道的共主。《淮南子》作者所反對的，只是當時拘泥禮制、墨守成規的儒學末流。這樣的一股氛圍，到了魏晉清談時進一步發揮爲「孔子體無」之論〔註44〕。

四、返本復初、回歸大道

　　《莊子》對孔子形象的塑造十分兩極化，其中既有被批判的儒家孔子，也有逐步道家化的孔子，而《淮南子》選擇性地只取用後者，它不嚴詞批判孔子，最多只是就大道的角度，理性地分析其「有限性」。而對於《莊子》中「道家化的孔子」，《淮南子》引用之處不少，〈齊俗〉云：

　　日月欲明，浮雲蓋之；河水欲清，沙石濊之；人之性欲平，嗜欲害
　　之。唯聖人能遺物而反己。夫乘舟而惑者，不知東西；見斗極則寤
　　矣。夫性，亦人之斗極也，有以自見也，則不失物之情；無以自見，

人於諸侯，而還其金。孔子聞之曰：『賜失之矣，聖人之舉事也，可以移風易俗，而教導可施於百姓，非獨適其身之行也。今魯國富者寡而貧者眾，贖而受金，則爲不廉，不受則後莫復贖，自今以來，魯人不復贖矣。』孔子可謂通於化矣，故老子曰：『見小曰明。』」

《孔子家語·致思》曰：「魯國之法，贖人臣妾于諸侯者，皆取金于府。子貢贖之，辭而不取金。孔子聞之曰：『賜失之矣！夫聖人之舉事也，可以移風易俗，而教導可以施于百姓，非獨適身之行也。今魯國富者寡而貧者眾，贖人受金則爲不廉，則何以相贖乎？自今以後，魯人不復贖人于諸侯。』」

〔註44〕張湛《列子·仲尼注》引夏侯玄語云：「天地以自然運，聖人以自然用。自然者，道也。道本無名，故老氏曰彊爲之名。仲尼稱堯蕩蕩無能名焉，下云巍巍成功，則彊爲之名，取世所知而稱耳。」將道家老子之「道」與儒家孔子之「道」混同爲一。又，《魏書·鍾會傳》裴松之注曰：「弼幼而察慧，年十餘，好老氏，通辯能言。父業，爲尚書郎。時裴徽爲吏部郎，弼未弱冠，往造焉。徽一見而異之，問弼曰：『夫無者誠萬物之所資也，然聖人莫肯致言，而老子申之無已者何？』弼曰：『聖人體無，無又不可以訓，故不說也。老子是有者也，故恆言無所不足。』」見晉陳壽著、宋裴松之注《三國志》（台北：史學出版社，1974年5月），頁795。

則動而惑營。譬若隴西之遊，愈躁愈沉。孔子謂顏回曰：「吾服汝也忘，而汝服於我也亦忘，雖然，汝雖忘乎，吾猶有不忘者存。」孔子知其本也。夫縱欲而失性，動未嘗正也。以治身則危，以治國則亂，以入軍則破。是故不聞道者，無以反性。故古之聖王，能得諸己，故令行禁止，名傳後世，德施四海。（《淮南子校釋》，頁1132）

嗜欲使人心不得平靜，人必須時時「見性自寤」、反本復初，才能游心於虛、保全眞性。〈精神〉言：「有而若無，實而若虛，處其一不知其二，治其內不識其外，明白太素，無爲復樸，體本抱神，以游于天地之樊。」〈原道〉言：「聖人內修其本而不外飾其末，保其精，偃其智故。」《淮南子》強調游心於虛、反性於初，皆是繼承《莊子》精神。

此處引《莊子‧田子方》的文字：孔子謂顏回「吾服汝也忘，而汝服於我也，亦忘；雖然，汝雖忘乎，吾猶有不忘者存」。在〈田子方〉中，這段文字的意旨在說明：不必去模仿得道者，因爲執取得道者過去的行跡，永遠只會與之失之交臂。生命不斷生化，新我不停湧現，不必去執取他人的言行，而喪失自己的主體精神。《淮南子》不僅引用〈田子方〉之文字，更進一步發揮，點出孔子了解大道之本，能夠聞道以返性、體本以保神。由此可知，《淮南子》認爲孔子是見性自寤，能夠反性於初的得道之人。

〈道應〉亦云：

顏回謂仲尼曰：「回益矣。」仲尼曰：「何謂也？」曰：「回忘禮樂矣。」仲尼曰：「可矣，猶未也。」異日復見，曰：「回益矣。」仲尼曰：「何謂也？」曰：「回忘仁義矣。」仲尼曰：「可矣，猶未也。」異日復見，曰：「回坐忘矣。」仲尼造然曰：「何謂坐忘？」顏回曰：「墮支體，黜聰明，離形去知，洞於化通，是謂坐忘。」仲尼曰：「洞則無善也，化則無常矣，而夫子薦賢，丘請從之後。」故老子曰：「載營魄抱一，能無離乎？專氣至柔，能如嬰兒乎？」（《淮南子校釋》，頁1282）

《淮南子》在此引用《莊子‧大宗師》中顏回由忘禮樂、忘仁義，以致於「離形去知，洞於化通」的典故。《淮南子》以這則關於孔子、顏回的文字，解證《老子‧第十章》所言：「載營魄抱一，能毋離乎？專氣至柔，能如嬰兒乎？」。以孔子、顏回之言行來印證《老子》「營魄抱一」之理，無疑是將孔子、顏回視爲能搏氣至柔、與道合一之人。

為何要以孔子之行來證明老子之言？《淮南子》以「道」為最高，服膺老莊，但道者好隱不尚名，老子、莊子二人的生平事蹟世人所知不多，其言雖流傳，其行卻無法盡知。再者，莊子又不若孔子有強烈的淑世企圖，無法合於《淮南子》企圖「言事」的用世之心。在先秦時期，孔子本來就是各家廣泛「運用」、「託言」的人物，再加上《莊子》書中本來就有不少道家化孔子的記載，是以《淮南子》屢屢以孔子之行佐證《老子》書的內容。而《淮南子》對《莊子》書的摘錄引用，更加深了世人「孔子是道家聖人」的印象。

五、簡以成事、不化應化

孔子不只與道相合，且能應世而為，這正是黃老道家的聖人典範。〈人間〉言：

> 人或問孔子曰：「顏回何如人也？」曰：「仁人也，丘弗如也。」「子貢何如人也？」曰：「辯人也，丘弗如也。」「子路何如人也？」曰：「勇人也，丘弗如也。」賓曰：「三人皆賢夫子，而為夫子役，何也？」孔子曰：「丘能仁且忍，辯且訥，勇且怯。以三子之能易丘一道，丘弗為也。」孔子知所施之也。……凡有道者，應卒而不乏，遭難而能免，故天下貴之。今知所以自行也，而未知所以為人行也，其所論，未之究者也。人能由昭昭於冥冥，則幾於道矣。《詩》曰：「人亦有言，無哲不愚。」此之謂也。（《淮南子校釋》，頁1904～1905）

顏回能仁、子貢能辯、子路能勇，仁、辯、勇皆是美德，但仍不足。孔子自言他仁且能忍、辯且能訥、勇且能怯，之所以能適時表現恰當的行為，應卒而不乏，遭難而能免，正因為他是「有道者」。體道者能自在應世，絕非隱者之流。人若只知「自行」，不知「為人行」，仍是未達究竟，無法通透事理，理想聖人必須是能「自行」，亦能「為人行」者。由此可知，《淮南子》黃老道家式的聖人要「由昭昭入於冥冥」，由繁雜的世事，進而理解徹悟冥冥之道，亦要由「冥冥再入於昭昭」（〈原道〉云：「幽而能明」），能隨心自在地處理世事，知道何時要「辯」、何時要「訥」；何時要「勇」、何時要「怯」；何時要「知」、何時要「不知」〔註45〕。文末《詩經》所云「無哲不愚」意同於《老子》所言「大智若愚」。這正顯示出《淮南子》中的孔子是儒道共通、道事兼備的聖人。

〔註45〕相似文字見於《說苑·雜言》、《孔子家語·六本》、《列子·仲尼》。

當孔子兼揉儒家與道家色彩後，他所說的話常常正是「會通儒道」之言。
〈泰族〉載：

> 故大較易爲智，曲辯難爲慧。故無益於治而有益於煩者，聖人不爲；
> 無益於用而有益於費者，智者弗行也。故功不猒約，事不猒省，求
> 不猒寡。功約，易成也；事省，易治也；求寡，易贍也。眾易之，
> 於以任人，易矣。孔子曰：「小辯破言，小利破義，小藝破道，小見
> 不達，達必簡。」……夫徹於一事，察於一辭，審於一枝，可以曲
> 說而未可廣應也。（《淮南子校釋》，頁 2068～2069）

此段論述凡事精簡才能通達之理。值得注意的是：孔子所言「小利破義，小
藝破道」合於儒家思想〔註46〕，「小辯破言」則是《莊子・齊物》「大辯不言」
之引伸〔註47〕。因此，此處孔子所言，其實是融合了儒道兩家思想，再進一
步延伸出「小見不達，達必簡」的結論。「達必簡」與《莊子・人間世》藉「孔
子」之口所言「夫道不欲雜，雜則多，多則擾，擾則憂，憂而不救」的義理
一致。小見只能處理一事，無法對應多方，作者認爲可以廣應眾事、提綱挈
領的「大見」，正是「舜爲天子，彈五絃之琴，歌南風之詩，而天下治；周公
肴臑不收於前，鐘鼓不解於懸，而四夷服」的「無爲而治」。文中所引孔子之
言顯見其融會儒道、亦儒亦道的形象，當然，這樣的孔子也早已突破了先秦
儒家的形象。〈詮言〉曰：

> 《詩》之失僻，《樂》之失刺，《禮》之失責。……故仁義智勇，聖
> 人之所備有也，然而皆立一名者，言其大者也。（《淮南子校釋》，頁
> 1527～1528）

聖人面對千變萬化的世局，「必有不化而應化者」。所以，《詩》、《書》、《禮》、
《樂》等經典雖可用，但亦有缺失；仁、義、智、勇等懿德雖可行，但亦有
侷限。這些在道家的眼中，都只是「雖有可觀，但致遠恐溺」的「小道」而
已；唯有「不化」的「大道」才是根本。正因爲孔子通達大道，所以才能「不
化而應化」，適時以變，而能有仁且能忍、辯且能訥、勇且能怯的表現。在《淮

〔註46〕《論語・里仁》云：「子曰：『君子喻於義，小人喻於利。』」《論語・子張》
云：「子夏曰：『雖小道，必有可觀者焉；致遠恐泥，是以君子不爲也。』」

〔註47〕《莊子・齊物論》云：「夫大道不稱，大辯不言，大仁不仁，大廉不嗛，大勇
不忮。道昭而不道，言辯而不及，仁常而不成，廉清而不信，勇忮而不成。
五者圓而幾向方矣，故知止其所不知，至矣。孰知不言之辯，不道之道？若
有能知，此之謂天府。」

南子》中，這些表現看似悖反，其實都能統一體現於得道之聖人，而這位會通儒道的聖人，正是「孔子」。

六、順時而爲、通權達變

在《淮南子》中，孔子同於大通、與道應合，所以能應時而爲，舉措得宜。〈氾論〉言：

> 是故聖人之論事之局曲直，與之屈伸偃仰，無常儀表，時屈時伸，卑弱柔如蒲葦，非攝奪也；剛強猛毅，志屬青雲，非本矜也；以乘時應變也。……故溺則捽父，祝則名君，勢不得不然也。此權之所設也。故孔子曰：可以共學矣，而未可以適道也；可與適道，未可以立也；可以立，未可與權。權者，聖人之所獨見也。故忤而後合者謂之知權，合而後舛者謂之不知權。不知權者，善反醜矣。故禮者，實之華而僞之文也，方於辛迫窮遽之中也，則無所用矣。是故聖人以文交於世而以實從事於宜，不結於一跡之塗，凝滯而不化，是故敗事少而成事多，號令行于天下而莫之能非矣。(《淮南子校釋》，頁1403)

聖人處事通權達變，應對進退不必執守固定法則，有時柔弱、有時剛強，都是順應時勢而爲。文中孔子所言「可以立，未可與權」說明「權」的重要。文末說聖人雖是以禮文應世，然而實際上卻是依據實際情況作出相應合宜的處理，不必執著前人的法則、既定的禮文，自然能隨俗應化、順世流轉。這無疑是把孔子與其他的儒者之流作出了區隔———一般儒者多拘泥於禮俗成規，因而凝滯不化，孔子這位聖人卻能乘變應權，隨俗應化。孔子能夠「應世」的這個面向，正是黃老道家最強調、重視者〔註48〕。在《論語》中，孔子亦言「權」，然「權」畢竟不是儒家的核心思想，但在黃老道家詮釋下，「權」之重要性大大提昇，故強調孔子是通權達變之聖者。因此，〈泰族〉曰：

> 夫聖人之屈者，以求伸也；枉者，以求直也。故雖出邪辟之道，行

〔註48〕陳師麗桂指出：時機的強調和應變的講求，是《淮南子》對《老子》柔弱哲學和慎子因循說的強化，也是黃老學家對《老子》柔後哲學一致的轉化。《老子》原本講柔後、講和光同塵，既不講「變」，也不講「時」的。黃老學家卻「因循」與「時變」並講。司馬談說黃老道家「與時遷移，應物變化……以因循爲用，……因時爲業，因物與合。」因、時、變三個觀念，在黃老學說中彼此常常是相互依存的。「時」、「變」觀念來自法家。法家在諸子中是最具現實感，最重時效的。見師著〈淮南子裏的黃老思想〉，頁34。

> 幽昧之塗，將以直大道，成大功，猶出林之中不得直道，拯溺之人
> 不得不濡足也。……孔子欲行王道，東西南北七十說而無所偶，故
> 因衛夫人、彌子瑕而欲通其道。此皆欲平險除穢，由冥冥至炤炤，
> 動於權而統於善者也。夫觀逐者於其反也，而觀行者於其終也。(《淮
> 南子校釋》，頁 2083)

孔子求見衛夫人、彌子瑕，並非道德瑕疵，而是爲了推展王道。聖人表面上
雖可能有邪僻幽昧之行爲，但都是爲了達成「興大道，成大功」的目的，此
正是「由冥冥至炤炤」，其行爲雖可能冥昧邪僻，其目標卻絕對是炤然光明。
孔子正是「動於權而統於善」——能夠通權達變，以求止於至善的聖人。〈說
山〉亦載：

> 季孫氏劫公家，孔子說之，先順其所爲，而後與之入政，曰：「與枉
> 與直，如何而不得！與直與枉，勿與遂枉！」此所謂同污而異塗者。
> (《淮南子校釋》，頁 1688)

孔子順應劫持魯定公的季孫氏，又與他一同參政，因此遭受不少非難質疑，
孔子認爲：只要「勿與遂枉」即可，也就是說：不能以表面上的同流否定聖
人的救世之心，聖人清廉的心志與遠大的抱負不容質疑。其背後隱藏的意涵
是：如果聖人抱持著「舉世皆濁我獨清，眾人皆醉我獨醒」的心態，如何能
救世？如果聖人將自己的「廉潔」之名看得比芸芸眾生更重要，又如何成其
「聖」？眞正的聖人能夠通權達變，當然也必須適時與政治當權者取得一定
協調，才可能發揮影響力。這在在顯示出，在政治情勢改變、集權政治體制
確立下，士人必須順應時「勢」，這「順應」當然也包含了認同權勢、與有位
者協調，唯有如此，才可能有所作爲。由此可知，順時、順勢的意涵不僅是
順應情勢，也必須協同權勢，畢竟孔子再如何德行兼備，也只能是「『素』王」，
沒有實質的政治權力。

〈人間〉記載：

> 或明禮義、推道理而不行，或解構妄言而反當。何以明之？孔子行
> 遊，馬失，食農夫之稼。野人怒，取馬而繫之。子貢往說之，卑辭
> 而不能得也。孔子曰：「夫以人之所不能聽說人，譬猶以大牢享野獸，
> 以〈九韶〉樂飛鳥也。予之罪也，非彼人之過也。」乃使馬圉往說
> 之。至，見野人曰：「子耕於東海，至於西海，吾馬之失，安得不食
> 子之苗？」野人大喜，解馬而與之。說若此其無方也，而反行，事

有所至，而巧不若拙。故聖人量鑿而正枘。(《淮南子校釋》，頁 1913)

人間事千變萬化，明識禮義、通達道體之人也可能遭遇阻礙。文中以「向野人索馬」為例，先是子貢「卑辭」以說，鎩羽而歸；再是孔子讓馬圉以「無方」之詞說之，馬圉的說辭看似解構妄言，其實是極為聰明的說話技巧，最後終於成功取回馬匹。馬圉深知野人的心理情境，以其所能理解、所在乎者與之對話，自然能切合其心而奏效。文中孔子的說法非常值得玩味，他說：「以人之所不能聽說人，譬猶以大牢享野獸，以〈九韶〉樂飛鳥」。其中「以〈九韶〉樂飛鳥」是引用《莊子‧至樂》篇「昔者海鳥止於魯郊，魯侯御而觴之于廟，奏九韶以為樂，具太牢以為膳。鳥乃眩視憂悲，不敢食一臠，不敢飲一杯，三日而死」之說，本義是說人類的作法束縛鳥兒的本性，應讓牠回歸自然。但是在〈人間〉中，作者卻將焦點置於「用世」，也就是在世事處理、與人溝通上，應該要順應人情人性，才能達成目的。這正凸顯出《淮南子》與《莊子》最大的差異，即是「用世」以追求事功的實用取向。而此處的孔子對《莊子》的典故信手拈來，正說明了他能通達道家之理。

文末言：「事有所至而巧不若拙，故聖人量鑿而正枘」是闡發《老子》「大巧若拙」之理。老子正言若反的智慧，不執著於「巧」、「辯」等正面的價值，而以虛靜觀照之心出之。《老子》所言較為抽象玄妙，《淮南子》則以實際的人間事來詮釋，強調聖人能準確地量鑿以正枘，判斷情勢、順勢而為。有趣的是，在《淮南子》中，實現「大巧若拙」之理的人，非老非莊，而是「孔子」。

《呂氏春秋》中也有相似的記錄，〈必己〉曰：

> 孔子行道而息，馬逸，食人之稼，野人取其馬。子貢請往說之，畢辭，野人不聽。有鄙人始事孔子者曰請往說之，因謂野人曰：「子不耕於東海，吾不耕於西海也，吾馬何得不食子之禾？」其野人大說，相謂曰：「說亦皆如此其辯也，獨如嚮之人？」解馬而與之。說如此其無方也而猶行，外物豈可必哉？(《呂氏春秋校釋》，頁 830)

請注意在〈必己〉中，鄙人是自告奮勇、請往說之，而在〈人間〉中，則是孔子主動要求馬圉往說之。相較而言，〈必己〉中孔子的角色無足輕重、可有可無；而〈人間〉中的孔子則能通達事理、主動出擊，扮演了關鍵的角色。由此可知，《淮南子》確實是有意選取「孔子」作為體道以應世的代表。《呂氏春秋‧必己》的結論是「外物豈可必哉？」《淮南子‧人間》則說：「仁者，

百姓之所慕也；義者，眾庶之所高也。爲人之所慕，行人之所高，此嚴父之所以教子，而忠臣之所以事君也。然世或用之而身死國亡者，不同於時也。」嚴父教子以「仁」，忠臣事君以「義」，然而，「行仁由義」卻可能導致「身死國亡」的結果，這就是因爲未能觀察時勢，選擇適當的作法。《淮南子》不推崇「仁義」的價值，更不贊同「殺身成仁，捨身取義」的作法，這是它與先秦儒家的不同之處，它推崇的是「量鑿而正枘」，務實地觀察現狀，及時作出相應的處理，所以才要強調通權達變，與時俱化。

總而言之，《淮南子》承繼了《老》、《莊》之理，卻選取了「孔子」作爲體道以應世的代表。這可說是繼承《莊子》書中提點「孔子」，使他成爲體道者、悟道者的那一路詮釋。至此，《老子》、《莊子》所言只是道家的理論，「孔子」卻成了應用道家之理，實踐入世抱負的聖人。

七、至言無言、大勇不勇

《老子・四十一章》曰：「大方無隅，大器晚成，大音希聲，大象無形」、〈四十五章〉言：「大成若缺，其用不弊。大盈若沖，其用不窮。大直若屈，大巧若拙，大辯若訥。」〈五十六章〉曰：「知者不言，言者不知。」這是《老子》「正言若反」的智慧，在《淮南子》中，體現此智慧的卻是「孔子」。與《莊子》書中不同的是，孔子不必再向老子問道，孔子本身已是體道、悟道者。在〈道應〉中，多處以孔子之言行事蹟證明《老子》之言〔註49〕。茲舉三例爲證，其一：

> 白公問於孔子曰：「人可以微言？」孔子不應。白公曰：「若以石投水中，何如？」曰：「吳越之善沒者能取之矣。」曰：「若以水投水，何如？」孔子曰：「菑澠之水合，易牙嘗而知之。」白公曰：「然則人固不可與微言乎？」孔子曰：「何謂不可？誰知言之謂者乎？」夫知言之謂者，不以言言也。爭魚者濡，逐獸者趨，非樂之也。故至言去言，至爲無爲。夫淺知之所爭者，末矣！白公不得也，故死於

〔註49〕 白光華指出：《淮南子》在引用《老子》時，是不作任何改動的，而且還標明「《老子》曰：……」；而引用《莊子》和《呂氏春秋》時，卻不僅不提書名，而且還經常進行改動，借題發揮。這就說明，在《淮南子》作者的心目中，道家《老子》的地位是最高的，《淮南子》是以《老子》爲宗師。見氏著〈我對《淮南子》的一些看法〉，收入陳鼓應主編《道家文化研究》第六輯（台北：文史哲出版社，2000 年 8 月），頁 197。

> 浴室。故老子曰:「言有宗,事有君,夫唯無知,是以不吾知也。」
> 白公之謂也。(《淮南子校釋》,頁 1208)

《呂氏春秋·精諭》、《列子·說符》也有這一則寓言,《淮南子》與之不同處在於文末加引《老子》「言有宗,事有君,夫唯無知,是以不吾知也」,以此說明白公死於非命的原因,也反襯出孔子是眞正「知言者」。在寓言中,孔子認爲眞正「知言」的人才可以深入地密談,不必以言辭來述說,透過精神意識的相通,就能彼此溝通。孔子不自以爲知,因此無人能了解他眞正的意圖。前章已論,這一路的詮釋,有將老莊思想權謀化的傾向。在《呂氏春秋》中,孔子還只是肯定「知言不言」、「智可微謀」;而在《淮南子》的塑造下,孔子直接成爲「夫唯無知,是以不吾知」,隱藏心思、深藏不露的政治家。這樣的改造,當然是爲了符合「能爲萬物主」的目標。

其二:

> 惠盂曰:「……臣有道於此,使天下丈夫女子莫不歡然皆欲愛利之
> (心)〔註50〕。此其賢於勇有力也,四累之上也。大王獨無意邪?」
> 宋王曰:「此寡人所欲得也。」惠盂曰:「孔、墨是已。孔丘、墨翟
> 無地而爲君,無官而爲長,天下丈夫女子莫不延頸舉踵而願安利之
> 者。今大王,萬乘之主也,誠有其志,則四境之內皆得其利矣,此
> 賢於孔、墨也遠矣。」宋王無以應。……故《老子》曰:「勇於不敢
> 則活。」由此觀之,大勇反爲不勇耳。(《淮南子校釋》,頁 1224)

孔丘、墨翟無封地而被尊稱君,無官職而被尊爲長,兩人不以勇力、用兵著稱,卻能受天下人愛戴,作者以此印證《老子》所言:「勇於不敢則活」。一般人所謂之勇,並非眞勇;柔弱不武,以仁義服民,才是大勇,這正是老子「柔弱勝剛強」的哲學。在〈道應〉的詮釋下,孔子體現了「大勇不勇」的道家思想。武力只能使人民暫時屈服,仁德之行卻讓人民自動歸附,近悅遠來。在施政上,「不勇」其實才是得民心之「大勇」。《淮南子》在此結合了儒家之仁勇與《老子》以「柔」爲上之哲學,也再次以孔子之行印證《老子》之言。

〔註50〕 王念孫云:「愛利之」下,不當有「心」字,此因上文「未有愛利之心」而誤衍也。《文子》、《列子》、《呂氏春秋》皆無「心」字。下文云「天下丈夫女子莫不延頸舉踵而願安利之」,亦無「心」字。參見張雙棣《淮南子校釋》,頁1225。

其三則是同時引用孔子之贊與《老子》之語：

> 昔孫叔敖三得令尹，無喜志；三去令尹，無憂色。延陵季子，吳人
> 願一以爲王而不肯。許由讓天下而弗受。晏子與崔杼盟，臨死地不
> 變其儀。此皆有所遠通也。精神通於死生，則物孰能惑之？荊有伏
> 非，得寶劍於于隊。還反度江，至於中流，陽侯之波，兩蛟俠繞其
> 船。伏非謂枻船者曰：「嘗有如此而得活者乎？」對曰：「未嘗見也。」
> 於是，伏非瞋目勃然，攘臂拔劍曰：「武士可以仁義之禮說也，不可
> 劫而奪也。此江中之腐肉朽骨棄劍而已，余有奚愛焉！」赴江刺蛟，
> 遂斷其頭。船中人盡活，風波畢除，荊爵爲執圭。孔子聞之曰：「夫
> 善載腐肉朽骨棄劍者，伏非之謂乎！」故老子曰：「夫唯無以生爲者，
> 是賢於貴生焉。」（《淮南子校釋》，頁1310）

孫叔敖、延陵季子、許由等人都是透徹死生之理，通達事物變化的道家人物，
這些道者不以保全自身爲念，遠比貴生者高明。文中引伏非不貪生怕死，赴
江刺蛟的行爲作爲事例，說明「貴生」者時時以保全自身爲念，反而容易因
心念執著而判斷失準。此處顯然是反對楊朱「貴生」之說，《孟子·盡心上》
曰：「楊子取爲我，拔一毛而利天下，不爲也。」《呂氏春秋·不二》曰：「陽
生貴己。」《淮南子·氾論》說：「全生保眞，不以物累形，楊子之所立也。」
楊朱所貴之「生」兼指生命的形體及精神，爲保持最純粹的自然生命樣態，
反對逐物而役己。他與老子都強調自然生命的價值，不願因尚名貪貨傷害己
身，因此要「不貴難得之貨」、「不見可欲」（《老子·第三章》）〔註51〕。然而，
楊朱的貴生思想推究至極，爲求保全自身，恐將外物與自身截然二分，導致
物我相隔。再者，時時以全身爲念，也無法隨順外境、自在處世。這是楊朱
思想與老子最大之殊異，因爲這差別，兩家也走向了不同的境界。

　　文末以孔子對伏非的贊語，論證《老子·七十五章》所言：「夫唯無以生
爲者，是賢於貴生焉。」不執著自身生命，與物渾同、順境而生，這樣的境
界比執著於「生」更通達圓滿。在作者的安排下，孔老彷彿對於「不執著於
保生」一事，取得共識、立場一致。而《呂氏春秋》亦有這一則記載，〈知分〉
曰：

〔註51〕見師著〈道家養生觀在漢代的演變與轉化——以《淮南子》、《老子指歸》、《老
　　　子河上公章句》、《老子想爾注》爲核心〉，《國文學報》第三十九期（2006年
　　　6月），頁37。

> 荊有次非者，得寶劍于干遂，還反涉江，至於中流，有兩蛟夾繞其
> 船。次非謂舟人曰：「子嘗見兩蛟繞船能兩活者乎？」船人曰：「未
> 之見也。」次非攘臂袪衣拔寶劍曰：「此江中之腐肉朽骨也。棄劍以
> 全己，余奚愛焉！」於是赴江刺蛟，殺之而復上船，舟中之人皆得
> 活。荊王聞之，仕之執圭。孔子聞之曰：「夫善哉！不以腐肉朽骨而
> 棄劍者，其次非之謂乎？」（《呂氏春秋校釋》，頁 1346）

《呂覽‧知分》論「達士者，達乎死生之分。達乎死生之分，則利害存亡弗
能惑矣。」《淮南子‧道應》談「精神通於死生，則物孰能惑之？」兩者主旨
相近。不同的是《呂覽》未引《老子》，《淮南子》則多引了一句《老子》之
言，結合了孔子之贊語與老子之哲學。在《淮南子》的詮釋下，「孔子」之人
與《老子》書的思想，就這樣一步步縮合。

八、心懷憂患、持滿不盈

〈道應〉曰：

> 趙襄子攻翟而勝之，取尤人、終人。使者來謁之，襄子方將食，而
> 有憂色。左右曰：「一朝而兩城下，此人之所喜也。今君有憂色，何
> 也？」襄子曰：「江河之大也，不過三日；飄風暴雨日中不須臾。今
> 趙氏之德行無所積，今一朝兩城下，亡其及我乎？」孔子聞之曰：「趙
> 氏其昌乎！」夫憂所以為昌也；而喜所以為亡也。勝非其難者也，
> 持之者難也。賢主以此持勝，故其福及後世。齊楚吳越皆嘗勝矣，
> 然而卒取亡焉，不通乎持勝也。唯有道之主能持勝。孔子勁杓國門
> 之關，而不肯以力聞；墨子為守攻，公輸般服，而不肯以兵知。善
> 持勝者，以強為弱，故老子曰：「道沖而用之，又弗盈也。」（《淮南
> 子校釋》，頁 1220）

持勝的關鍵，並不在於力量強大，或能為攻守，而在於心懷憂患。心懷憂患
才能以強為弱，是真正能持勝的有道者。這則文字同於《呂氏春秋‧慎大》，
只是多加上《老子》「道，沖而用之，又弗盈也」之言。〈道應〉作者以趙襄
子及孔、墨之事論證《老子》之說。《老子》原義是以「沖而弗盈」等譬況之
語來形容無可名之的「道」。《淮南子》則將焦點放置在「弗盈」上，而且是
為政者心境上的「弗盈」，也就是說：體道之聖人自然能保有謙沖自牧、居下
弗盈的心態，而這正是持勝不衰的關鍵。

　　《淮南子》以例證實解《老子》之言的詮釋模式，一方面讓《老子》玄言有實例可參、《老子》之言落實到人間〔註52〕；另一方面也讓孔、墨成為能恆懷憂患的有道者。上一章中已論儒道皆有其憂患意識，然而，其所憂所患者為何？其實儒與道各有不同內涵。孔孟憂心的重點不在於外在禍福之轉換，而在於個人是否能得仁行義。道家的「憂患意識」則著重於「盛極而衰」、「物極必反」，有道者必須與天地同德，順自然而行。這段文字所強調的，當然是後者。〈道應〉在此以「憂患意識」為樞紐，再度結合了孔子之行與老子之言，這不止一例，〈人間〉亦言：

> 眾人皆知利利而病病也，唯聖人知病之為利，知利之為病也。夫再實之木根必傷，掘藏之家必有殃，以言大利而反為害也。張武教智伯奪韓魏之地而擒於晉陽，申叔時教莊王封陳氏之後而霸天下。孔子讀《易》，至「損」、「益」，未嘗不憤然而歎曰：「益損者，其王者之事與？」（《淮南子校釋》，頁1838）

〈人間〉這段文字是藉由〈損〉、〈益〉二卦，談論人間事的利害相倚之理，要王者去體察利中有害、害中有利的損益變化。關於〈損〉、〈益〉二卦之理，除了《淮南子》之外，帛書〈要〉篇、《說苑・敬慎》、《孔子家語・六本》等都有論述。然而，三者雖然同樣是藉〈損〉、〈益〉之卦名來作義理闡釋，但詮釋的方向並不完全相同〔註53〕。

　　孔子讀《易》，談損益之理，物或損之而益，或益之而損。能明察損益之事，正是王者治國之道。孔子談損益之理，本應屬儒家《易》教，然而「眾人皆知利利而病病也，唯聖人知病之為利，知利之為病也」這種「正言若反」的語法與《老子・七十一章》言：「知不知，上；不知知，病。夫唯病病，是

〔註52〕陳師麗桂指出：《淮南子》全書基於經世尚用的立場，對《老子》許多理論所做的顯實、轉化，甚至歧出、改造，其實是一種刻意的創造性詮釋。不論所詮釋出來的思維與《老子》有多少距離，他們是在應用《老子》，而不只是轉述《老子》。……《老子》之言本當落實到人世事物，須經由人世事物的證驗，始能證成其價值，故皆以例證老，而無論辯文字。這樣的觀點，完全合乎漢人的思維。見師著〈承襲與創造：《淮南子》解老析論〉，收入劉笑敢主編《中國哲學與文化》（第五輯）（桂林：廣西師範大學出版社，2009年6月），頁77～79。

〔註53〕〈要〉篇藉由觀察〈損〉、〈益〉之道，了解天地之變和人君之事。而人君之道，就是要明察天地變化、順應四時之理。《說苑・敬慎》的文字與《孔子家語・六本》略同，而以前者的記錄較詳，旨在說明孔子從天道的盈虛損益，領悟出學者必須謙卑自持，虛靜以待。

以不病。聖人不病，以其病病，是以不病」相似；「再實之木根必傷，掘藏之家必有殃」之語，也很類似《老子》「禍兮福之所倚，福兮禍之所伏」及《莊子》「無用之用」的思想。〈人間〉在此明確結合了《易傳》損益之理與道家禍福相倚之說，這是它的特出之處。

　　儒家與道家的憂患意識重心本有不同，《淮南子》將孔子的憂患意識逐步轉化為道家式的，道家式的憂患意識正是由自然之道的「物盛而衰」推論人事上的「樂極則悲」。〈道應〉曰：

> 孔子觀桓公之廟，有器焉，謂之宥卮。孔子曰：「善哉乎得見此器！」顧曰：「弟子取水！」水至，灌之，其中則正，其盈則覆。孔子造然革容曰：「善哉，持盈者乎！」子貢在側曰：「請問持盈？」曰：「挹而損之。」曰：「何謂挹而損之？」曰：「夫物盛而衰，樂極則悲，日中而移，月盈而虧。是故聰明叡知守之以愚，多聞博辯守之以儉，武力毅勇守之以畏，富貴廣大守之以陋，德施天下，守之以讓，此五者，先王所以守天下而弗失也。反此五者，未嘗不危也。」故老子曰：「保此道者不欲盈，夫唯不盈，故能弊而不新成。」（《淮南子校釋》，頁 1324）

此章重出於《荀子・宥坐》，但文字略異，〈宥坐〉曰：

> 孔子觀於魯桓公之廟，有欹器焉。孔子問於守廟者曰：「此為何器？」守廟者曰：「此蓋為宥坐之器。」孔子曰：「吾聞宥坐之器者，虛則欹，中則正，滿則覆。」孔子顧謂弟子曰：「注水焉！」弟子挹水而注之。中而正，滿而覆，虛而欹。孔子喟然而歎曰：「吁！惡有滿而不覆者哉！」子路曰：「敢問持滿有道乎？」孔子曰：「聰明聖知，守之以愚；功被天下，守之以讓；勇力撫世，守之以怯；富有四海，守之以謙。此所謂挹而損之之道也。」〔註54〕

關於天地盈虛與人世之理的連結，先秦道家與《易傳》早有論及。《老子・四十二章》言：「人之所惡，唯孤、寡、不穀，而王公以為稱。故物或損之而益，或益之而損。人之所教，我亦教之：『強梁者不得其死。』吾將以為教父。」、〈七十七章〉言：「天之道，其猶張弓與？高者抑之，下者舉之；有餘者損之，不足者補之。天之道，損有餘而補不足。」《彖傳・豐卦》亦有言：「日中則昃，月盈則食，天地盈虛，與時消息，而況於人乎，況於鬼神乎？」《老子》

〔註54〕見王先謙集解、沈嘯寰、王星賢點校《荀子集解》，頁520。

與《易傳》皆由天地萬物損益之理出發，前者主張因順自然、不與人爭勝；後者強調居易俟命、崇德廣業。

〈道應〉文中的孔子從日中而移、月盈則虧等「物盛而衰」的自然之道體證「樂極則悲」的人事之理。孔子所言先王守天下之理——「以愚守知」、「以儉守辯」、「以畏守勇」、「以陋守富」、「以讓守天下」，全是大智若愚、儉嗇自持、不敢為天下先之理。《荀子‧宥坐》所談則為「以愚守智」、「以讓守天下」、「以怯振世」、「以謙有四海」之理。兩相對照，〈道應〉多出「以儉守辯」、「以陋守富」二理，少了「以謙有四海」之理。〈道應〉更強調老子「儉嗇」之德，此儉嗇之理不只強調物質上少私寡欲，更強調用「儉嗇」修養取代聞見之知，以此持守天下，與《老子‧五十九章》所言：「夫唯嗇是謂早服，早服謂之重積德，重積德則無不克，無不克則莫知其極，莫知其極可以有國」相互呼應。

更重要的是，〈道應〉再次以孔子故事應證《老子‧十五章》「服此道者不欲盈，夫唯不盈，是以能弊而新成」的道理。在〈道應〉的塑造詮釋下，孔子由憂道之不行、憂德之不成的儒家導師；變成強調持滿不盈、謙下以成的道家聖人。由上論可知，《淮南子》中的「孔子」已有黃老道家化的傾向。

第四節　結　語

《淮南子》認為「仁義」與「大道」並非完全對立，若以「大道」為根基，自然能包含「仁義」，讓仁義禮樂，甚至法度發揮其作用，這一點與《莊子》〈天道〉、〈在宥〉等黃老的思想篇章相同〔註55〕。然而，《淮南子》雖有此意，但只說：「誠達于性命之情而仁義固附矣，趨捨何足以滑心！」，並沒有正面地指出「以大道為根本，來收納仁義之說、禮樂之教」的儒道結合之途。

〔註55〕〈天道〉言：「是故古之明大道者，先明天而道德次之，道德已明而仁義次之，仁義已明而分守次之，分守已明而形名次之，形名已明而因任次之，因任已明而原省次之，原省已明而是非次之，是非已明而賞罰次之」、〈在宥〉言：「賤而不可不任者，物也；卑而不可不因者，民也；匿而不可不為者，事也；麤而不可不陳者，法也；遠而不可不居者，義也；親而不可不廣者，仁也；節而不可不積者，禮也；中而不可不高者，德也；一而不可不易者，道也，神而不可不為者，天也」正是此種理念的發揮。在黃老道家「因循應時以求治」的原則下，儒家之「禮義」、法家之「法度」皆可納之而無礙；道家之「（天）道」－儒家之「禮」－法家之「法」，這樣一套層層下落的治世原則已然誕生。

　　在《淮南子》中，正面實現儒道結合的，是「孔子」這位聖人。比起《莊子》中孔子形象的複雜不一，《淮南子》並無嚴辭批判孔子，因此書中的孔子形象更加一致。在《淮南子》的詮釋下，孔子已成為儒道共通、亦儒亦道之聖人，具有強烈的黃老道家色彩。

　　更值得探討的是，漢魏時學界所認定的「孔子」，正是這種兼融並蓄的形象，《說苑》、《孔子家語》等書中亦有多處與《淮南子》記載相同。也就是說，這些書中也有道家色彩的孔子形象。為什麼「孔子」成為亦儒亦道、儒道共通的聖人？經學的傳播與研習，讓士人在學習經典的過程中，同時樹立起「孔子」不可動搖的地位〔註 56〕。漢初士人儒道兼習的風氣，可能也讓《莊子》中正面的孔子形象深植其心。因此，「孔子」不再是先秦儒家的孔子，而是兼通儒道，有儒家氣質，亦能體現道家思想的聖人。

〔註 56〕王中江言：漢代體制性儒家經學的建立，使儒家典籍的教學、傳授和注釋重
　　　　新得到了保證。可以說，早期儒家典籍的經典化過程，是與體制和制度聯繫
　　　　在一起的。參見氏著〈經典的條件：以早期儒家經典的形成為例〉，收入劉小
　　　　楓、陳少明主編《經典與解釋的張力》（上海：上海三聯書店，2003 年 10 月），
　　　　頁 23。

第七章　《列子》的孔子詮譯

　　《莊子》中的孔子詮釋一直是學者熱衷討論的議題，相對來說，《列子》中的孔子形象所受到的關注就少得多。這一方面是因為《列子》成書過程的複雜性，讓學者不得不將心力挹注於它的真偽問題〔註1〕；另一方面則因為《列

〔註1〕近百年來，《列子》真偽考經歷了「由真至偽」及「由偽至真」的兩個不同趨勢。然而，誠如周大興所言：《列子》的相關研究及辨偽工作，雖然累積了不少的成果，但大部分的問題，即使不是「錯誤累增式」的考據，也仍然是敞開的。……歷來的辨偽工作，在沒有釐清究竟什麼是「偽書」以前，似乎也走入了一個難以自拔的「誤區」。見氏著〈《列子‧楊朱篇》析論〉，《中國文哲研究通訊》第二十一卷第四期（2011年12月），頁22。對此，鄭良樹認為：我們對先秦諸子的研究，特別是對真偽的研究，必須採取一種新的角度——以篇為單位，甚至以段為單位，逐段逐篇考訂及觀察，而不是過去那種以書為單位的方式了。參見氏著《諸子著作年代考》（北京：北京圖書館出版社，2001年9月），頁276。此說頗值得參考。
關於《列子》的成書問題，可參考專書：楊伯峻《列子集釋》（北京：中華書局，1979年10月）、嚴靈峰《列子辯証及其中心思想》（台北：時報文化，1983年10月）、蕭登福《列子探微》（台北：文津出版社，1990年3月）、馬達《《列子》真偽考辨》（北京：北京出版社，2000年12月）、鄭良樹《諸子著作年代考》。
單篇論文：朱守亮〈列子辨偽〉（《臺灣省立師範大學國文研究所集刊》第六號，1962年6月，頁427～457）、劉禾〈從語言的運用上看《列子》是偽書的補證〉（《東北師大學報》1980年第3期，頁34～38）、張永言〈從詞匯史看《列子》的撰寫時代〉（收入氏著《語文學論集》，北京：語文出版社，1999年5月，頁360～392）、周美吟〈張湛《列子注》研究〉（《國立臺灣師範大學國文研究所集刊》第四十六號，2002年6月，頁703～933）、許抗生〈《列子》考辨〉（收入《道家文化研究》第一輯，台北：文史哲出版社，2000年8月，頁344～358）、陳廣忠〈為張湛辨誣〉、〈《列子》三辨〉、〈從古詞語看《列子》非偽〉（收入《道家文化研究》第十輯，台北：文史哲出版社，2000年8月，

子》與《莊子》有多處相重，《列子》中的孔子形象也確實與《莊子》中的孔子形象部分雷同，因此早期論者自然容易忽略《列子》中的孔子形象〔註2〕。

近年來，越來越多學者開始注意到《列子》中的孔子形象，如：黃翔指出：「《列子》筆下的孔子，不但有會通儒、道之傾向，更有超越儒、道之能力。……孔子於道者，則多所理解與同情，甚至能爲道者解說，並擁有超越一般體道者的神妙能力。由是可見，孔子實爲《列子》心目中會通儒道的完美典範，能兼儒、道之長而有之，不但具備了道家的修爲與境界，又富含儒家入世之關懷。〔註3〕」蔡慧沁則言：「《列子》中的孔子形象多屬正面，且是相當明顯被賦予道家人物的領銜主角，改造孔子的儒者身份，轉型爲道家一員，說起自然無爲云云之話，但偶爾也不經意地流露一點儒家餘韻，使孔子在《列子》書中呈現儒道對話的有趣現象。……《列子》中孔子已遠超於重言角色、取信於人的作用，更含有儒道之間展開對話的義蘊。〔註4〕」

前人的研究皆已說明：《列子》中的孔子是亦儒亦道、會通儒道的聖人。這樣的孔子形象似乎與《莊子》中「道家化的孔子」有幾分神似，但《列子》

頁267～299）、鄭良樹〈論近世古籍眞僞學的兩個趨勢——以《列子》爲例〉（《南方學院學報》第二期，2006年，頁1）、管宗昌《列子》僞書説述評）（《古籍整理研究學刊》2006年第5期，2006年9月，頁11～16）、牟鍾鑒《列子》與《列子注》之我見）（《政大中文學報》第8期，2007年12月，頁29～44）、程水金、馮一鳴〈《列子》考辨述評與《列子》僞書新證〉（《中國哲學史》2007年第2期，頁40～48）、王東、羅明月〈《列子》撰寫時代考——從辭彙史角度所作的幾點補證〉（《西南交通大學學報》（社會科學版）第10卷第6期，2009年12月，頁1～7）、徐曼曼、王毅力〈從辭彙史看《列子》的成書年代補略〉（《西南交通大學學報》（社會科學版）第12卷第2期，2011年3月，頁25～30）、鞏玲玲〈從年齡稱數法探微《列子》的眞僞〉（《齊齊哈爾大學學報》（哲學社會科學版）2013年第2期，2013年3月，頁106～108）。學位論文：李彬源《《列子》考辨三題》（福建師範大學中國古代文學碩士論文，郭丹先生指導，2006年9月）、吳萬和《從詞滙語法角度考辨《列子》僞書實質》（江西師範大學文學院碩士論文，黃增壽先生指導，2009年6月）。

〔註2〕早期似乎只有連清吉〈列子書中的孔子〉一文以此爲研究專題。連氏言：孔子一到列子的筆下，一如在莊子的筆下，於個性上有了改變，由仁義禮智的道德主體之建立者；搖身一變，而成爲純氣守靜的形上超越之貞定者。連氏指出《列子》中的「孔子」形象有著由儒轉道的變化。見氏著〈列子書中的孔子〉，《中國文化月刊》第十四期（1980年12月），頁75。

〔註3〕見氏著《《列子》寓言思想研究》（國立台灣大學中文研究所碩士論文，林麗眞先生指導，2002年1月），頁215。

〔註4〕見氏著《《列子》書中的人物類型研究》（國立台灣大學中文研究所碩士論文，林麗眞先生指導，2010年6月），頁20。

中的孔子並不是複製《莊子》中的孔子而已。陳濬祐指出:「孔子形象在《列子》中的寓言角色,顯得更爲含蓄委婉,在『津人操舟』的孔子多了反省性,在『河梁丈夫』的孔子有了會通儒道的功能,在『病僂承蜩』遭到嘲諷,但皆未如《莊子》中盜跖對孔子的強烈抨擊,《列子》更多了使讀者思考的空間,《莊子》由於篇幅廣大,汪洋宏肆,因此暢所欲言,寓意因此更爲詳盡透澈的表達出來,《列子》爲文短小精要,經常有所保留,也因此給予空間。但筆者更以爲二者藉由孔子入道,其用意除了是爲道家代言,也在消弭儒道之是非處下了功夫。〔註 5〕」《列子》中有好幾則關於孔子形象的寓言,確實有言似未盡、戛然而止的情形。但可能礙於篇幅之限,陳氏對於「孔子形象」如何「消弭儒道之是非」申論不多。

因此,在探究《列子》如何塑造孔子形象時,筆者將著重研究相關文字的背後,透露出什麼樣的儒道義蘊?儒道之間的衝突與會通在此如何呈顯?所謂「會通」是立足於何種層次?「孔子」又何以能「超越一般體道者」?若我們承認「列子」爲道家人物,《列子》爲道家著作,那麼《列子》爲何讓「孔子」成爲凌駕隱者之聖人?再者,《列子》的成書與時代,一直是個難解的問題,從「孔子形象的詮釋」這個角度切入,是否可能爲學界爭論已久的《列子》成書問題帶來判定的線索〔註 6〕?這些都是筆者進一步研究的目標。

〔註 5〕 見氏著〈《莊子》與《列子》寓言中「孔子形象」比較研究〉,《思辨集》第十五集(第十八屆臺灣師範大學國文學系研究生論文發表會論文集,台北:國立臺灣師範大學國文系,2012 年 3 月 24 日),頁 87。

〔註 6〕 直至今日,《列子》的思想體系應歸屬「先秦」列子學派抑或「魏晉」玄學,學者意見仍分歧,是非難定。如:楊孟晟説:「《列子》是一部基本反映先秦時代列子學派思想的著作,其文句可能有後人增益整理的成分,但其哲學思想和文本面貌,卻基本仍是先秦古籍的本來面目。」(見氏著《《列子》考辨及思想研究》,南京師範大學社會發展學院碩士論文,李天石先生指導,2011年 5 月,頁 32。)卞魯曉則説:「今本《列子》乃魏晉時期的僞書,系玄學著作。」(見氏著《《列子》人生哲學研究》,安徽大學中國哲學博士論文,陸建華先生指導,2012 年 4 月,頁 1)。

無論如何,即便是主張《列子》主體寫作於戰國時期的學者,也不得不承認戰國以至魏晉,在後人(如:劉向、張湛)校訂的過程中,必有增刪、潤飾,甚至篡改、附益的情形。許多學者從語言詞匯史的角度考察,亦得出今本《列子》成書於魏晉時期的結論。只是,後人修訂《列子》的過程是否可能改變《列子》中各篇原本的思想?改變的幅度是大是小?恐怕無法驟下定論,因爲我們永遠不可能知道《列子》中各篇原本的面貌爲何。

第一節　孔子的有限性

　　《莊子》中有道家化的孔子，也有被譏笑批評的孔子。而在《列子》中，幾乎不見被批判的孔子，至多只是調侃他未能盡知自然知識，或論述他不能與天命抗衡。《列子》之所以要點出孔子的「有限性」，是為了強調自然的廣大浩瀚與時命的無可抗拒，彰顯天地自然、時機命運的至高性，而非鄙視孔子。這同時說明了，在「孔子形象」這個議題上，《列子》與《莊子》的立場並不完全相同。《列子》中對孔子最強烈之質疑，是〈楊朱〉感嘆孔子「生無一日之歡」、「苦以至終」，不能貴己重生，但楊朱所言重在表達自己的學說，也與《莊子》外雜篇的嚴辭批判、直指儒家謬誤不同。

一、孔子不知上下六合

　　〈湯問〉曰：

> 孔子東游，見兩小兒辯鬥，問其故。一兒曰：「我以日始出時去人近，而日中時遠也。」一兒以日初出遠，而日中時近也。一兒曰：「日初出大如車蓋；及日中，則如盤盂：此不為遠者小而近者大乎？」一兒曰：「日初出滄滄涼涼；及其日中如探湯：此不為近者熱而遠者涼乎？」孔子不能決也。兩小兒笑曰：「孰謂汝多知乎？」（《列子集釋》，頁 168～169）

〈湯問〉多記載物之終始、八方之極盡等問題，本章的意旨在說明自然知識之無窮難解，即使博學如孔子也無法決斷。〈說符〉亦言：「智苟不足，使若博如孔丘，術如呂尚，焉往而不窮哉？」認為應時順勢的智慧遠較博學、知兵更重要，此處也是以孔子作為「博學」的代表。〈湯問〉的原意並非嘲諷孔子不明物理，而是要強調天地自然難以測知，人力無法窮及。《淮南子·主術》言「孔、墨博通，而不能與山居者入榛薄險阻也」，目的同樣是在說明「人知之於物也，淺矣」、「故智不足以治天下也」。但這些論述同時也說明了，歷來文獻喜歡強調孔子「博學多智」的這項特質，並不受道家青睞。今本《老子·十九章》曰：「絕聖棄智」，〈二十三章〉曰：「知人者智，自知者明。」《莊子·逍遙遊》說：「小知不及大知。」雖然各章所言「智（知）」的內涵不盡相同，但大體而論，道家主張透過滌除玄覽、致虛守靜來體證大道，而非儒家以認知學習、執取外物的方式來學習。所謂「知人」是對外的認知，強調心的認知作用；「自知」則是經由致虛極、守靜篤的工夫，層層

剝除矯詐造作，回復虛靜靈明的本心，達至玄冥境界，強調心的自省工夫，此方為「大知」、為「明」。

作者特別提出「孔子」，是要以孔子之博學來反襯天地知識之無窮，隱含有不認同孔子「博學多智」特質之意，這本是道家知識論的基本立場，〈湯問〉並非要對孔子嚴辭批判。然而，後代注家為了維持孔子一貫的聖人形象，不願孔子受質疑，大多致力為孔子辯駁，故張湛《注》引《莊子·齊物論》言：「六合之外，聖人存而不論」，直接將孔子視為「不論六合之外」的道家聖人，故引用〈齊物論〉為其辯駁。後世的注家亦多認為，孔子只是存而不論，並非真的不知天地事理〔註7〕。然而，就儒道來說，儒家不論議天地自然之事，與莊子所謂的「存而不論」，其實有所差異。儒家認為這樣的議論無益於人倫政教，孔子尚且不論與祭祀相關的鬼神問題，更何況渺遠的宇宙？莊子則以為這樣的論辯悖離大道，僅是人類的臆測，彼是我非、彼非我是，無可定奪。宇宙起源之問題，不能視為客觀知識加以分判。吾人從張湛的注解可以知道，他們致力於維護孔子的聖人地位，塑造孔子的玄聖形象，用心昭然若揭。

二、孔子不能對抗時命

孔子積極用世、憂國憂民，卻不能夠得到當權者的重用，《列子·力命》言：「仲尼之德不出諸侯之下，而困於陳蔡。」以此論證「力」不敵「命」。其重點不在批評孔子之德行或嘲諷其命運，而在以孔子德行無匹，竟無法得到相應之權位，說明德福難以一致。

外在客觀世界有其因果關係，非人力所能干預，因而構成了命限，〈力命〉所論重點即在於此。〈力命〉不僅未能了解孔子以仁心為體，在行仁踐義中，突破外在命限的超越性。也未能了解道家破除成心、去執無礙後，在虛靜專一的道心觀照下，外在的是非、得失、榮辱已全然無別，命限也只是大化之展現，於我何礙？由此可知，其所反映的思路既非儒家，亦非老莊道家。

〔註7〕盧重玄《解》曰：「若進非全道，退非利生，一曲之辯，聖人所以未嘗說也。夫不決者，非不知也。世人但以問無不知為多，聖人以辯之無益而不辯」、范致虛《解》曰：「然則孔子不能決者，豈真弗能決哉？是直存而不論耳」。最有趣的是江遹的解釋：「孔子之不能決，豈真不能決哉？存之而不論爾。小兒遽謂孔子為非多知者，孔子常曰：『吾有知乎哉？無知也。』孔子而多知，又奚以為孔子。」孔子之「無知」，乃是好學而自謙；江遹以其自言「無知」，認為合於老莊之道，所以才說「孔子而多知，又奚以為孔子」。其實孔、老所言之「無知」，意涵並不相同。江遹曲解其意，以維護孔子之聖人地位。

〈力命〉以孔子「困厄陳蔡」之事證明人力不敵時命,是將命限凌駕於人為之上,人在此命限中,不得抗拒,只能依順,人心之自由與超越的可能同時被取消。再者,《莊子》外雜篇中有不少關於孔子「困厄陳蔡」的討論,恐怕都不如本篇立場之悲觀無奈。

三、孔子不能重生貴己

〈楊朱〉言:

> 楊朱曰:「天下之美歸之舜、禹、周、孔,天下之惡歸之桀紂。……孔子明帝王之道,應時君之聘,伐樹於宋,削迹於衛,窮於商周,圍於陳蔡,受屈於季氏,見辱於陽虎,戚戚然以至於死:此天民之遑遽者也。凡彼四聖者,生無一日之歡,死有萬世之名。名者,固非實之所取也。雖稱之弗知,雖賞之不知,與株塊無以異矣。……彼四聖雖美之所歸,苦以至終,同歸於死矣。」(《列子集釋》,頁231~233)

姑且不論此文所反映的是先秦楊朱思想,抑或是魏晉玄學思潮,文中所言大致還能印合《淮南子・氾論》對楊朱的評論——「全生保真,不以物累形,楊子所立也」。孔子得到了萬世名聲,然而,外來的讚揚尊崇虛而不實,生命實質上一無所獲。孔子的生命歷程是由「受屈」、「見辱」、「戚戚然以至於死」等一連串痛苦所構成。就作者看來,追求物質上的財貨,抑或非物質的名聲,同樣都會造成生命的負累。

本文是《列子》全書中對孔子生命最強烈的質疑,但有幾點要釐清。首先,孔子「苦以至終」的生命歷程究竟是他個人的選擇、對名聲的追求,抑或這樣的歷程乃時命所定、不得不然?文中並沒有解釋,也沒有進一步探討。但按楊朱「拔一毛而利天下,不為也」(《孟子・盡心上》)之論,既可選擇「不為利天下之事」,那麼「不使外來名聲傷己」也應是自己可以作主。這個問題與《莊子・德充符》所言相似。〈德充符〉曰:「無趾語老聃曰:『孔丘之於至人,其未邪?彼何賓賓以學子為?彼且蘄以諔詭幻怪之名聞,不知至人之以是為己桎梏邪?』老聃曰:『胡不直使彼以死生為一條,以可不可為一貫者,解其桎梏,其可乎?』無趾曰:『天刑之,安可解!』」但兩者的終極解釋並不相同,〈德充符〉認為,孔子之「刑」乃是受之於「天」,是天生自然的氣性使然,並以此為最終解釋。而楊朱這段話則是立基於「重生」、「貴己」之

論，強調天下之毀譽對生命可能的斲傷，因此是以「舜、禹、周、孔」與「桀紂」對舉，並沒有特別探討孔子的氣性，亦非強調命定之必然。若我們要代楊朱回答此一問題，則恐怕楊朱也不會歸諸天生氣性，因爲若歸諸命定之氣性，則「不爲利天下之事」的主動性就會被取消。

誠如我們一開始所說，究竟要將這段文字放置在先秦思想，或魏晉思潮來討論，目前仍存在爭議。但以宏觀角度視之，至少可以肯定，本文反映出先秦以來道家有一股重視個人生命，反對以物傷己，甚至可能造成物我兩分的思潮存在。就「重生」、「貴己」的立場來看，孔子的生命經營是失敗的，不只孔子，舜、禹、周公都是不被肯定的。然而，楊朱畢竟沒有直接批判孔子的人生抉擇，只是借孔子之例，說明「全生保眞」之理。因此，也就未如《莊子》〈盜跖〉、〈漁父〉等篇瀰漫著與孔子、儒家針鋒相對的對立氣氛。

由上論可知，《列子》不像《莊子》外雜篇有多處篇章正面攻擊孔子的人格及學說，《列子》僅是指出，孔子不能遍知自然知識、不敵客觀天命，質疑其不能重生輕名〔註8〕。無論是批判孔子不能重生，還是不知天地，都不是對孔子及儒家義理核心的批評，因爲「個人生命」的安養及「宇宙知識」、「順應時命」的討論本非孔子關心的議題。

第二節 貫通儒道的玄聖孔子

《列子》中有關孔子的論述，有一部分重見於《呂氏春秋》、《淮南子》、《說苑》、《孔子家語》中。另外，《列子》中的孔子形象不與他書重複的部分，則有超越儒道、更臻上境的氣質。總體而言，《列子》中的孔子詮釋既與諸家重疊，而又超越諸說。其與諸家重疊的部分，可能是承繼前說，以下二例說明之。〈說符〉曰：

> 宋人有好行仁義者，三世不懈。家無故黑牛生白犢，以問孔子。孔子曰：「此吉祥也，以薦上帝。」居一年，其父無故而盲。其牛又復生白犢，其父又復令其子問孔子。其子曰：「前問之而失明，又何問乎？」父曰：「聖人之言先迕後合。其事未究，姑復問之。」其子又

〔註8〕譚家健指出：《列子》各章的孔子皆以老師、智者、評論家姿態出現，而沒有像莊周派那樣把孔子當學生甚至貶低、醜化。這種調和儒道的向正是魏晉玄學家們相當普遍的心態。參見氏著〈《列子》書中的先秦諸子〉，《管子學刊》1998 年第 2 期，頁 70。

復問孔子。孔子曰：「吉祥也。」復教以祭。其子歸致命。其父曰：
「行孔子之言也。」居一年，其子又無故而盲。其後楚攻宋，圍其
城；民易子而食之，析骸而炊之；丁壯者皆乘城而戰，死者太半。
此人以父子有疾皆免。及圍解而疾俱復。（《列子集釋》，頁253）

此則寓言也出現在《淮南子・人間》〔註9〕、《論衡・福虛》〔註10〕，不同之
處僅在於《淮南子・人間》中，「孔子」寫作「先生」。按常理推斷，應是「先
生」（泛稱）改作「孔子」（專稱）；而非「孔子」改作「先生」。因此，就此
章來說，較可能是《淮南子・人間》的版本寫成在前，《論衡・福虛》、《列子・
說符》寫成在後。若如此，則《論衡》、《列子》將「先生」改作「孔子」的
心理動機就很值得玩味。自《呂氏春秋》、《淮南子》以來，多處著重描寫孔
子洞燭機先、預知後事的形象，《列子》很可能是在這股思潮下，把寓言中原
本的「先生」改爲「孔子」，以強調孔子之言能預知禍福、判斷吉凶。

〈黃帝〉曰：

惠盎見宋康王。康王蹀足謦欬，疾言曰：「寡人之所說者，勇有力也，
不說爲仁義者也。客將何以教寡人？」惠盎對曰：「臣有道於此，使
人雖勇，刺之不入；雖有力，擊之弗中。大王獨無意邪？」宋王曰：
「善，此寡人之所欲聞也。」惠盎曰：「夫刺之不入，擊之不中，此
猶辱也。臣有道於此，使人雖有勇，弗敢刺；雖有力，弗敢擊。夫

〔註9〕《淮南子・人間》曰：「昔者，宋人好善者，三世不解。家無故而黑牛生白犢，
以問先生，先生曰：『此吉祥，以饗鬼神。』居一年，其父無故而盲，牛又復
生白犢，其父又復使其子以問先生。其子曰：『前聽先生言而失明，今又復問
之，奈何？』其父曰：『聖人之言，先忤而後合，其事未究，固試往復問之。』
其子又復問先生，先生曰：『此吉祥也，復以饗鬼神。』歸，致命其父。其父
曰：『行先生之言也。』居一年，其子又無故而盲。其後，楚攻宋，圍其城。
當此之時，易子而食，析骸而炊之，丁壯者死，老病童兒皆上城，牢守而不
下，楚王大怒。城已破，諸城守者皆屠之。此獨以父子盲之故，得無乘城。
軍罷圍解，則父子俱視。」見張雙棣《淮南子校釋》（北京：北京大學出版社，
1997年8月），頁1858。

〔註10〕《論衡・福虛》曰：「宋人有好善行者，三世不改，家無故黑牛生白犢，以問
孔子。孔子曰：『此吉祥也，以享鬼神。』即以犢祭。一年，其父無故而盲。
牛又生白犢，其父又使其子問孔子。孔子曰：『吉祥也，以享鬼神。』復以犢
祭。一年，其子〔又〕無故而盲。其後楚攻宋，圍其城。當此之時，易子而
食之，枡骸而炊之，此獨以父子俱盲之故，得毋乘城。軍罷圍解，父子俱視。
此脩善積行神報之效也。」見王充著、黃暉撰《論衡校釋》（北京：中華書局，
1990年2月），頁265。

　　弗敢，非無其志也。臣有道於此，使人本無其志也。夫無其志也，
　　未有愛利之心也。臣有道於此，使天下丈夫女子莫不驩然皆欲愛利
　　之。此其賢於勇有力也，四累之上也。大王獨無意邪？」宋王曰：「此
　　寡人之所欲得也。」惠盎對曰：「孔墨是已。孔丘墨翟無地而爲君，
　　無官而爲長；天下丈夫女子莫不延頸舉踵而願安利之。今大王，萬
　　乘之主也；誠有其志，則四竟之內，皆得其利矣。其賢於孔墨也遠
　　矣。」宋王無以應。惠盎趨而出。宋王謂左右曰：「辯矣，客之以說
　　服寡人也！」（《列子集釋》，頁 87～89）

本寓言又見於《呂氏春秋・順說》、《淮南子・道應》。這一則寓言很可以說明，
秦漢以來，道家基本上對孔子抱持肯定的態度。黃老道家立場的《呂氏春秋》、
《淮南子》，在「兼儒墨」的基調下，必然肯定孔子。《列子》中也有這一則，
表示它也認同「無地而爲君，無官而爲長」的孔子形象，也贊同「仁義」勝
於「勇力」。此皆說明了《列子》中的孔子形象與《呂氏春秋》、《淮南子》一
系的孔子詮釋有關聯。不同之處僅在於，《呂覽》文末論：「貧賤可以勝富貴
矣，小弱可以制彊大矣。」《淮南子》言：「勇於不敢則活。」《列子》則說：
「辯矣，客之以說服寡人也！」宋王以惠盎爲「善辯」，令他不得不折服，似
乎反映了魏晉尚清談論辯之風。然而，《呂覽》與《淮南子》的孔子詮釋較偏
向君人南面之術的發揮，而《列子》則較偏重孔子圓道的聖人境界。

　　《列子》中的孔子詮釋承繼前說，且在這些篇章中，孔子境界更高，所
論之理更加通透圓融。

一、齊一生死、死爲歸宿

　　〈天瑞〉曰：

　　子貢倦於學，告仲尼曰：「願有所息。」仲尼曰：「生無所息。」子
　　貢曰：「然則賜息無所乎？」仲尼曰：「有焉耳。望其壙，睪如也，
　　宰如也，墳如也，鬲如也，則知所息矣。」子貢曰：「大哉死乎！君
　　子息焉，小人伏焉。」仲尼曰：「賜！汝知之矣。人胥知生之樂，未
　　知生之苦；知老之憊，未知老之佚；知死之惡，未知死之息也。晏
　　子曰：『善哉！古之有死也！仁者息焉，不仁者伏焉。』死也者，德
　　之徼也。古者謂死人爲歸人。夫言死人爲歸人，則生人爲行人矣。
　　行而不知歸，失家者也。一人失家，一世非之；天下失家，莫知非

焉。有人去鄉土、離六親、廢家業、遊於四方而不歸者，何人哉？世必謂之爲狂蕩之人矣。又有人鍾賢世，矜巧能、修名譽、誇張於世而不知己者，亦何人哉？世必以爲智謀之士。此二者，胥失者也。而世與一不與一，唯聖人知所與，知所去。（《列子集釋》，頁 26～28）

《荀子‧大略》與《孔子家語‧困誓》同樣有「子貢倦於學」的記載，兩者文字大致相同，茲引《荀子‧大略》爲例：

子貢問於孔子曰：「賜倦於學矣，願息事君。」孔子曰：「《詩》云：『溫恭朝夕，執事有恪。』事君難，事君焉可息哉！」「然則賜願息事親。」孔子曰：「《詩》云：『孝子不匱，永錫爾類。』事親難，事親焉可息哉！」「然則賜願息於妻子。」孔子曰：「《詩》云：『刑于寡妻，至于兄弟，以御于家邦。』妻子難，妻子焉可息哉！」「然則賜願息於朋友。」孔子曰：「《詩》云：『朋友攸攝，攝以威儀。』朋友難，朋友焉可息哉！」「然則賜願息耕。」孔子曰：「《詩》云：『晝爾于茅，宵爾索綯，亟其乘屋，其始播百穀。』耕難，耕焉可息哉！」「然則賜無息者乎？」孔子曰：「望其壙，皋如也，顛如也，鬲如也，此則知所息矣。」子貢曰：「大哉死乎！君子息焉，小人休焉。」〔註11〕

一樣是記錄「子貢倦於學」之事，《列子》與《荀子》卻有完全不同的詮釋方向，經由兩則文字的對比，吾人確實可以發現儒道之間不同的人生方向。

在《荀子‧大略》中，子貢對行禮盡義之事產生了倦怠之心，孔子屢次引用《詩經》之言，告誡子貢：君子在世，就應該勠力於人事，在社會網絡、人倫關係中盡其本分，無論事君事親，乃至妻子朋友，君子的義務責無旁貸、死而後已。這則文字所顯現的是儒家君子任重道遠的精神。事君、事親、妻子、朋友皆是義所當爲。由此義之所在，可見天命之所在。人之實踐此義，即是對天命之回應，君子即義見命，焉能逃避當爲之事〔註12〕？這是儒家的

〔註11〕 見王先謙集解、沈嘯寰、王星賢點校《荀子集解》（北京：中華書局，1988年9月），頁 509～511。

〔註12〕 唐君毅言：「我之有命，乃我與我之此自命相遭遇，亦我與天之所以命我相遭遇。我之實踐此義所當然之自命，爲我對此自我之回應，同時即亦爲我對天命之回應也。」見氏著《中國哲學原論　原道篇（一）》（台北：臺灣學生書局，1986年10月），頁 120～121。

基本立場。

　　子貢何以會產生倦怠之心？這是否代表儒家仁義禮樂之教，確實有箝制人心、壓抑本性的可能？《荀子》與《孔子家語》當然沒有往這個方向發揮，值得注意的是，《列子》也沒有。《列子》並不認爲仁義禮教必然會壓抑人心、本性，〈天瑞〉甚至說：「聖人之教，非仁則義」，以「仁義」爲聖人之教的內涵。

　　〈天瑞〉詮釋的方向是藉子貢倦於學一事，進一步闡發生死之理。〈天瑞〉說：「其在死亡也，則之於息焉，反其極矣。」此處的孔子以十足的道家口吻說明，人們只知追求長生、逃避死亡；只知生之樂、不知死之息，未能了解生命的實相。死亡是人最終的歸宿，何惡之有〔註13〕？〈天瑞〉以此破除人們樂生惡死之習，與《莊子‧大宗師》所論眞人「不知說生，不知惡死」意同。

　　這位道家化的孔子說：無論君子，抑或小人；無論仁者，抑或不仁者，都要面對死亡。生死大限乃天地之運化，仁義道德不能扭轉自然運作，這位孔子在此只強調，在生死命題之前，人力無計可施，卻未能點出道德抉擇的價值與尊嚴，當然已經悖離了儒家立場。值得注意的是：文中以「死」爲眞正的歸宿，說「行而不知歸」是「失家者」，並指出當時天下人都追求生命的長久，無人以之爲非，這正透露出當時的社會風尚。

　　接著，孔子指出：「狂蕩之人」與「智謀之士」皆失者也，都未通達生命的眞相。狂蕩之人去鄉離親、遊於四方而不知歸，不知死亡才是人生的歸宿。此處的「狂蕩之人」應結合上文所言「死人爲歸人……行而不知歸，失家者也」來解釋，因此，「狂蕩之人」所指不只有去鄉離親之意，亦有追求長生而不知歸之意。而智謀之士則是重視形軀生命〔註14〕、矜誇才能、追求名聲，以此誇耀於世。追求外在的名譽聲望，源於對自我形體生命的過份看重。前者以遊蕩求長生爲樂，不知生命的本質；後者以逐名求譽爲樂，不解人性的眞實，兩者皆是「悅生惡死」之人，都未能明瞭生命的眞實意義。此段義理認爲，「狂人」與「智士」皆偏執於一端，未能達於大道，這兩類人表面上看來不同，但「此二者，胥失者也」，所失者即是看重形體生命，追求長生或名譽，其實都忽略了安立精神生命。

〔註13〕張湛《注》曰：「德者，得也。徼者，歸也。言各得其所歸。」
〔註14〕張湛《注》：「鍾賢世宜言『重形生』。」

　　文中所謂「智士」所指應是追求功名利祿的士人末流，而所謂的「狂人」，在《莊子》書，如：楚狂接輿、狂屈等，都是道家隱者一類人物，相對於儒者而言，是渾同大道、明識真相之人。此處《列子》之「狂」之所以成為被批判的人物，是因為此處的「狂蕩之人」不但未能「以生死為一條」，沒有如《莊子》之「狂」那樣通達生死之理、自然運化，反而一味追求長生、逃避死亡。同樣的「狂人」之名，何以《列子》之「狂」不同於《莊子》之「狂」？其中透露出的訊息頗堪玩味。由此可見《列子》亦不贊同與「智士」相對的「狂人」式的生命型態。

　　《列子·天瑞》這段話透露出對當時悅生惡死之風的嫌惡，此處無論「智士」還是「狂人」，都在追求外來的名譽或有形的生命，顯見當時的社會風氣。《莊子·刻意》曰：「吹呴呼吸，吐故納新，熊經鳥申，為壽而已矣，此道引之士，養形之人，彭祖壽考者之所好也」可見戰國時代就已有追求養生的風氣，但必須注意的是，在〈刻意〉中，「道引之士，養形之人」只是與「山谷之士，非世之人」、「平世之士，教誨之人」、「朝廷之士，尊主強國之人」、「江海之士，避世之人」並列的一類人物，可見《莊子》之時雖有道引養形之風，也只是一部分人。〈天瑞〉卻強調「天下失家，莫知非焉」，追求長生顯然已成為普世的共同價值。

　　先秦老、莊貴神而賤形，都不曾正面肯定形身的功能價值。東漢以下道教的養生觀開始重視形骸的調治，所謂的服食、導引、長生之術，皆是對形身的調治〔註15〕。到了魏晉，從嵇康的〈養生論〉到葛洪的《抱朴子》，雖仍重視精神，但亦討論形骸之調理，「神」依「形」立的觀點已受到普遍的認同。嵇康〈養生論〉一方面要「修性以保神，安心以全身」，另一方面要「呼吸吐納，服食養身」以養其「形」〔註16〕。魏晉正是最講究養生、求仙煉丹的時代。由此可見，〈天瑞〉或與魏晉（至少是東漢以後）士風的關聯較緊密。〈天瑞〉此處所論，正是對追求長生養形之風的質疑。

〔註15〕即古詩十九首所言：「服食求神仙。」又，鐘宗憲分析《列子》中有關「黃帝」的文字，認為《列子》的神仙思想傾向相當強烈，其成書時代應該較晚，甚至可能到了漢代末期，可以藉此看出道家末學的學術走向。參見氏著〈「黃帝」形象與「黃帝學說」的窺測——兼以反省《黃帝四經》的若干問題〉，收入李學勤、林慶彰《新出土文獻與先秦思想重構》（台北：臺灣書房，2007 年 8 月），頁 436。

〔註16〕見陳師麗桂〈從〈凡物流形〉的鬼神觀談起——兼論〈鬼神之明〉〉，《哲學與文化》第卅九卷第四期（2012 年 4 月），頁 69～70。

〈天瑞〉認爲，只重視形軀生命，違背了老莊齊一生死的理念。值得注意的是，這一段話是由「孔子」口中說出。「孔子」在此不但要矯正士人之失，也要矯正狂者之失。這樣的孔子立足於老莊齊一生死、忘懷形軀的立場，否定了兩種極端，似是要取得一個生命的平衡點，爲世人指點人生的方向。〈天瑞〉中道家化的孔子批判當時矜能求名之人，亦不屑追求長生之風，其境界已超越了智士與狂者之上。生死不足掛心，方能無待而逍遙。「生不知死，死不知生；來不知去，去不知來。壞與不壞，吾何容心哉？」（〈天瑞〉）正是這位道家化孔子所臻之境界。

二、能辨覺夢、忘卻得失

在〈周穆王〉中，有兩則關於孔子的論述，都與迷、夢的情境有關。第一則是「覺夢之辨」：

> 鄭人有薪於野者，遇駭鹿，御而擊之，斃之。恐人見之也，遽而藏諸隍中，覆之以蕉。不勝其喜。俄而遺其所藏之處，遂以爲夢焉。順塗而詠其事。傍人有聞者，用其言而取之。既歸，告其室人曰：「向薪者夢得鹿而不知其處；吾今得之，彼直眞夢者矣。」室人曰：「若將是夢見薪者之得鹿耶？詎有薪者邪？今眞得鹿，是若之夢眞邪？」夫曰：「吾據得鹿，何用知彼夢我夢邪？」薪者之歸，不厭失鹿，其夜眞夢藏之之處，又夢得之之主。爽旦，案所夢而尋得之，遂訟而爭之，歸之士師。士師曰：「若初眞得鹿，妄謂之夢，眞夢得鹿，妄謂之實。彼眞取若鹿，而與若爭鹿。室人又謂夢仞人鹿，無人得鹿。今據有此鹿，請二分之。」以聞鄭君。鄭君曰：「嘻！士師將復夢分人鹿乎？」訪之國相。國相曰：「夢與不夢，臣所不能辨也。欲辨覺夢，唯黃帝孔丘。今亡黃帝孔丘，孰辨之哉？且恂士師之言可也。」

（《列子集釋》，頁 107～108）

在此則寓言中，兩人爭奪一頭鹿，夢似是眞，眞似是夢，士師爲其裁斷，將鹿一分爲二，解決了這起訴訟。人們貪求癡妄，白天清醒時追求所欲，夜間就寢時心志仍向外攀緣，形體與外界交接，精神也難以清靜，日日夜夜，覺夢輪替，最後難免分不清事實與夢境。夢覺雜揉，眞假交纏，凡人一生在此混亂中迷惑爭執。文中所追求爭奪的「鹿」，其實也是「祿」，凡人一生庸庸祿祿，追求的不過就是功名利祿而已。

　　最後，鄭君所言：「士師將復夢分人鹿乎？」將裁判者的判決也視作一場夢，那麼吾人也可以此推論，鄭君所言亦是夢，而國相所言也是夢。層層剝除下，其實就是要破除對「夢」與「覺」的執著，「夢」與「覺」皆是物化之一端。鄭君一語點破了：覺亦是夢、夢亦是覺。因為既然都是在一種無明盲目的狀態下追求所欲，那麼覺與夢皆虛幻，兩者又有何分別？

　　〈周穆王〉言：「神遇為夢，形接為事。故畫想夜夢，神形所遇。故神凝者想夢自消。信覺不語，信夢不達；物化之往來者也。古之眞人，其覺自忘，其寢不夢；幾虛語哉？」以「凡人」與「眞人」對比，強調凡人醒時形神與外境相接、與外物攀緣，是以畫思夜夢。眞人心志專一不雜、無所攀附，泯除物我之別，自忘其存在，是以寢時亦無夢。《莊子·齊物論》言：「方其夢也，不知其夢也。夢之中又占其夢焉，覺而後知其夢也。且有大覺而後知此其大夢也，而愚者自以為覺，竊竊然知之。君乎，牧乎，固哉！丘也與女，皆夢也；予謂女夢，亦夢也。是其言也，其名為弔詭。萬世之後而一遇大聖，知其解者，是旦暮遇之也。」則以「大覺」與「夢」的狀態對比，以「大聖」為能覺之人。《莊子》認為，孔丘自己也身陷夢境之中，唯有大聖能得其解。言下之意，孔子距離大聖境界甚遠。而《列子》則說，能辨覺夢者是「黃帝」和「孔丘」，若以《莊子》「大聖知其解」的標準來看，《列子》正是將黃帝與孔丘視為「大聖」。因此，《列子·周穆王》中的孔子確實是比《莊子·齊物論》中的孔子境界更高。前章已論，在《莊子》內篇中，黃帝與孔子是居於聖凡之間，能溝通天人的關鍵人物。黃帝與孔子時而被褒，時而被貶，尚未臻至上境。然而，在《列子》中，黃帝與孔子已是能辨覺夢、上達道境的聖人。

　　另外，根據《莊子·大宗師》的記載，顏回問孔子「孟孫才母喪不哭」之事時，孔子的回答是：

> 夫孟孫氏盡之矣，進於知矣，唯簡之而不得，夫已有所簡矣。孟孫氏不知所以生，不知所以死。不知就先，不知就後。若化為物，以待其所不知之化已乎。且方將化，惡知不化哉？方將不化，惡知已化哉？吾特與汝，其夢未始覺者邪！且彼有駭形而無損心，有旦宅而無耗精。孟孫氏特覺，人哭亦哭，是自其所以乃。且也相與吾之耳矣，庸詎知吾所謂吾之非吾乎？且汝夢為鳥而厲乎天，夢為魚而沒於淵。不識今之言者，其覺者乎？其夢者乎？造適不及笑，獻笑

不及排，安排而去化，乃入於寥天一。(《莊子集釋》，頁 274～275)
在〈大宗師〉中，孔子認為，孟孫氏能了解生死大化，已是覺醒之人；而自
己與顏回則仍在夢中，未能覺醒。然而，從這番話可以知道，此處的孔子其
實已經意識到自己的侷限，他嚮往安於造化、順應生死、與道渾一的境界。
孔子雖謙稱自己是「未始覺者」，但可以說他正處於夢覺之間，所以才能說出
「不識今之言者，其覺者乎？其夢者乎？」的道家之言。這則寓言同樣證明
了：在《莊子》中，孔子處於夢醒之際，但尚未完全覺醒；而在《列子》中，
孔子已是能辨覺夢之道家真人。由此可知，《列子·周穆王》中孔子的境界亦
較《莊子·大宗師》中的孔子更高。

《莊子》內篇中，黃帝與孔丘是介於聖凡之間的溝通者；而在《列子》
中，黃帝與孔丘已是體道之大聖。按照道家的思路，黃帝與孔丘並非是以一
種認知、智取的方式來判斷覺與夢的分別，而是能泯去物我之別、剝除我執
之相。因此，唯有黃帝與孔丘臻至不夢的境界，且他們能了解別人的覺與夢
看似有別，其實無別，在道心的觀照下，覺與夢都只是攀求外物的迷惑而已，
誠如張湛《注》所言：「聖人之辯覺夢何耶？直知其不異耳。」

此外，「黃帝」與「孔丘」在此並列，也是值得玩味的現象。以「黃帝」
為道家聖人，是黃老思想的特徵〔註17〕，而以「孔子」為道家聖人，則是承
繼《莊子》、《呂覽》、《淮南子》一路以來將孔子形象道家化的描寫。此時，
孔丘與黃帝並列為道家聖人，代表道家化的孔子境界更高一層。

在〈周穆王〉中，另有一則孔子論「忘」的文字曰：

> 宋陽里華子中年病忘，朝取而夕忘，夕與而朝忘；在塗則忘行，在
> 室則忘坐；今不識先，後不識今。闔室毒之。謁史而卜之，弗占；
> 謁巫而禱之，弗禁；謁醫而攻之，弗已。魯有儒生自媒能治之。華
> 子之妻子以居產之半請其方。儒生曰：「此固非卦兆之所占，非祈請
> 之所禱，非藥石之所攻。吾試化其心，變其慮，庶幾其瘳乎！」於

〔註17〕陳師麗桂指出：今本《列子·黃帝》篇裡，黃帝便被安排通過三個階段去「入
至道」。他從「充耳目嗜欲」、「盡思慮以營百姓」，到洞澈「治萬物」和「養
一己」同樣有患，因而齋心服形，去情去智，無師長、無嗜欲、無夭傷、無
愛憎、無利害地入了「至道」，前後長達五十八年。得注意的是今本《列子·
天瑞》中引《老子》「谷神不死」一章，卻說是「黃帝書」，這和《莊子·胠
篋》裡的黃帝差不多，黃帝、老子混而為一，正是黃老學家黃、老合一的顯
例。見師著《戰國時期的黃老思想》(台北：聯經出版公司，1991 年 4 月)，
頁 7～8。

是試露之，而求衣；飢之，而求食；幽之，而求明。儒生欣然告其
子曰：「疾可已也。然吾之方密，傳世不以告人。試屏左右，獨與居
室七日。」從之。莫知其所施爲也，而積年之疾一朝都除。華子既
悟，迺大怒，黜妻罰子，操戈逐儒生。宋人執而問其以，華子曰：「曩
吾忘也，蕩蕩然不覺天地之有無。今頓識既往，數十年來存亡、得
失、哀樂、好惡，擾擾萬緒起矣。吾恐將來之存亡、得失、哀樂、
好惡之亂吾心如此也，須臾之忘，可復得乎？」子貢聞而怪之，以
告孔子。孔子曰：「此非汝所及乎！」顧謂顏回紀之。（《列子集釋》，
頁 108～110）

華子原本不知先後、不計得失，他在被魯國儒生治癒之後，卻被得失存亡、
哀樂好惡的情緒所干擾。值得注意的是孔門弟子的反應：子貢聞而怪之，孔
子認爲此事非子貢所能理解，回頭又吩咐顏回記錄此事。寓言的作者不肯多
透露一絲玄機，只說「此非汝所及」，究竟子貢所不能及的眞理是什麼？留給
後世諸多想像空間。

　　作者特別讓「魯國儒生」擔任治癒華子的角色，也有其用心。這是將孔
子與魯之儒生分隔爲二，孔子不等於一般儒生，一般儒生即便言必稱孔子，
其所言所行也不能代表孔子。魯國儒生讓華子重新憶起是非、先後、得失之
別，代表儒生自己正是深陷是非對立、哀樂無常、隨物悲喜之人。魯國儒生
在「化其心，變其慮」矯治華子的過程，讓華子由原本的無心渾沌狀態，再
次回到是非二元對立的成心結構之中。孔子吩咐顏回要記錄此事，代表他也
認爲先後之別、得失之分，確實會引發哀樂、好惡的情緒，干擾人心之平靜，
「須臾之忘」何其珍貴！第一高徒──顏回，應該也能有所體悟。孔子的反
應，暗示了他與顏回的道家立場。

　　從文中孔子的反應，可知他認爲「此中有眞義，欲辯已忘言」。而其中眞
義關鍵就在於「忘」。此「忘」即是忘其成心，成心是偏執的自我意識，在成
心作用下，彼我對立、是非兩分，爭端紛亂隨之而起。「忘」乃是由成心之紛
亂復歸於道心之觀照。這則寓言不著重在致虛守靜等工夫的論述，而直接表
述無心渾沌的境界。華子說：「吾忘也，蕩蕩然不覺天地之有無」、「須臾之忘，
可復得乎？」呈現剝除是非、物我兩忘後，自在自適、無執無礙之境。在《莊
子》中，有關顏回最經典的論述，就是〈大宗師〉中顏回忘仁義、忘禮樂，
以致坐忘的寓言。顏回透過墮肢體、黜聰明的工夫，進至離形去知、同於大

通的境界，讓孔子也甘拜下風。此章的創作者以《莊子・大宗師》中顏回坐
忘的文字爲據，以「古」爲「眞」，認爲顏回能了解「忘」的眞義。事實上，
不只此章的創作者如此看待，後世《列子》的詮釋者也無一例外〔註18〕。

在許多道家的寓言中，子貢與顏淵的不同反應常作爲一組對比，〈周穆王〉
也是如此。子貢與顏回的不同形象，基本上源自《論語》中對二人的描繪。《論
語・公冶長》言：「子謂子貢曰：『女與回也孰愈？』對曰：『賜也何敢望回？
回也聞一以知十；賜也聞一知二。』子曰：『弗如也，吾與女弗如也。』」子
貢之不如顏回，不見得是聞見之知上的落差，而應是道德實踐上的差異。論
資質才能，子貢亦聰敏多慧，然而，卻也可能因此「言」過於「實」，孔子才
以「先行其言，而後從之」（〈爲政〉）提點他。顏回聞道而力行，子貢則是言
道而未盡行。另外，從《論語》中的記載可知，子貢長於言語，卻也因此而
依賴言教，不能體會天地間的無言之教〔註19〕，將己之不欲加諸他人〔註20〕，
甚至有好批評他人的缺點〔註21〕，這些特質皆與道家理想人格大異其趣。反
觀顏淵，他被孔子視爲能「好學，不遷怒，不貳過」、「其心三月不違仁」（〈雍
也〉），即便過著「一簞食，一瓢飲」的生活，也能安然自樂。〈爲政〉記載：
「子曰：『吾與回言終日，不違如愚。退而省其私，亦足以發，回也，不愚！』」
顏回這種大智若愚、大巧若拙的形象，與「用之則行，舍之則藏」、知所進退
的風骨，讓他深受道家青睞。在道家創作的寓言中，顏回不但穩坐第一高徒
之位，最有融通大道、體悟眞理的可能，其境界甚至還可能高過孔子。因此，
擅長言語卻也受限於言語的子貢，當然不能了解「忘」的意蘊，唯有大智若
愚、用舍得當的顏回能體會其中深意。

只有透過「忘」的工夫，存亡得失、哀樂好惡混同無別，才不會興起許

〔註18〕 徽宗《義解》言：「孔子不以語子貢者，以其多知而離。顧顏回記之，則爲其
能坐忘故也。」范致虛《解》言：「子貢問於孔子而怪之，以其溺於博學之辯
而已。孔子顧謂顏回而之，以其造於坐忘之妙而已。然則萃子之忘，猶非誠
忘者耶？其病則冥然而忘，及其悟則咈然而怒，未能兩忘而化於道故耳。」
江遹《解》言：「子貢居言語之科，方且以賢於方人見斥於孔子。若顏子，則
能忘仁義，忘禮樂，屢進而至於坐忘矣。故孔子顧謂顏回記之。」皆是如此。

〔註19〕 〈陽貨〉曰：「子曰：『予欲無言！』子貢曰：『子如不言，則小子何述焉？』
子曰：『天何言哉？四時行焉，百物生焉，天何言哉？』」

〔註20〕 〈公冶長〉曰：「子貢曰：『我不欲人之加諸我也，吾亦欲無加諸人。』子曰：
『賜也，非爾所及也。』」

〔註21〕 〈憲問〉曰：「子貢方人。子曰：『賜也，賢乎哉？夫我則不暇！』」

多無謂的情緒，干擾生命之清明，「鄉譽不以爲榮，國毀不以爲辱；得而不喜，失而弗憂；視生如死；視富如貧；視人如豕；視吾如人」（〈仲尼〉）齊一毀譽生死，不計得失貧富，正是去礙無執的道心境界。世俗之人，尤其是儒家之人以「忘」爲病，盡力治療華子，希望他恢復常人的狀態，在道家看來，正是愛之足以害之。文中孔子與顏回的反應，說明了師徒二人與子貢境界不同，更有別於一般的「魯國儒生」〔註22〕。

另外，在〈周穆王〉中，有一篇關於「迷罔之疾」的寓言：

> 秦人逢氏有子，少而惠，及壯而有迷罔之疾。聞歌以爲哭，視白以爲黑，饗香以爲朽，嘗甘以爲苦，行非以爲是：意之所之，天地、四方、水火、寒暑，無不倒錯者焉。楊氏告其父曰：「魯之君子多術藝，將能已乎？汝奚不訪焉？」其父之魯，過陳，遇老聃，因告其子之證。老聃曰：「汝庸知汝子之迷乎？今天下之人皆惑於是非，昏於利害。同疾者多，固莫有覺者。且一身之迷不足傾一家，一家之迷不足傾一鄉，一鄉之迷不足傾一國，一國之迷不足傾天下。天下盡迷，孰傾之哉？向使天下之人，其心盡如汝子，汝則反迷矣。哀樂、聲色、臭味、是非，孰能正之？且吾之此言未必非迷，而況魯之君子迷之郵者，焉能解人之迷哉？榮汝之糧，不若遄歸也。（《列子集釋》，頁 111～112）

這則寓言與上則有異曲同工之妙。秦人逢氏之子患有迷罔之疾，不明事理、顛倒是非，其父原本打算找「魯之君子」對其加以醫治，老聃卻告訴他「魯之君子，迷之郵者」，雖然如此，但他也說自己的一番話「未必非迷」。「迷罔」是相對於「覺醒」而言，「覺」只有在與「迷」相對立時才能顯其意義，自以爲「覺」者，以少數爲「迷」，然而，孰爲迷者？孰爲覺者？何者可爲最後的判準〔註23〕？老子看似矛盾的一段話，是要逢氏層層剝除對是非、黑白、善惡、美醜等對立關係的執著。破除萬物的相對，即是破除「皆知美之爲美，斯惡已；皆知善之爲善，斯不善已」（《老子‧第二章》）的成心之見。這篇寓

〔註22〕 值得注意的是，此處張湛的詮釋非常耐人尋味，他說：「此理亦當是賜之所逮，所以折之者，欲寄妙賞於大賢耳。」張氏將顏回視「大賢」，但與《列子》不同的是，他不但不貶抑子貢，又爲其找臺階下，說子貢其實能理解道家眞理。

〔註23〕 誠如傅柯所指：沒有瘋狂的話語，我們永遠無法廓清理性的範疇。參見米歇‧傅柯（Michel Foucault）著、王德威譯《知識的考掘》（台北：麥田出版社，1993 年 7 月），頁 21。

言，看來並沒有直接與孔子相關，然而，後世詮釋者的詮解引申出一個十分有趣的問題，那就是：「魯之君子」指的是否就是「孔子」呢？有現代學者從儒道相爭的角度出發，認爲「魯之君子」暗指「孔子」〔註 24〕，也就是說此處的「孔子」仍立足於成心，處於是非相待、非此即彼的桎梏中，然而，從張湛《注》以來的歷家注解中，沒有人認爲「魯之君子」就是「孔子」。因爲在這些注解者心中，「孔子」是體道之聖人，與一般儒士不可相提並論。

這個問題呈顯出孔子形象的複雜性，此則寓言中的孔子是否就是老聃所批判的對象呢？如果我們把此章孤立來看，這個問題當然無解，但如果結合〈周穆王〉其他相關段落來看，孔子在此篇中，是以道家代言人的身份出現，不但要記錄「忘」之事，而且能辨夢覺之別。是以此處的「魯之君子」應該不是「孔子」。也就是說，道家化的孔子當然不再是「魯之君子」，也不必是老聃批評的對象。不過，吾人從後世論者意見分歧的狀況，正可以看出孔子詮釋的兩極化現象，至今未休。

三、憂樂都忘、高於隱者

在《論語》中，孔子遇隱者，本來就是一個戲劇張力十足的場景。儒道之間的針鋒相對，蘊藏於兩方的對話中。然而，《列子》中的「孔子遇隱者」卻顯得平和不少，沒有「道不同不相爲謀」之嘆。而且，在這些寓言中，孔子不但認同隱者所言，甚至還能指出隱者未臻上境，仍有上修的空間。〈天瑞〉言：

> 孔子遊於太山，見榮啓期行乎郕之野。鹿裘帶索，鼓琴而歌。孔子問曰：「先生所以樂，何也？」對曰：「吾樂甚多：天生萬物，唯人爲貴。而吾得爲人，是一樂也。男女之別，男尊女卑，故以男爲貴；吾既得爲男矣，是二樂也。人生有不見日月、不免襁褓者，吾既已行年九十矣，是三樂也。貧者士之常也，死者人之終也。處常得終，當何憂哉？」孔子曰：「善乎！能自寬者也。」〔註 25〕（《列子集釋》，頁 22～23）

榮啓期之樂有三，分別是樂得爲人，樂得爲男，樂得年九十。所以，即便他

〔註 24〕參見蕭登福《列子探微》，頁 310。又，莊萬壽言：「這裡稱魯之君子，則就是儒生，甚至是孔子。」但莊氏在翻譯中，並沒有直指「魯之君子」就是「孔子」，見氏著《新譯列子讀本》（台北：三民書局，1979 年 1 月），頁 126。
〔註 25〕此段文字又見於《孔子家語·六本》與《說苑·雜言》，文意大致相同。

家無長物、貧窮困頓，又處於生命的盡頭，也能自得其樂。孔子認爲榮啓期是「能自寬者」。相較於《論語·微子》中，孔子見長沮、桀溺後的悵然若失；相較於《莊子·田子方》中，孔子見溫伯雪子而不言，只能讚嘆「目擊而道存」，在〈則陽〉中，孔子自知市南宜僚必然「以丘爲佞人」，而羞聞其言；〈天瑞〉此處的孔子顯得自在許多，他似乎是以在上者的身份，給了榮啓期「能自寬者」的評語。

「能自寬者」雖然看來算是個正面的評價，但以「得爲人」、「得爲男」與「行年九十」爲樂，仍是有待於外、有條件的快樂，並非不假於外、心無所待的無樂之樂，恐仍距離得道境界甚遠。榮啓期看似能擺脫對「生」與「富」的執著，較一般人更能坦然面對「死」與「貧」，但他其實仍未擺脫對「人」、「男」與「壽」的執著，其「樂」是與他人相較後所得之樂，仍落於成心作用下的相對層次。若眞能安時而處順，則無論造物者如何形塑我，賦予我何種外型，皆能「以天地爲大爐，以造化爲大冶，惡乎往而不可哉！」（《莊子·大宗師》）榮啓期恐尚未達此境界。

張湛《注》曰：「不能都忘憂樂，善其能推理自寬慰者耳。」按張氏之理路，榮啓期只是擅於推理來自我寬慰，不能憂樂兩忘。因爲一旦進入到推理的過程，表示必然先有「憂」，爲了否定「憂」之痛苦，才去推求尋找可「樂」之事。「當何憂哉」一語表示榮啓期仍意識到「憂」，只是強以理智思考去否定心中之「憂」，其內心深處仍處於哀樂不定的狀態，成心之偏執仍未能轉化爲道心之玄智。

因此，榮啓期所謂的「三樂」，都是造化自然之事，不需以之爲憂，亦不需以之爲樂，榮啓期卻順勢來自我寬慰。如此說來，榮啓期並未上臻憂樂兩忘、玄同於無的境界。孔子稱許榮啓期能夠自我寬慰，其背後隱藏的意義是：榮啓期未能聞道，境界不高。是以後世學者都認爲榮啓期只是能推究常理以自我寬慰，並非眞能通達大道〔註26〕。孔子能一語評斷榮啓期的修養層級，其境界必然在榮啓期之上。這位孔子應該也歷經過相似的修道歷程，才能斷定榮啓期仍在憂樂不定的狀態，這無形中拔高了孔子的道家境界。學者之所以如此判定，其來有自，因爲在《列子》中，道家化的孔子確實已上臻道境。

〔註26〕盧重玄《解》曰：「夫子但善其自寬，未許期深達至道。」、江遹《解》曰：「若夫人者，雖不汩欲於利害之塗，而無中道之天，亦已異乎俗矣。語其聞道，則未也。是所謂善自寬以爲樂，非眞樂之無所不樂也。」皆是如此。

〈天瑞〉云：

> 林類年且百歲，底春被裘，拾遺穗於故畦，並歌並進。孔子適衛，望之於野。顧謂弟子曰：「彼叟可與言者，試往訊之！」子貢請行，逆之壠端，面之而嘆曰：「先生曾不悔乎，而行歌拾穗？」林類行不留，歌不輟。子貢叩之不已，乃仰而應曰：「吾何悔耶？」子貢曰：「先生少不勤行，長不競時，老無妻子，死期將至；亦有何樂而拾穗行歌乎？」林類笑曰：「吾之所以爲樂，人皆有之，而反以爲憂。少不勤行，長不競時，故能壽若此。老無妻子，死期將至，故能樂若此。」子貢曰：「壽者人之情，死者人之惡。子以死爲樂，何也？」林類曰：「死之與生，一往一反。故死於是者，安知不生於彼？故吾知其不相若矣。吾又安知營營而求生非惑乎？亦又安知吾今之死不愈昔之生乎？」子貢聞之，不喻其意，還以告夫子。夫子曰：「吾知其可與言，果然；然彼得之而不盡者也。」（《列子集釋》，頁 23～25）

在這段文字中，林類以憂爲樂、無懼死亡，他認爲：「死」與「生」一往一返，死於此者，或許已生於彼，因此，不必悅生而惡死〔註 27〕。孔子肯定他能破除生死之迷惑，卻又認爲他並沒有完全透徹事理。究竟其「不盡者」爲何？文中的孔子也沒有明說。但是單看此語，就知道這位道家化的孔子對於死生之理的體悟，應該比單純破除「悅生惡死」者更高一層。因爲林類之言論，多少會讓人認爲他有以死爲樂、取此去彼的傾向，所以子貢才會問：「子以死爲樂，何也？」，這表示林類的思想容易導向另一個極端——以「少不勤行，長不競時，老無妻子」爲逍遙，甚至以「棄世」爲逍遙。

　　在這則寓言中，我們看到了這位道家化孔子的境界不同以往。孔子一眼看出林類「可與言」，可見他不但有識人之明，且是站在一個品鑒人物的高度來評論隱者林類的境界，而當孔子說出「吾知其可與言，果然。然彼得之而

〔註27〕 譚家健認爲：莊子的生死一貫論主旨是，生爲氣聚，死爲氣散，死生乃氣之運行。而林類卻不是此意，他說，人死於此者可以再生於彼，今之死可能愈於昔之生，這種觀點與莊子並不一致。故此應是受佛教影響。參見氏著〈《列子》書中的先秦諸子〉，《管子學刊》1998 年第 2 期，頁 70。對此，筆者以爲：《莊子‧知北遊》曰：「仲尼曰：『已矣，末應矣！不以生生死，不以死死生。死生有待邪？皆有所一體。』」此論死和生並非相待，而是有各成一體的因素。由此可知，《列子》之生死觀與《莊子》之生死觀確實有差異。《列子》的觀點雖不能排除受佛教影響的可能性，但仍需進一步證據證明。

不盡者也」時，也已暗示了他對憂樂、生死的體悟高於林類〔註28〕。再者，這幾則寓言中的孔子都呈顯出一個共同特徵——語言簡潔，耐人尋味。這也十分符合魏晉時期「孔子體無而不言」的形象。

張湛《注》曰：「卒然聞林類之言盛，以爲造極矣。而夫子方謂未盡。夫盡者，無所不盡，亦無所盡，然後盡理都全耳。今方對無於有，去彼取此，則不得不覺内外之異。然所不盡者，亦少許處耳。若夫萬變玄一，彼我兩忘，即理自夷，而實無所遺。夫冥内遊外，同於人群者，豈有盡與不盡者乎？」林類未能盡悟大道，心中仍有憂樂之別、生死之分。無論是凡人的「悅生惡死」，抑或是林類的「悅死惡生」，都是執於一端，仍落於生死對立之分別心，未能達乎實情。唯有彼我兩忘、生死皆遺，才能上臻跡冥圓融之境。眞正了悟生死之理者，不將「死」與「生」視爲對反之兩端，物我兩忘、玄同於一，在常心玄智的觀照下，生死、憂樂、是非皆渾化爲一。〈天瑞〉只暗示了孔子的道家境界高於林類這位隱者，張湛《注》則明確表示：這位道家化的孔子才是眞正冥内遊外、融通大道之人。

四、體會道境、自省不足

〈黃帝〉中有四則與「孔子」相關的論述，討論的主題都是由「技」論「道」，其中三則重見於《莊子‧達生》，但文字又略有不同，因此兩書透顯的哲理也稍有區別。前章已論，道家由「技」以進「道」的理路，正與儒家形成強烈的對比，道家讓「孔子」談「技以進道」，確實別有深意。〈黃帝〉曰：

> 顏回問乎仲尼曰：「吾嘗濟乎觴深之淵矣，津人操舟若神。吾問焉，曰：『操舟可學邪？』曰：『可；能游者可教也，善游者數能。乃若夫沒人，則未嘗見舟而謖操之者也。』吾問焉，而不告，敢問何謂也？」仲尼曰：「噫！吾與若玩其文也久矣，而未達其實，而固且道與。能游者可教也，輕水也；善游者之數能也，忘水也。乃若夫沒人之未嘗見舟也而謖操之也，彼視淵若陵，視舟之覆猶其車卻也。

〔註28〕 陳濬祐指出：透過學生與隱者問答，表現孔子先知的角色，利用「果然」二字，說明孔子不僅已經知道，境界更上一層，推崇了孔子形象，和《莊子》儒道相忘異曲同工，但因其敘述簡短，只有「未盡」而給人餘韻不絕的效果。見氏著《〈莊子〉與〈列子〉寓言中「孔子形象」比較研究》，《思辨集》第十五集，頁87。

覆卻萬物方陳乎前而不得入其舍。惡往而不暇？以瓦摳者巧，以鈎

摳者憚，以黃金摳者惛。巧一也，而有所矜，則重外也。凡重外者

拙內。（《列子集釋》，頁 59～61）

此章亦見於《莊子・達生》，二者文字大致相近，差別只有兩處。一者是《莊子・達生》只將游者的境界分為「善游者」與「沒人」兩個層次；而〈黃帝〉則分為「能游者」、「善游者」與「沒人」三個層次。本則寓言中，孔子同樣以「操舟」喻「得道」，以「水」喻「外物」。他說：能游者可教，是因為熟悉水性，沒有把水放在心上，他能看輕水（外物）的存在；善游者數能，是因為忘卻水（外物）的存在，至於潛水生活的人，則能完全合同於水（外物），既能順同外物、與物宛轉，當然無懼於外境的變化。從能游者到善游者，以至於潛水者，是一個層層上升，以達大道的過程。文中的「沒人」，亦即「得道者」，身心完全和合於外在世界，若分解言之，此時之「心」是虛而待物之無心〔註 29〕，此時之「身」與物渾一、隨波流轉。身心在同於大通、和光同塵之下，物我無傷、彼此相安，這就是津人操舟若神的原因。相反地，人若是看重外物，即是自絕於整全大道之外，受世俗價值所控制，必然導致內心混亂，悖離大道。這種以「技」譬喻得「道」的方式，在道家書中屢見不鮮。

更值得注意的是另一個差異，就是此處多出一句「吾與若玩其文也久矣，而未達其實，而固且道與？」。道家化的孔子在此檢討自己過去只知在文章典籍上下功夫，未能明瞭真實，更別說達於大道〔註 30〕。同篇「有神巫自齊來處於鄭，命曰季咸」寓言中，也有「吾與汝無（舞）其文，未既其實，而固得道與？」一句，可見「文」是否能達「實」，甚至達「道」，是〈黃帝〉篇中一個重要的命題。

「文」是否能達「道」，屬於「言意」關係的討論。關於「言意」，《易經・繫辭傳》曰：「書不盡言，言不盡意。」《老子・首章》曰：「道可道，非常道，名可名，非常名。」《莊子・秋水》曰：「夫精粗者，期於有形者也；無形者，數之所不能分也；不可圍者，數之所不能窮也。可以言論者，物之粗也；可

〔註 29〕此「無心」與經過至虛守靜、滌除玄覽修養工夫後之真心仍有差別，此「無心」是由「技術」之熟練而達至，然兩者境界有相類之處。

〔註 30〕張湛《注》曰：「見操舟之可學，則是玩其文；未悟沒者之自能，則是未至其實；今且為汝說之也。」張湛認為孔子仍能「為汝說之」，能為顏回說明其中奧妙，「玩其文」而「未至其實」的只是顏回一人，不包含孔子。張氏之說頗有維護孔子地位的意味。

以意致者，物之精也；言之所不能論，意之所不能察致者，不期精粗焉。」都說明了「言」能表「意」，卻又不能完全盡「意」的微妙關係。《莊子‧天道》以經典為古人之糟魄，〈天運〉以六經為先王之陳迹〔註31〕，《列子‧黃帝》此處亦認為專注於經典詮釋，致力於文字訓解，是捨本而求末，無法窮盡生命之實情，遑論通達大道。其中隱含的意旨是：「道」無法完全藉「言」而傳，「言」無法完全窮盡「道」旨。將其聯結至「重外者拙內」，則知寓言是以「文」、「言」為「外」，以「道」為「內」。強調文字、經典在大道之外，真理超越語言之上，這正是道家思考一貫的主題。「文」是否能達「實」？「言」是否能窮盡「道」？經典文字，是否能傳達聖人的意旨？對道家而言，答案似是否定的。然而，若語言文字難以完全說明大道之奧妙，老子何以留下五千言？讀《莊》又有何用〔註32〕？在此則寓言中，這個命題的提出，主要是針對「玩文」的方式，也就是儒家的經典研習模式。《莊》、《列》想表達的是：無論語言，抑或經典，只有啟發提點的作用，不必然使人悟道。若想以埋首典籍、鑽研字句的方式窮盡道旨，是誤以「工具」為「目標」，無異於緣木求魚。此即王弼《周易略例‧明象》所言：「盡意莫若象，盡象莫若言。言生於象，故可尋言以觀象。象生於意，故可尋象以觀意。意以象盡，象以言著。故言者所以名象，得象而忘言。象者所以存意，得意而忘象。」「言」與「象」皆有啟發與指點之作用，此即所謂「盡」。然讀經之目的在得得意明理，「言」與「象」皆為工具，故得意而可忘之〔註33〕。

〔註31〕 《莊子》的言意觀，按〈秋水〉篇所言，顯示出三個層次：一是可言說的層次，言說只能表達「物之粗」的層面，此一限定其實是為標定言說存在的地位，不使泛濫。其二是只可意會不可言傳的層次，只能勉強說解，權且方便。其三是超言意的大道，在此層次言說無所施用。凡有關大道的各種言說，只具啟發指點，暗示象徵的作用，無法直接傳達道的內容。參見莊師耀郎〈言意之辨與玄學〉，《哲學與文化》第卅卷第四期，2003年4月，頁19。

〔註32〕 陳榮華指出：假若「道可道，非常道」這句話是指，道是超語言的，是所有語言都無法表達的，則根據高達美哲學，這是不可能。首先，「道是超語言的，是所有語言都無法表達的」這句話已表達了道，它說明道的一個意義。並且，假若道不能由語言表達，則對於道是什麼，我們只能沉默不語，無須詮釋它。假若「道可道，非常道」是指，道可以用語言說明，但目前的說明尚未窮盡它，我們仍可繼續深入說明它，則根據高達美哲學，這是可以接受的。因為假若道是可以理解的，則它是可以說明的，但道可呈現無窮的意義，讓我們無窮地說明它。見氏著《高達美詮釋學：《真理與方法》導讀》（台北：三民書局，2011年9月），頁242。

〔註33〕 參見牟宗三《才性與玄理》（台北：臺灣學生書局，1993年2月），頁247～

在《莊子‧天運》中，孔子研治六經，自以爲得先王之道，受到老子嚴屬批判，孔子因而悟道，最後成爲體道者。而《列子‧黃帝》中的孔子，不需要老子的提點，他藉由「技以進道」之事，自己頓悟「讀經」無法「得道」，雖非完全否定儒家經典詮釋的價值，但確實否定了「讀經」與「悟道」之間的必然關聯。儒家一向重視藉經典傳習的過程啓發人之善性，這樣的反省等於是動搖了儒家的根本信念。這位孔子的道家身份無庸置疑，而他之所以能作出這麼根源性的反思，代表他的道家境界更臻上層。

〈黃帝〉又言：

> 孔子觀於呂梁，懸水三十仞，流沫三十里，黿鼉魚鼈之所不能游也，見一丈夫游之。以爲有苦而欲死者也，使弟子并流而承之。數百步而出，被髮行歌，而游於棠行。孔子從而問之，曰：「呂梁懸水三十仞，流沫三十里，黿鼉魚鼈所不能游，向吾見子道之。以爲有苦而欲死者，使弟子并流將承子。子出而被髮行歌，吾以子爲鬼也。察子，則人也。請問蹈水有道乎？」曰：「亡，吾無道。吾始乎故，長乎性，成乎命，與齎俱入，與汨偕出。從水之道而不爲私焉，此吾所以道之也。」孔子曰：「何謂始乎故，長乎性，成乎命也？」曰：「吾生於陵而安於陵，故也；長於水而安於水，性也；不知吾所以然而然，命也。」（《列子集釋》，頁62～64）

此則寓言重見於《莊子‧達生》，內容幾乎完全相同，差別僅在於「此吾所以道之也」一句，《莊子‧達生》寫作：「此吾所以蹈之也」。《列子‧黃帝》的「此吾所以道之也」，似乎更能呈顯出「技以進道」的主題。前章已論，變化無常的水域，正象徵著瞬息萬變的人世。文中的主角不覺得自己有什麼特殊的秘訣，他認爲自己不過是安於生命之本然，習於所長的環境，在不知所以然的情況下練就了一身奇技。若一定要說方法的話，就是隨著河水一起浮升下沉，順應水的質性，不以個人的意志去違逆它。就心之持平而言，丈夫不以「水」爲危險之外物，心不生恐懼之情，沒有負面情緒的干擾，自然能保持平靜。就技之高妙而言，丈夫曰「吾無道」，並非眞「無道」，而是因爲其「道」難以言詮，此「道」不能完全以聞見之知分析之。它是體現於身體的一種能力，這種能力不仰賴既定的規則，而能因時、因地置宜〔註34〕，而這

248。

〔註34〕賴爾（Gilbert Ryle, 1900～1976）指出：技藝的表現不依賴規則，技藝的表現

同時也是處世之道的特徵。作者正是以「蹈水之道」喻「處世之道」。

文中主角所宣示的正是道家立命處世之理，也就是張湛《注》所言：「順性之理，則物莫之逆也」、「自然之理，不可以智知。知其不可知，謂之命也」。安時而處順，不違背物性，那麼無論在何種環境中，都能與物宛轉、安然生存。丈夫的「蹈水之道」也是乘物游心、安然處世之道。

〈黃帝〉又曰：

> 仲尼適楚，出於林中，見痀僂者承蜩，猶掇之也。仲尼曰：「子巧乎！有道邪？」曰：「我有道也。五六月，纍垸二而不墜，則失者錙銖；纍三而不墜，則失者十一；纍五而不墜，猶掇之也。吾處也，若橜株駒；吾執臂若槁木之枝。雖天地之大、萬物之多，而唯蜩翼之知。吾不反不側，不以萬物易蜩之翼，何為而不得？」孔子顧謂弟子曰：「用志不分，乃凝於神。其痀僂丈人之謂乎！」丈人曰：「汝逢衣徒也，亦何知問是乎？修汝所以，而後載言其上。」（《列子集釋》，頁64～67）

孔子見痀僂者所問：「子巧乎！有道邪？」顯示出「技」以進「道」的意旨。痀僂者用心專一、凝神不亂，與外境融為一體，此時天地彷彿只剩蜩之翼。痀僂者認為自己所得之道，並非憑空頓悟而來，而是透過一步步練習，熟能生巧而得。也就是說，這種感官意識的聚合狀態，可以透過練習而熟稔。拋開外在價值判斷，復返樸質本初，就不再有心志分散、精神殽亂的情況。而精神意識的集中，對自我狀態的掌握，與自體對大道的融入，其實是一體兩面。

此則記錄與《莊子‧達生》所載大致相同，兩者同樣是以「捕蟬」喻「得道」，不同的是，《列子‧黃帝》文末多了「丈人曰：『汝逢衣徒也，亦何知問是乎？修汝所以，而後載言其上。』」一句。這一句的出現顯得有些唐突，痀

有因時、因地等而制宜的特色。由於技藝是一種不仰賴規則而表現的傾向，因此很顯然地，它是體現於（embodied in）人的身體的一種能力。這種能力是人的身體的各個相關的部分如手、腳等，在進行技藝性的工作時能與外在環境作適切配合的能力。如果所謂人為指的是經由人的思想、規則或規劃等的指導做出的行為的話，那麼人的某些出於技藝能力所表現出來的行為，在某個意義下便可以說是非出於人為的作為。既然不是出於人為，那麼稱這樣的作為為出於自然的作為，應該是恰當的。轉引自方萬全〈莊子論技與道〉，收入劉笑敢主編《中國哲學與文化》（第六輯）（桂林：廣西師範大學出版社，2009年12月），頁263～264。

傴者在「我有道也」這一段詳盡地回答孔子的問題、申論不反不側道理之後，卻又教訓起孔子來。痀傴丈人認爲孔子只是個儒家之徒，哪裡能了解凝聚心神、物我兩忘之理？他要孔子拋棄既有的成見，修養自身的德行，才能再談更高深的道理。「載言」一般多釋爲「再言」，也就是說當個人的修養境界提升之後，才能再談體道之理〔註35〕。這無疑是批判孔子修養境界不高，應該自我反省。但丈人這一句話，也有值得玩味之處。

不同於《老》、《莊》中屢屢強調的「道不可言」，丈人說「再言其上」，並沒有反對「言」，沒有強調「不可說」，而是認爲境界提昇之後才能再說更上層之理，亦即此時所論之理才能更臻上層。丈人或許是勉強接受了「言」有其功用。「立言」當然無法完全「傳道」，但是若不透過「立言」的過程，「傳道」之事更是完全不可能。得魚可以忘筌，得意可以忘言，但沒有語言這工具，思想確實難以傳達。「道」仍需要「言」的比況、隱喻，才能得以展現。丈人一方面批評孔子未能得道，另一方面也接受了「言」存在的意義，至少承認了「言」的工具性價值，這樣的思想似乎與魏晉的言意之辨相關。若從這個角度來看，丈人所言似乎不僅是批判而已，也可能帶有期許之意。也唯有這樣解釋，丈人對孔子的態度才能前後一致，也就是說丈人先爲孔子詳論技以進道，再期許孔子能拋開儒家既有傳習模式，歸返於無、更臻上境，當孔子領略道境時，其言才具有意義及價值〔註36〕。

五、至言去言、至爲無爲

〈說符〉曰：

> 白公問孔子曰：「人可與微言乎？」孔子不應。白公問曰：「若以石投水，何如？」孔子曰：「吳之善沒者能取之。」曰：「若以水投水何如？」孔子曰：「淄澠之合，易牙嘗而知之。」白公曰：「人固不可與微言乎？」孔子曰：「何爲不可？唯知言之謂者乎！夫知言之謂者，不以言言也。爭魚者濡，逐獸者趨，非樂之也。故至言去言，

〔註35〕俞樾《諸子平議・列子平議》曰：「脩者，脩除也。」王叔岷曰：「俞氏以脩爲脩除字，是也。惟亦未得載字之義。載猶再也。言脩除汝故所以者，然後可以再言其上也。」參見楊伯峻《列子集釋》，頁67。

〔註36〕再者，張湛《注》曰：「脩，治也。言治汝所用仁義之術，反於自然之道，然後可載此言於其身上也。」在張氏的解釋下，仁義之術與自然之道不但沒有截然悖反，而且治仁義之術，可返還於自然之道，可見仁義必須源於自然，仁義必須以自然爲本根。

至爲無爲。夫淺知之所爭者末矣。」白公不得已，遂死於浴室。（《列子集釋》，頁 249～250）

此章又見於《呂氏春秋・精喻》及《淮南子・道應》。〈精喻〉曰：

白公問於孔子曰：「人可與微言乎？」孔子不應。白公曰：「若以石投水奚若？」孔子曰：「沒人能取之。」白公曰：「若以水投水奚若？」孔子曰：「淄、澠之合者，易牙嘗而知之。」白公曰：「然則人不可與微言乎？」孔子曰：「胡爲不可？唯知言之謂者爲可耳。」白公弗得也。知謂則不以言矣。言者，謂之屬也。求魚者濡，爭獸者趨，非樂之也。故至言去言，至爲無爲。淺智者之所爭則末矣。此白公之所以死於法室。

〈道應〉曰：

白公問於孔子曰：「人可以微言乎？」孔子不應。白公曰：「若以石投水中何如？」曰：「吳越之善沒者能取之矣。」曰：「若以水投水，何如？」孔子曰：「菑澠之水合，易牙嘗而知之。」白公曰：「然則人固不可與微言乎？」孔子曰：「何謂不可？誰知言之謂者乎？」夫知言之謂者，不以言言也。爭魚者濡，逐獸者趨，非樂之也。故至言去言，至爲無爲，夫淺知之所爭者，末矣！白公不得也，故死於浴室。故老子曰：「言有宗，事有君，夫唯無知，是以不吾知也。」白公之謂也。

在《呂覽》中，作者藉用孔子與白公的對話來證明「至言去言，至爲無爲」的理論；到了《淮南子》的版本，則是引用《老子》之言作爲結論，以孔子之寓言印證老子之理論。而在《列子》的版本中，未再引《老子》之言，「至言去言」之理乃是孔子的體會。孔子由「故事主角」逐步變爲「體道說理之人」。由此看來，《列子》中的孔子「道家立場」最爲堅定，道家至理不必再引用《老子》來證明，而是假「道家化的孔子」之口來說明即可。由秦漢以至魏晉的道家書中，孔子形象日益「道家化」的現象由此可見一斑。

另外一個關鍵性的差異是，《呂覽》與《淮南子》一路的詮釋，有將老莊思想權謀化的傾向。在《呂氏春秋》中，孔子肯定「知言不言」、「智可微謀」，強調眞正的「知言」者，在傳遞訊息時，最好透過精神意識的相通，以避免被察覺心思。而在《淮南子》的塑造下，孔子直接成爲「夫唯無知，是以不吾知」，隱藏心思、深藏不露的政治家。《呂覽》與《淮南子》的詮釋導向政

治機心層面，《列子》則沒有此層意涵。

〈說符〉這則寓言所要表達的意旨，可與〈黃帝〉中此則寓言相參看：「海上之人有好漚鳥者，每旦之海上，從漚鳥游。漚鳥之至者百住而不止。其父曰：『吾聞漚鳥皆從汝游，汝取來，吾玩之。』明日之海上，漚鳥舞而不下也。故曰，至言去言，至爲無爲。齊智之所知，則淺矣。」人類的心機意識，不須透過語言，就會自然而然表露出來。語言是經過組織化、形式化的表達，是人們最爲簡便的溝通方式，但語言卻也含藏了接收者誤解其意，甚至表達者作僞的可能性。海德格指出：語言本身有雙重性，它一方面是澄明之所，同時又是隱蔽著的到來。語言本爲展現眞相的媒介，但由於人類的誤用，它反而異化成隱蔽眞相的工具〔註 37〕。於是，語言這項溝通的工具，有時不但達不到溝通的效果，反而墮落荒無、弊端叢生。由此可知，〈說符〉之意旨與老莊較相近。老子最先以後設的角度來反省語言的作用與意義，於是而有「不言之教，無爲之益，天下希及之」（〈四十三章〉）、「知者不言：言者不知」（〈五十六章〉）、「絕智棄辯，民利百倍：絕巧棄利，盜賊亡有：絕僞棄慮，民復季子」（《郭店・老子》甲簡 1）這樣的結論。老子之說，不僅針對語言，更是針對儒家人文教化的弊病而來，在道家看來，聖人唯一能操作的就是無爲而治，唯一能教民的就是不設政令。雖然在實際的操作上，這樣的理想宛如天方夜譚，但至少統治者應以此自我警惕，不巧立名目、不擾民生事，讓人民復返自然本眞之狀態。

因此，所謂的「去言」與「無爲」，正是剝去了語言或作爲的機心虛僞成份。也就是說「至言」乃是去除了語言的作僞可能，「至爲」則是去除了有爲的心機矯詐。「至言」與「至爲」出自致虛守靜、營魄抱一的道心。道家要人們透過反觀自省的功夫，返本復初、去僞保眞，如此才能在道心的觀照下，融入大道之運作、齊平萬物之價值，此時的「言」與「爲」皆由眞心而出。道家的「至言去言」、「至爲無爲」，是以弔詭的、正言若反的方式來說；若以正面的方式來說，那麼言與不言、爲與不爲並非重點，眞正重要的是言語、作爲背後的用心及動機爲何。唯有以眞誠至信爲出發，才能得到人民的愛戴，甚至萬物的親附。

〔註 37〕轉引自牟宗三講述、陶國璋整構《莊子齊物論義理演析》（台北：書林，1999年 4 月），頁 61～62。

六、至誠感物、與道渾同

承上所論，眞誠至信是儒道都認同的核心價值，〈黃帝〉曰：

范氏有子曰子華，善養私名，舉國服之；有寵於晉君，不仕而居三卿之右。目所偏視，晉國爵之；口所偏肥，晉國黜之。游其庭者侔於朝。子華使其俠客以智鄙相攻，彊弱相凌。雖傷破於前，不用介意。終日夜以此爲戲樂，國殆成俗。禾生、子伯，范氏之上客，出行，經坰外，宿於田更商丘開之舍。中夜，禾生、子伯二人相與言子華之名勢，能使存者亡，亡者存；富者貧，貧者富。商丘開先窘於飢寒，潛於牖北聽之，因假糧荷畚之子華之門。子華之門徒皆世族也，縞衣乘軒，緩步闊視。顧見商丘開年老力弱，面目黎黑，衣冠不檢，莫不眲之。既而狎侮欺詒，攩㧙挨抌，亡所不爲。商丘開常無慍容，而諸客之技單，憊於戲笑，遂與商丘開俱乘高臺，於眾中漫言曰：「有能自投下者賞百金。」眾皆競應。商丘開以爲信然，遂先投下，形若飛鳥，揚於地，肌骨無毀。范氏之黨以爲偶然，未詎怪也。因復指河曲之淫隈曰：「彼中有寶珠，泳可得也。」商丘開復從而泳之，既出，果得珠焉。眾昉同疑。子華昉令豫肉食衣帛之次。俄而范氏之藏大火，子華曰：「若能入火取錦者，從所得多少賞若。」商丘開往無難色，入火往還，埃不漫，身不焦。范氏之黨以爲有道，乃共謝之曰：「吾不知子之有道而誕子，吾不知子之神人而辱子。子其愚我也，子其聾我也，子其盲我也；敢問其道。」商丘開曰：「吾亡道，雖吾之心，亦不知所以。雖然，有一於此，試與子言之。曩子二客之宿吾舍也，聞譽范氏之勢，能使存者亡，亡者存；富者貧，貧者富。吾誠之無二心，故不遠而來。及來，以子黨之言皆實也。唯恐誠之之不至，行之之不及，不知形體之所措，利害之所存也。心一而已。物亡迕者，如斯而已。今昉知子黨之誕我，我內藏猜慮，外矜觀聽，追幸昔日之不焦溺也，怛然內熱，惕然震悸矣。水火豈復可近哉？」自此之後，范氏門徒路遇乞兒馬醫，弗敢辱也，必下車而揖之。宰我聞之，以告仲尼。仲尼曰：「汝弗知乎？夫至信之人，可以感物也。動天地，感鬼神，橫六合，而無逆者，豈但履危險，入水火而已哉？商丘開信僞物猶不逆，況彼我皆誠哉？小子識之！」（《列子集釋》，頁 53～57）

在這一則寓言中，孔子擔任事件「評論者」的角色。商丘開憑著專注精誠之心志，而能忘其形軀、與物無迕，水火不能傷害其身，也就是孔子所說的「至信之人，可以感物也。」在同篇中亦有這樣的記載：「列子問關尹曰：『至人潛行不窒，蹈火不熱，行乎萬物之上而不慄。請問何以至於此？』關尹曰：『是純氣之守也，非智巧果敢之列。姬！魚語女。凡有貌像聲色者，皆物也。……彼將處乎不深之度，而藏乎無端之紀，游乎萬物之所終始。壹其性，養其氣，含其德，以通乎物之所造。』」至人之所以不受外物傷害，是因為他能夠透過專一心志的過程，將精氣、意識摶聚至渾然未分、與道冥合的情態，而所謂的「含其德」，正是至人精誠至信、專一誠敬的心理狀態。如此，則能與外物渾然一體，和其光、同其塵，外物不會傷害其身，亦即《老子‧五十五章》所言：「含德之厚：比於赤子。蜂蠆虺蛇不螫，猛獸不據，攫鳥不搏。」

　　文中的「誠」、「信」，重視的不只是人自身的修養工夫，亦強調對萬物的無私無隔之情。返本復初、滌除玄覽之後，人沒有私欲私好等雜念，自然對外物也不會興起恐懼、厭惡的情緒，誠如〈黃帝〉所言：「喜之復也必怒，怒之復也常喜，皆不中也。今吾心無逆順者也，則鳥獸之視吾，猶其儕也。」這樣的「誠信」強調的是人與天地的互信互通狀態，似乎連用互信互通這樣的詞彙都不夠精準，因為，聖人修養至極，是涵藏於天地之間、渾然於大道之中，與萬物混同無別，此正是道心觀照之下的物我兩忘境界，故曰：「心一而已，物亡迕者。」孔子評論的重點在強調至信的最終境界，可以動天地、感鬼神、橫六合，也就是說，至誠至信可以感動天地萬物，而能無往不行。

　　在《莊子》外雜篇中，有一種儒道會通的模式是以人性之本真，來包含儒家之仁義禮智。因為當人性之真全然開展之際，自然會表現出仁義禮智之德。因此，儒家之道德條目，全可收攝於人性本真之中。《列子》不談對仁義禮智的收攝〔註38〕，只談「至信」、「至誠」所臻之聖人境界。《中庸》同樣以「至誠」為發心，但其所達至的聖人境界與《列子》又有不同。《中庸》裡，至誠之發用在於經綸人倫之綱常、參贊天地之化育〔註39〕，乃至禍福將至，

〔註38〕〈天瑞〉曰：「聖人之教，非仁則義」以聖人之教為仁義，明顯兼融儒家仁義之說，又言「事之破毀而後有舞仁義者，弗能復也。」強調戕害質樸本真後，即便舞弄仁義加以粉飾，亦不能復返自然。這是《列子》對「仁義」的基本立場，近於《淮南子》及《莊子》外雜篇中黃老思想的篇章。
〔註39〕《中庸‧三十二章》曰：「唯天下至誠，為能盡其性；能盡其性，則能盡人之性；能盡人之性，則能盡物之性；能盡物之性，則可以贊天地之化育；可以

必先知之〔註 40〕，故曰：至誠如神、德配天地，其論重點在於倫常的建立與社稷的穩固。而《列子》中孔子所論側重於與自然萬物混同爲一的境界。由此可知，雖然「誠」乃儒道共通之德，然而，儒道之間的對於「至誠」狀態的描述仍有差異〔註 41〕。再者，儒家強調聖人參贊天地之化育，能預知國家之禍福；而道家則強調至人安處紛亂之人世，能不受外物的傷害。前者強調對天地大化的主動參與，後者強調順應外境、與物無迕，雖非「決然無主」、「棄知去己」，但主動性確實不強，這也是兩者的差異之處。

〈說符〉曰：

> 孔子自衛反魯，息駕乎河梁而觀焉。有懸水三十仞，圜流九十里，魚鱉弗能游，黿鼉弗能居。有一丈夫方將厲之。孔子使人並涯止之，曰：「此懸水三十仞，圜流九十里，魚鱉弗能游，黿鼉弗能居也。意者難可以濟乎？」丈夫不以錯意，遂度而出。孔子問之曰：「巧乎？有道術乎？所以能入而出者，何也？」丈夫對曰：「始吾之入也，先以忠信；及吾之出也，又從以忠信。忠信錯吾軀於波流，而吾不敢用私，所以能入而復出者，以此也。」孔子謂弟子曰：「二三子識之！水且猶可以忠信誠身親之，而況人乎？」（《列子集釋》，頁 248～249）

本章又見於〈黃帝〉，但兩者文義及主旨有異〔註 42〕。〈黃帝〉的記載在討論技以進道，本篇寓言則聚焦在「忠信誠身」的討論。「忠」字本有「忠誠無私」之意〔註 43〕，「信」之觀念源於祭禮，根植於生者對待先祖鬼神的虔誠信守之態度，而後逐漸發展爲生者之間及生者與死者之間的普遍道德約守〔註 44〕。在此，「忠信」合同於天地、無疑於萬物〔註 45〕。坦誠無慮，私心勿用，自然

贊天地之化育，則可以與天地參矣。」

〔註 40〕 《中庸·二十四章》曰：「至誠之道，可以前知。國家將興，必有禎祥；國家將亡，必有妖孽。見乎蓍龜，動乎四體。禍福將至：善，必先知之；不善，必先知之。故至誠如神。」

〔註 41〕 由此可知，譚家健所言：「《列子》此則寓言似乎摻雜了儒家至誠則神的思想。」似有必須再議之處。參見譚氏著〈《列子》故事淵源考略〉，《社會科學戰線》2000 年第 3 期，頁 142。

〔註 42〕 此章文字較近於《說苑·雜言》、《孔子家語·致思》。

〔註 43〕 《左傳·成公九年》：「無私，忠也。」《國語·周語下》：「言忠必及意，言信必及身。」韋昭 注：「出自心意爲忠。」

〔註 44〕 見馮時〈西周金文所見「信」、「義」思想考〉，收入李學勤、林慶彰《新出土文獻與先秦思想重構》，頁 125。

〔註 45〕 盧重玄《解》云：「夫忠者同於物，信者無所疑。同而不疑，不私其己，故能

能與外物無所分別，自在出入於迴流之中。孔子認為：連外物都能夠以忠誠來互信交感，與之融通，更何況是血肉之軀呢？忠誠既然可以感動異類，當然更可以感動人，人與人之間形軀相似，心可共感，而共感的前提正在於發心忠誠。

《論語》中記載孔子以「文，行，忠，信」教導弟子（〈述而〉），子曰：「主忠信，毋友不如己者，過則勿憚改。」（〈子罕〉）、「言忠信，行篤敬，雖蠻貊之邦行矣；言不忠信，行不篤敬，雖州里行乎哉？」（〈衛靈公〉）孔子屢屢強調「主忠信」、「言忠信」，強調人際之間的交往應以「忠信」為原則，「忠信」是君子立身行事、待人接物的準則。而後，這種準則外擴而為蒞政治民的君德，郭店楚簡〈忠信之道〉言：「忠積則可親也；信積則可信也。忠信積而民弗親信者，未之有也。」〈忠信之道〉以「忠信」作為對執政者最基本的要求，強調有國者應以忠信之心待民〔註46〕。由此可知，《列子》中孔子所言之「忠信」強調發心真誠可以感物，更可以感人；而《論語》、〈忠信之道〉中的「忠信」則為君子或國君之德，兩者思路有異。

再者，《莊子》中多以「忠信」為治世者、為政者之特質，《莊子・刻意》曰：「語仁義忠信，恭儉推讓，為修而已矣，此平世之士，教誨之人，遊居學者之所好也。」〈讓王〉曰：「昔者神農之有天下也，時祀盡敬而不祈喜；其於人也，忠信盡治而無求焉。」〈漁父〉更直接將「忠信」視為孔門儒生的特質：「孔氏者，性服忠信，身行仁義，飾禮樂，選人倫，上以忠於世主，下以化於齊民，將以利天下。」《莊子》以「忠信」為治者、儒生之德行，但並不完全認同「忠信」之德，〈漁父〉中之「性服忠信」的孔子飽受非難，〈天運〉也說：「夫孝悌仁義，忠信貞廉，此皆自勉以役其德者也，不足多也。」《莊子》不認同「忠信」之德，也與《列子・說符》此處的用法大不相同。

與〈說符〉用法較相近的是《淮南子・繆稱》所言：「身君子之言，信也；

中君子之意，忠也。忠信形于內，感動應於外，故禹執幹戚，舞於兩階之間，而三苗服。」但〈繆稱〉所言重點仍限於人與人之間，尤其是「聖人」與「百姓」之間，仍未擴及人與萬物之感通。〈說符〉將「忠信」的效用擴大到「物我」之間，強調至誠至信可以感動天地、親附萬物，這是〈說符〉的特出之處。

就道家來說，此種至誠、至信的狀態，看似神妙，其實是透過致虛守靜、滌除玄覽的向內修養工夫而來。損之又損、遣之又遣，使己身回復自然本性，遵循古樸常道，以應物無礙，這是大人忠信之性的發用。精誠之至，才能動人，不僅能動人，還能動天地，萬物來附，物我無傷，此正是〈說符〉中這位道家化孔子嚮往的境界。

七、無樂無知、廢心用形

在《列子・仲尼》中，有不少篇章是在描述孔子的境界。首則寫「仲尼閒居」之事，頗有顛覆《論語》中孔子形象的意味。〈仲尼〉曰：

> 仲尼閒居，子貢入侍，而有憂色。子貢不敢問，出告顏回。顏回援琴而歌。孔子聞之，果召回入，問曰：「若奚獨樂？」回曰：「夫子奚獨憂？」孔子曰：「先言爾志。」曰：「吾昔聞之夫子曰『樂天知命故不憂』，回所以樂也。」孔子愀然有閒曰：「有是言哉？汝之意失矣。此吾昔日之言爾，請以今言為正也。汝徒知樂天知命之無憂，未知樂天知命有憂之大也。今告若其實：修一身，任窮達，知去來之非我，亡變亂於心慮，爾之所謂樂天知命之無憂也。曩吾修詩書、正禮樂，將以治天下，遺來世，非但修一身，治魯國而已。而魯之君臣日失其序，仁義益衰，情性益薄。此道不行一國與當年，其如天下與來世矣？吾始知詩書、禮樂無救於治亂，而未知所以革之之方。此樂天知命者之所憂。雖然，吾得之矣。夫樂而知者，非古人之所謂樂知也。無樂無知，是真樂真知；故無所不樂，無所不知，無所不憂，無所不為。詩書、禮樂，何棄之有？革之何為？」顏回北面拜手曰：「回亦得之矣。」出告子貢。子貢茫然自失，歸家淫思七日，不寢不食，以至骨立。顏回重往喻之，乃反丘門，絃歌誦書，終身不輟。（《列子集釋》，頁 114～117）

在本文中，顏回稱孔子嘗言：「樂天知命故不憂」。就儒家之本義來看，所謂

「樂天」應是由德行工夫，以達至樂境界。人之德行圓滿完足後，內省不疚、無所愧怍，則心靈無所虧歉，內在的安和舒泰油然而生，此即樂之所在。再者，人有德行後，其生命能與他人生命相感通，入孝出悌、泛愛眾人，更為可樂之事。三者，孔子自言「飯疏食，飲水，曲肱而枕之，樂亦在其中矣」（〈述而〉）、言顏回「一簞食，一瓢飲，在陋巷。人不堪其憂，回也不改其樂」（〈雍也〉）則是由忘富貴而能於簡單之生活、生命之流行中，與外物之感通中自得其樂。然而，此中有一問題在於「發憤忘食」如何能「樂以忘憂」？如何在追求功業中仍能自樂？此正與「知命」相關，唯「知命」能達至此境界。人唯有將道之行與不行，視為天命之所在，才可能「用之則行，舍之則藏」，無論處於何種境地，皆能自得其樂〔註47〕。

關於「知命」，《論語》記載子曰：「君子有三畏：畏天命，畏大人，畏聖人之言。」（〈季氏〉）、「不知命，無以為君子也」（〈堯曰〉）。孔子屢言「知命」、「畏命」之重要，亦自言「五十而知天命」（〈為政〉）。貧富聞達、死生壽夭，甚至道之行廢，皆有客觀的定限及命數，非人力所能及，孔子正視此命限，而能超越其上，強調仁心之自由與無限，賦予「命」一義理義——命乃天之所予我者，此即自發之仁心善性。是以人之遭逢雖有客觀之命限，然於此命限中，人亦有無限之可能。孔子之「知天命」、「畏天命」是建立在此層意義之上。由此可知，儒家之「樂天」與一般之「樂天」不同，此「樂」是知「命」之所在，力行其道，無愧於己，而能安於天地間之樂。

再看在此寓言中，孔子一開始對「樂天知命之無憂」的定義：「修一身，任窮達，知去來之非我，亡變亂於心慮，爾之所謂樂天知命之無憂也。」在此，這位孔子認為，天命不可違逆，世事不可預料，非人力所能致，若能有此體認，則窮達不傷本性，哀樂不入於心。這與《莊子·人間世》「知其不可奈何而安之若命」之理相通。《列子·仲尼》如此詮釋孔子，看似與《莊子》中道家化的孔子形象相同。《莊子·德充符》記載：「仲尼曰：『死生存亡、窮達貧富、賢與不肖、毀譽、飢渴寒暑，是事之變、命之行也。』」《莊子》中的道家化孔子體認了人力無法掌握生死窮達之事，不若隨順天命運化；《列子》中的孔子亦「知去來之非我」，故能心慮平靜、哀樂不入。

與《莊子》不同的是，《列子》中的孔子境界不僅於此。在《列子·仲尼》中，這位「道家化的孔子」，在「樂天知命故無憂」之後，經過了「吾始知詩

〔註47〕參見唐君毅《中國哲學原論　原道篇（一）》，頁106～110。

書禮樂無救於治亂，而未知所以革之之方」的歷程，因而體認到「樂天知命有憂之大」。不能挽救一國之禍亂，是文中孔子憂心之所在，這看似又回到儒家救世濟民之宏願，但這位孔子強調詩書禮樂無法救亂世，顯然又與《論語》中之孔子不同。層層思索、層層體證之後，這位孔子才得出「無樂無知，是眞樂眞知」的結論，他還特別強調自己所言之「樂知」非「古人所謂之樂知」，頗有顚覆前說，自創新見的用心。

〈仲尼〉將「樂天知命」的義理更往上翻一層。他既要提昇道家式「知去來之非我，亡變亂於心慮」之樂，也要破除儒家式「詩書禮樂無救於治亂，而未知所以革之之方」之憂。因爲前者只是獨善其身之樂，而後者亦未達至境。一切順任自然，隨時而化，無所謂「樂」，亦無所謂「不樂」〔註48〕。眞正的「樂」不應與「憂」相對，眞正之「知」也不與「不知」相對。眞樂，超越憂樂之上；眞知，超越俗知之上，有其獨立不偶的地位與價值〔註49〕。是以詩書禮樂雖不能救治天下的混亂，但也不須捨棄。儒家不必對此寄予厚望，道家也不必極力撻伐。〈仲尼〉此說，讓儒道在這個問題上，有了共識的可能。值得注意的是：此項主張，明顯與《老》、《莊》不同調。《老子·三十八章》曰：「夫禮者，忠信之薄而亂之首。」《莊子》尤其鄙棄詩書禮樂的價值，外雜篇中多述此意。此章「詩書禮樂，何棄之有」，與《莊子》「六經，先王之陳迹」的說法直接對立。如果《列子》的思想體系屬先秦道家，在這一點上，《列子》何以不同於《莊子》？由研治六經，到鄙棄六經，再到「不

〔註48〕 林麗眞指出：顏回的樂天，只是膚淺的、在理性認識層次上的、孤芳自賞式的、遺世獨立型的樂天；而孔子的樂天，則是經過「憂道不行」的心靈熬煉，再次認定天命而獲致達觀之樂的樂天。人若達觀，即無所謂「樂」或「憂」，亦「無所不樂」、「無所不憂」，一切皆聽天命行事。見氏著〈《列子》書中的「聖人」觀念及其思維特徵〉，《國立臺灣大學文史哲學報》第 52 期（2000年 6 月），頁 127。

〔註49〕 謝如柏指出：對《列子》而言，「無樂無知」的態度才是眞正超越「命」之限制的態度。然而，從理論上來說，這種看法其實並未和〈力命〉篇的說法衝突：就〈力命〉篇而言，如果我們眞的能超越現實所給予我們的限制，這必定是一種在精神上眞正自由自在的解放的狀況；在這種狀況下，再也無所謂限制，更無需超越，限制與超越在眞正的解放之中將不再存在。而這就是〈仲尼〉篇所說的「無樂無知」的境界。然而，可以發現，「樂天知命」和「無樂無知」的界限畢竟不是十分清楚的；超越限制的「不在乎」與敵視限制的「不在乎」之間往往難以區別。而〈力命〉篇隱約便走向了敵視現實的方向。見氏著《《列子》「命」概念及其相關問題研究》（永和：花木蘭文化出版社，2010年 9 月），頁 111。

必棄」六經，這則寓言在此呈現出一種「見山是山」——「見山不是山」——「見山又是山」的思辨歷程〔註50〕，思想上的層遞性說明了《列子》思想形成的年代應該不同於《莊子》。「詩書禮樂，何棄之有？」並非直接肯定禮樂的價值，而是認爲無須執著於「棄禮樂」一事，亦即越名教以任自然之意。

在此詮釋基礎之上，張湛進一步肯定了禮樂的價值，其言：「唯棄禮樂之失，不棄禮樂之用，禮樂故不可棄。」張氏認爲禮樂之失可以排除，但禮樂之用必須保存，「若欲捐《詩》《書》、易治術者，豈救弊之道？即而不去，爲而不恃，物自全矣。」拋棄詩書禮樂，並非救弊之道，眞正之治道，是要「即而不去，爲而不恃」。張氏的「爲而不恃」雖然語出《老子》，但卻是轉化了《老子》原義。張氏之「爲」，是要採納儒家禮樂、兼習儒家經典。在他肯定儒家詩書禮樂的同時，儒道之融合更推進了一步〔註51〕，這正是魏晉學風之特色。

關於孔子之境界，張湛言：「智者不知而自知者也。忘智故無所知，用智則無所能。知體神而獨運，忘情而任理，則寂然玄照者也。」在張湛的詮釋下，此處的孔子已超越「知」與「無知」，忘卻「樂」與「憂」，孔子凝虛至極，察照萬物，寂然玄照之下，任理獨運，已經上臻憂樂兩忘、有無俱遣之境界。張湛可以說是將道家化的孔子推上了道家聖人之高峰〔註52〕。此外，顏回與子貢這組互爲對照的弟子又再度出現，悟性特高的顏回在聆聽教誨後馬上得道，而子貢則是思考了七日才能理解，也與前文中的兩人形象相符。

〈仲尼〉又曰：

陳大夫聘魯，私見叔孫氏。叔孫氏曰：「吾國有聖人。」曰：「非孔

〔註50〕《列子》中似乎不止一處呈現這樣的思辨歷程，〈黃帝〉中列子言：「自吾之事夫子友若人也，三年之後，心不敢念是非，口不敢言利害，始得夫子一眄而已。五年之後，心庚念是非，口庚言利害，夫子始一解顏而笑。七年之後，從心之所念，庚無是非；從口之所言，庚無利害，夫子始一引吾並席而坐。」也表現出同樣的層遞。

〔註51〕張湛《注》中，多處闡發此理，諸如：「詩書禮樂，治世之具，聖人因而用之，以一時之散。用失其道，則無益於理也。」、「治世之術，實須仁義。世既治矣，則所用之術宜廢。」

〔註52〕此外，江遹《解》言：「顏子嘗請行於孔子，而將之衛矣。孔子以爲若殆往而刑爾；是或未得所謂樂天知命，有憂之大而然歟？至於謂其用之則行，舍之則藏，同於孔子，其以有得於此而然爾。」「顏回請行於孔子」之事出自《莊子‧人間世》，而「用行舍藏，同於孔子」則出自《論語‧述而》。江遹以《莊子‧人間世》的文字爲據，以「古」爲「眞」，認爲這些話語眞出於孔子。

丘邪？」曰：「是也。」「何以知其聖乎？」叔孫氏曰：「吾常聞之顏回曰：『孔丘能廢心而用形。』」陳大夫曰：「吾國亦有聖人，子弗知乎？」曰：「聖人孰謂？」曰：「老聃之弟子有亢倉子者，得聃之道，能以耳視而目聽。」魯侯聞之大驚，使上卿厚禮而致之。亢倉子應聘而至，魯侯卑辭請問之。亢倉子曰：「傳之者妄，我能視聽不用耳目，不能易耳目之用。」魯侯曰：「此增異矣。其道奈何？寡人終願聞之。」亢倉子曰：「我體合於心，心合於氣，氣合於神，神合於無。其有介然之有，唯然之音，雖遠在八荒之外，近在眉睫之內，來干我者，我必知之。乃不知是我七孔四支之所覺，心腹六藏之所知，其自知而已矣。」魯侯大悅，他日以告仲尼，仲尼笑而不答。（《列子集釋》，頁 117～119）

在此則寓言中，道家化的孔子能夠「廢心而用形」，也就是能不用心志思慮，直接以形體與外物相接相感。在道家看來，人與世間萬物皆是「通天下之一氣耳」（《莊子·知北遊》），是以其內在底蘊相同，人若能損之又損、復性返本，就能直接與萬物接合溝通。在此，道家化的孔子已經晉升廢心用形的境界。

再者，世人謂亢倉子「能以耳視而目聽」，亢倉子卻自謂他「能視聽不用耳目，不能易耳目之用」。在外人看來，亢倉子似乎可以混漫耳目的作用，其實亢倉子不必以感官覺知外物。感官的作用，讓我們認識了外在世界，但感官知覺與主體意識相聯結，這樣的認識也必然包含了主體的限制、意識的蔽障。所以《老子》說「虛其心」、「弱其志」（〈第三章〉），即是要去除認知心的遮蔽，回復精神的虛靜靈明。人要如何突破形體的限制，如何突破感官的限制？這種突破是否意謂著必然要混淆感官作用？亢倉子的作法是──「體合於心，心合於氣，氣合於神，神合於無」。「體」、「心」、「氣」、「神」損之又損，層層復返於「無」，此時身體感官能感知外物而不受蔽障之累，卻茫然不知是七孔四肢的作用，還是心腹六臟的作用〔註53〕。究竟是形體還是心志的作用？是耳目還是口鼻在認知？當這些由天地一氣分化出來的作用又回歸

〔註53〕 注意此處的「體合於心，心合於氣」的歷程類似於《莊子·人間世》中「無聽之以耳而聽之以心，無聽之以心而聽之以氣」的修養過程，「氣合於神，神合於無」類似於「唯氣集虛」。因此，亢倉子的修養工夫應較近於《莊子》中的道家化孔子。

於無之時，它們早已茫然無別。所以，重點不是混漫耳目的作用，而是取消主體的限制、意識的侷限，回復生命原初的狀態，讓虛靈神氣遍流身心。就如〈黃帝〉所言：「眼如耳，耳如鼻，鼻如口，無不同也。心凝形釋，骨肉都融；不覺形之所倚，足之所履，隨風東西，猶木葉幹殼。」心凝形釋之下，內外無礙，神氣一貫匯通眼耳口鼻之用，於是，亢倉子不但能感知，即便是遠在八荒之外的訊息，他也能有所感應。是以他能收攝所有天地消息，正是《老子・四十七章》所言「不出戶，知天下，不闚牖，見天道」。按照道家的理路，人與萬物之底蘊既然無別，那麼人與他物的溝通，也是再輕易不過的事。只是，形氣的積蘊造成了隔閡，意識的造作造成了阻礙，語言的分化形成了界限。若能返本復初，回返生命的本源，那麼人人都有成為亢倉子的可能。誠如張湛所注：「夫形質者，心智之室宇。耳目者，視聽之戶牖。神苟徹焉，則視聽不因戶牖，照察不閡牆壁耳。」

亢倉子的境界看似已高，然而，「來干我者，我必知之」一句，透露出亢倉子仍有物我之別〔註 54〕。如果亢倉子的修養已到物我兩忘的境界，如何可能有「干我者」？「『我』必知之」顯示亢倉子主觀意識仍在，未能順物而無累。這表示亢倉子雖有修養工夫，但境界仍未臻上境，仍處於有我的、不定的狀態。

有趣的是，孔子得知亢倉子的事蹟後，反應竟是「笑而不答」。文本將孔子設定為廢「心」而用「形」，形順外物而化，物我無傷；而亢倉子自認為「體」、「心」皆合於「無」，卻仍是物我有別，本來就有孔子高於亢倉子之意。而孔子的「笑而不答」更合於魏晉人對「孔子」的認知──孔子是體道而不言者。在《列子》中，孔子一向不多話，是「能之而能不為也」。莫測高深，體道而不言，正是《列子》中孔子形象的特徵之一。

張湛《注》曰：「亢倉言之盡矣，仲尼將何所云，今以不答為答，故寄之一笑也。」又曰：「夫聖人既無所廢，亦無所用。廢用之稱，亦因事而生耳。故俯仰萬機，對接世務，皆形迹之事耳。冥絕而灰寂者，固泊然而不動矣。」、「不怪仲尼之用形，而怪耳目之易任，迹同於物，或物無駭心。」在張湛看

─────────────────────

〔註 54〕 黃翔認為：亢倉子是「來干我者，我必知之」，其「知」雖為自知，猶為有知。孔子之「廢心而用形」，則是無識無知、屈申任物，而能無所不知、無所不能。如此說來，無論是就能力之神妙或境界之高下，亢倉子顯然都不如孔子。見氏著《《列子》寓言思想研究》，頁 214。

來，孔子「廢心而用形」僅是表象，聖人「既無所廢，亦無所用」，隨事而化，因事而變，其境界當然比亢倉子更高。仲尼與亢倉子最大的不同在於，仲尼之形迹同於外物，不顯奇行怪象，使外物驚駭；而亢倉子卻不能如此。在張湛看來，《列子》中這位道家化的孔子，已經開始懂得要免除「諔詭幻怪之名聞」的桎梏，要設法擺脫「天刑」了〔註55〕。因此，在張湛的詮釋下，這位「道家化的孔子」確實較《莊子》中「道家化的孔子」境界更為高明〔註56〕。

〈黃帝〉曰：

> 趙襄子率徒十萬狩於中山，藉芿燔林，扇赫百里。有一人從石壁中出，隨煙燼上下。眾謂鬼物。火過，徐行而出，若無所經涉者。襄子怪而留之。徐而察之：形色七竅，人也。氣息音聲，人也。問奚道而處石？奚道而入火？其人曰：「奚物而謂石？奚物而謂火？」襄子曰：「而嚮之所出者，石也；而嚮之所涉者，火也。」其人曰：「不知也。」魏文侯聞之，問子夏曰：「彼何人哉？」子夏曰：「以商所聞夫子之言，和者大同於物，物無得傷閡者，游金石、蹈水火，皆可也。」文侯曰：「吾子奚不為之？」子夏曰：「剖心去智，商未之能。雖然，試語之有暇矣。」文侯曰：「夫子奚不為之？」子夏曰：「夫子能之而能不為者也。」文侯大說。（《列子集釋》，頁68～69）

人若能剖心去智、和同於物，與萬物混然無別，外物將無從傷害人體，是以游金石、蹈水火都是可能的。這一點，子夏承認自己能言卻未能行，而他所說「夫子能之而能不為者」，的確頗堪玩味。「能之」是高於常人的境界，而

〔註55〕 《莊子‧德充符》曰：「無趾語老聃曰：『孔丘之於至人，其未邪？彼何賓賓以學子為？彼且以蘄以諔詭幻怪之名聞，不知至人之以是為己桎梏邪？』老聃曰：『胡不直使彼以死生為一條，以可不可為一貫者，解其桎梏，其可乎？』無趾曰：『天刑之，安可解！』」

〔註56〕 值得一提的是：孔子的「笑而不答」，為後世留下了不小的想像空間。後世不少論者藉此發揮，認為：孔子之「笑」，代表了孔子其實也能行亢倉子之道，孔子的境界比亢倉子更高，只是隱而不顯罷了。江遹《解》曰：「人之見聞，不離形體。雖聖人亦無以異於人也。特聖人所以為見聞，寄於形體，以發其明，不盡循於形體也。唯其不循形體，故能廢心。唯其寄於形體，故猶用形。廢心，即亢倉子之視聽不用耳目。用形，即亢倉子之不能易耳目之用。以亢倉子之為聖，不殊於孔子之聖，即知孔子之道無異於老君之道也。」又，林希逸《口義》曰：「笑而不答，即是前篇所謂夫子能之而能不為者也。此意則謂夫子雖知此道，而不以語人，故笑而不答也。」後世論者或認為孔子之道即是老子之道，或以為孔子是能之而不為。

「能之而能不爲」是更高之境。孔子達到了虛一心志、去除智慮、和同萬物的境界，但是他卻有能而不爲，從不展現自己能夠從石壁出、涉火而過的特異能力。因爲這些特立突出的行爲，會使自己獨立於眾人之上。孤高不群、獨立不偶、與眾生有隔，對孔子而言，只是第二等境界。藉用《莊子・天下》之語，在《列子》中，這位道家化的孔子不但能「獨與天地精神往來」，更能「不敖倪於萬物」、「與世俗處」，將入世與出世融通爲一。《列子》以此境界爲最高，時常強調這種渾同於世、不顯孤高的境界，〈黃帝〉篇「楊朱南之沛」的記載中，楊朱原本「其往也，舍迎將家，公執席，妻執巾櫛，舍者避席，煬者避竈」，老子以爲其「不可教」，楊朱聞言改過，最後「其反也，舍者與之爭席矣。」這則寓言亦說明了有道者「大白若辱」、「至德若缺」的境界。由此可知，在〈黃帝〉中，這位道家化的孔子亦已上臻「盛德若不足」的境界。

是以孔子可以爲，也可以不爲；他已經達到了道家刳心去智之境界，而能與世俗處，能與世俗處，才可能有悲天憫人之心、救民化民之舉。這是魏晉時代儒道會通融合下的孔子形象。《莊子》中的孔子，仍處於不定的狀態，孔子有時受到道者羞辱，有時接受老子啓發，有時能會通天人。相較來說，《列子》中的孔子形象統一許多，尤其此處的孔子無疑已爲一能與世俗處的體道者。

泯同有無、去除分別是一境界，不去「有」、「無」之名，不廢石、火之質，是一更高的境界。後世於是根據此一記錄，給予孔子極高的評價，更認爲《列子》實以「孔子」爲至尊。張湛《注》曰：「天下有能之而能不爲者，有能之而不能不爲者，有不能而彊欲爲之者，有不爲而自能者。至於聖人，亦何所爲，亦何所不爲，亦何所能，亦何所不能。俛仰同俗，升降隨物，奇功異迹，未嘗暫顯。」聖人雖然也能達到蹈水火、乘雲霧而不傷的境界，但卻不輕易張顯其奇功異迹。聖人有所爲，亦有所不爲，隨機而化、應時而動，完全取決於當時的情境。其中「俛仰同俗，升降隨物」這項特質，是從秦漢黃老道家《呂覽》、《淮南子》以來一直強調的。

道家化的孔子不顯其高、有所不爲，在〈仲尼〉中，有一則孔子破除「聖人」之名的寓言：

> 商太宰見孔子曰：「丘聖者歟？」孔子曰：「聖則丘弗知，然則丘博
> 學多識者也。」商太宰曰：「三王聖者歟？」孔子曰：「三王善任智

勇者，聖則丘弗知。」曰：「五帝聖者歟？」孔子曰：「五帝善任仁義者，聖則丘弗知。」曰：「三皇聖者歟？」孔子曰：「三皇善任因時者，聖則丘弗知。」商太宰大駭，曰：「然則孰者爲聖？」孔子動容有間，曰：「西方之人有聖者焉，不治而不亂，不言而自信，不化而自行。蕩蕩乎民無能名焉。丘疑其爲聖。弗知眞爲聖歟？眞不聖歟？」商太宰嘿然心計曰：「孔丘欺我哉！」（《列子集釋》，頁 119～122）

《論語・雍也》記載孔子以「博施於民，而能濟眾」爲「聖」的內涵。由仁心出發，推己及人，可爲「君子」，但若要稱得上「聖人」就必須有博施濟眾的外王事功。「聖」是一種內聖外王並臻，全備圓滿的道德盛境，是德境，亦是功業，更是君子理想性的標竿〔註57〕。聖人境界難以達致，是以孔子嘆：「聖人，吾不得而見之矣。」（〈述而〉）

而在〈仲尼〉這段文字中，孔子不敢自居爲聖人，這點和《論語・述而》：「子曰：『若聖與仁，則吾豈敢？抑爲之不厭，誨人不倦，則可謂云爾已矣。』」的記錄相符。但文中的孔子也不以三王、五帝、三皇爲聖人，他勉強疑其爲聖者的，是「不治、不言、不化」的道家之人〔註58〕。由此可以看出，本文是立基於道家的立場，此處的孔子亦是道家化的孔子。作者的原義，是要破除儒家「聖人」之名，所以，三王、五帝、三皇等人都不足以爲聖；博學、智勇、仁義、因時等德行，也都不足以稱聖。這裡的「博學、智勇、仁義、因時」應是當時一般認可、層層遞進的德行，注意「因時」更在「仁義」之上，似有黃老道家強調因時順勢的色彩。文中孔子認爲勉強可以稱聖的，是

〔註57〕參見陳師麗桂〈先秦儒學的聖、智之德——從孔子到子思學派〉，《漢學研究》第30卷第1期（2012年3月），頁5～6。

〔註58〕部分學者認爲此處的「西方聖者」是指具有法身、化身的佛。學者或引張湛《注》所言：「所明往往與佛經相參，大歸同于《老》《莊》。屬辭引類，特與《莊子》相似。」然而，張湛雖認爲《列子》與佛經可以相參，但這並不代表《列子》必然受到佛經的影響，也沒有提及這裡的「西方聖者」就是指佛，因此這個說法必須存疑。許抗生補充日人武義內雄之說，認爲此處聖人與牟子《理惑論》之具有無限威力之佛不同，乃先秦道家之理想人物。見氏著〈列子考辨〉，收入《道家文化研究》第一輯，頁348～349。管宗昌認爲：文中「化人」當指「得道」的道家理想人物。通觀〈周穆王〉一篇，它是以「神游幻化」作爲本篇主旨的，爲了更加突出「神游幻化」主題，文首便設一得道「化人」，極言其神通廣大。參見氏著〈《列子》中無佛家思想——《列子》非僞書證據之一〉，《大連民族學院學報》第6卷第2期（2004年3月），頁30。

不治理而天下平、不發言而民自信、不教化而萬物行的道家之人。然而，孔子還是對這樣的稱號提出了質疑——「弗知眞爲聖歟？眞不聖歟？」這樣一位讓人民推崇備至，無以名狀的人物，究竟眞是「聖人」？抑或並非「聖人」？孔子這段議論，是要破除「聖人」之名。今本《老子·十九章》之「絕聖棄智，民利百倍」、《莊子·胠篋》之「聖人不死，大盜不止」，都呈顯了這樣的意旨。儒家所推崇的聖人教化、仁義之治，在道家看來，其實是對民性的扭曲與鉗制。所以道家在回歸素樸的過程中，要排除聖人的有爲之治。必須辨明的是，道家所「絕」之「聖」，是人文化成、教化標準，而非聖人境界，是以道家仍然將「聖人」作爲理想人格的代表。

有趣的是，雖然在原文中，孔子想要破除「聖人」之名，然而學者的注解還是將孔子視爲聖人。張湛《注》曰：「世之所謂聖者，據其跡耳，豈知所以聖，所以不聖者哉？」、「示現博學多識耳，實無所學，實無所識也。」、「孔子之博學，湯武之干戈，堯舜之揖讓，羲黃之簡朴，此皆聖人因世應務之麤跡，非所以爲聖者。所以爲聖者，固非言迹之所逮者也。」張湛不但將孔子視爲貫通儒道的聖人，也替古代聖王作出了反駁。在張湛看來，三王、五帝、三皇等人的聖王之行乃是不得已之「跡」，博學、干戈、揖讓，這些應接世務的表現，也並非他們成聖的原因。聖人所以爲聖難以名狀，其同於大通、與道無別的境界，才是能夠跡冥圓融、應接萬物的原因。在張湛看來，聖人之跡是爲了應合外物而生，所以實在不需非難，要注意的是聖人之體，亦即聖人的內在修養境界。張湛所言隱示著聖人以道的內在修持，完成了儒家的外王事功。在張湛的詮釋下，這樣的聖人眞正統合了儒道，而孔子正是內道外儒的聖人代表。

〈仲尼〉曰：

> 子夏問孔子曰：「顏回之爲人奚若？」子曰：「回之仁賢於丘也。」
> 曰：「子貢之爲人奚若？」子曰：「賜之辯賢於丘也。」曰：「子路之
> 爲人奚若？」子曰：「由之勇賢於丘也。」曰：「子張之爲人奚若？」
> 子曰：「師之莊賢於丘也。」子夏避席而問曰：「然則四子者何爲事
> 夫子。」曰：「居！吾語汝。夫回能仁而不能反，賜能辯而不能訥，
> 由能勇而不能怯，師能莊而不能同。兼四子之有以易吾，吾弗許也。
> 此其所以事吾而不貳也。」〔註59〕（《列子集釋》，頁122～123）

〔註59〕此則寓言重見於《淮南子·人間》、《孔子家語·六本》、《説苑·雜言》、《論

文中「回能仁而不能反」難以通讀，應據《淮南子・人間》改為「回能仁而不能忍」〔註 60〕，或據《說苑・雜言》、《孔子家語・六本》改為「回能信而不能反」。這則寓言重見於《淮南子》、《說苑》、《孔子家語》，文字內容大同小異，孰先孰後難以判定，但更重要的是：此章傳抄廣泛，反映出漢魏以來品評人物時區別「聖人」與「偏才」的思考模式。

孔子四弟子各有其長，卻不能適度、過猶不及，唯孔子能兼四子之長，適度適時、知所取捨，因此列於眾弟子之上，這是漢魏以來品鑑人物才性的最高標準。《人物志・九徵》曰：「凡人之質量，中和最貴矣。中和之質，必平淡無味，故能調成五材，變化應節。」人類稟賦中最完美的是五德中和，唯聖人能兼備各種才德，不會在某方面有突出的表現，所以「中和」的特徵就是「平淡無味」，聖人能順應人間種種變化，作出適當的處置。其他不能兼備各德的人，最高只能是「偏才」。《列子・仲尼》亦曰：「大夫不聞齊魯之多機乎？有善治土木者，有善治金革者，有善治聲樂者，有善治書數者，有善治軍旅者，有善治宗廟者，羣才備也。而無相位者，無能相使者。而位之者無知，使之者無能，而知之與能為之使焉。」認為無知無能者才能驅使有知有能之人，兩者意旨可以相互呼應。由此可知，孔子在時人的塑造下，不顯偏才，看似平淡，其實境界最高，而能隨俗變化，知所取捨。

張湛《注》曰：「辯而不能訥，必虧忠信之實。勇而不能怯，必傷仁恕之道。莊而不能同，有違和光之義。此皆滯於一方也。」強調處世必須兼備眾家之長、不能偏廢。「忠信」、「仁恕」為儒家之德，「和光（同塵）」則為道家之德，在張湛的詮釋下，孔子不違「忠信之實」、「仁恕之道」、「和光之義」，兼備儒道之德行，而為儒道共通之聖人〔註 61〕。

衡・定賢》，其中又以《說苑》的文字較接近《列子・仲尼》的記載。

〔註 60〕 俞樾《諸子平議・列子平議》曰：「反字無義，疑刃字之誤，俗書刃字作刄，故誤為反耳，刃與忍通……淮南子人間篇字正作忍。」

〔註 61〕 值得注意的是，江逌《解》的說法：「諸子之德，譬猶陰陽。聖人之道，譬猶沖氣。沖氣微於陰，陰陽資於沖氣。語四子之有，皆賢於夫子。兼四子之有，則不許其易夫子。然則，其賢也，乃其所以為偏。其不及也，乃其所以為妙。此四子所以事夫子而不貳也。」江氏在此引用了《老子》「萬物負陰而抱陽，沖氣以為和」之語，來形容聖人之道猶如調和陰陽的「沖氣」。四子之「賢」乃是偏於一端，孔子之「妙」、「聖」則是不偏於特定的德行，而能兼容各德，適時應勢而處。由此可以窺見，張湛以下的道家學者是如何逐漸將孔子形象子以玄學化、道家化。

第三節 結 語

　　《列子》中的孔子形象，有部分承襲了《莊子》寓言所開創的傳統。相較於《呂覽》、《淮南子》中的孔子詮釋偏向政治實用、君人南面之術，《列子》中的孔子與《莊子》中的孔子形象較為接近。然而，《列子》中的孔子並不僅僅是複製《莊子》中的孔子而已。在《列子》書中，對孔子的譏評嘲笑並不多見，而道家化的孔子形象則隨處可見。更值得注意的是，在《列子》中，「道家化的孔子」境界更高，其「道行」也較《莊子》中的孔子略高一籌。在此，孔子不但立足於道家齊一生死、忘懷得失的立場，矯正了俗儒與隱者之失，且與黃帝並列為其覺自忘、其寢不夢的道家真人。他在覺而又迷、迷而又覺，層層超越之後，體認到「無樂無知，是真樂真知」；更強調要以至誠之心與萬物溝通共融。在《列子》的詮釋下，孔子的至聖地位更加穩固，他已上臻憂樂兩忘、有無俱遣、融通大道的境界。

　　再者，在嚴靈峰、馬達等人力證「《列子》非偽書」的努力之下，《列子》的年代及作者問題，又重新得到討論。然而，即便是主張《列子》主體寫作於戰國時期的學者，也不得不承認戰國以至魏晉，在後人校訂的過程中，必有增刪、潤飾，甚至篡改、附益的情形。只是，後人修訂《列子》的過程是否可能改變《列子》原本的思想？改變的幅度是大是小？恐怕無法驟下定論。因此，《列子》的思想體系究竟是屬於先秦，還是魏晉？似乎仍是各執一辭。

　　對此，《列子》中孔子形象或許可以為這個問題提供一個新的思考方向。《列子》中的「孔子」形象較《莊子》更為一致〔註62〕，孔子鮮少再受譏諷，也不再自嘲，此時孔子的道家境界更臻上層。其次，《列子》中的孔子有著語言簡潔精要的特徵，正符合魏晉時期孔子能體無而不落於言詮的形象。相關寓言文字中，也多少反映出魏晉時代的思想，是以筆者較傾向將《列子》思想視為魏晉思想的一環。

〔註62〕山崎徹指出：列子與莊子相異所在，即是對儒家所抱態度不同，列子較傾向於擁護儒家，尤其有關孔子的部份，其擁護孔子的意圖相當明顯。參見氏著〈列子研究──列子書に於ける儒の家影響〉，《淡江學報》第二十期（1983年5月），頁69。

第八章　道家化孔子寓言與經典注釋的交互影響

在各階段的孔子詮釋中，《淮南子》中融會儒道的孔子與《列子》中內道外儒的孔子，思想差距幅度頗大，應非一蹴可幾。儒道兼綜之孔子要躍升為超越儒（儒家）道（隱者）的孔子，這種形象的轉變、思路的轉化需要一段時間醞釀。在此醞釀時期，有一個重要環節是時人透過注書方式，重新詮釋孔子形象，尤以王弼與郭象為代表〔註1〕。關於王弼《論語釋疑》與郭象《莊子注》中的孔子詮釋，學界已有不少討論，但鮮少涉及他們的孔子詮釋與道家化孔子寓言的關係，而這正是本章所要討論的焦點。

第一節　王弼的孔子詮釋與道家化孔子寓言的關係

自漢代獨尊儒術、經學大盛以降，孔子的至聖地位不曾動搖〔註2〕。時至

〔註1〕魏晉時代與孔子相關的經典注釋不知凡幾，難以全盤處理，故筆者以王弼與郭象兩大家為討論對象，試圖梳理兩者之間的交互影響。必須說明的是，筆者之所以選擇王弼《論語釋疑》來討論，而非何晏《論語集解》，乃因《論語集解》是集諸家之說而成，書中專屬何晏的意見不多，相對而言，《論語釋疑》全出於王弼，再者，王弼開創了玄學的新典範，更有討論之價值。

〔註2〕湯用彤指出：漢武以來，儒家獨尊，雖學風亦隨時變，然基本教育固以正經為中心，其理想人格亦依儒學而特推周、孔。三國、晉初，教育在於家庭，而家庭之禮教未墮。故名士原均研儒經，仍以孔子為聖人。見氏著《魏晉玄學論稿·言意之辯》，（上海：上海古籍出版社，2001年6月），頁29。又，何晏王弼之形上學雖援引道家，然而其於立身行事，實賞儒家之風骨。見氏著《魏晉玄學論稿·王弼之周易論語新義》，頁93。

魏世，如何為已呈現僵化狀態的儒家禮教尋找新的出路，為讖緯中神妙超凡的聖人塑造新的形象，已成為新的時代課題，而王弼正是開創新頁之人。在漢魏士人的心目中，孔子仍是唯一的聖人。聖人與經典的學術傳統一旦確立，人們亦可透過經典的閱讀與詮釋來表達自己的思想。於是，不同於「創作寓言」的詮釋模式，王弼以「注釋經典」的方式來詮釋孔子〔註3〕。

學者多認為王弼「援道釋儒」〔註4〕，認為他「留儒家孔子聖人之位，而內容則充以老、莊之學說〔註5〕」、「內聖之道在老莊，外王之業在孔子。以此會通儒道，則陽尊儒聖，而陰崇老莊〔註6〕」，暗指王弼刻意改造孔子成為「外儒內道」、「儒皮道骨」的人物；然而亦有學者提出不同意見，指出：「我們不能認為玄學家在尊孔的傳統下，只是表面尊孔，卻將孔子思想偷天換日，代以《老》、《莊》之說……王弼以孔子為體無之聖人，當是實有所感〔註7〕。」王弼面對兩漢以來政治化的儒術，如何維繫仁義禮樂的價值，不使其淪為禮法束

〔註3〕劉笑敢指出：王弼是第一個憑藉完整的經典注釋而踏入哲學家的聖殿的。見氏著〈經典詮釋中的兩種內在定向及其外化──以王弼《老子注》與郭象《莊子注》為例〉，《中國文哲研究集刊》第二十六期（2005年3月），頁298。

〔註4〕王弼的哲學體系究竟是道體儒用，還是儒體道用，在學界引發了諸多討論。學者多主張王弼思想型態為「道體儒用」，然而，近年來學界有不同的聲音出現。如謝大寧認為：若就實踐法則而言，儒道完全平列，王弼思想內涵當中，恐怕沒有以道為本，以儒為末的問題。見氏著《歷史的嵇康與玄學的嵇康》（台北：文史哲出版社，1997年12月），頁253。謝君直亦指出：王弼思想離不開漢末儒士有關經學的問題意識，不能將兩漢思想與魏初玄學切割。……我們應視自然在保障名教的存在，老學是在儒學的問題意識下為王弼所運用……王弼是在儒道互補的學術活動中表現出「儒體道用」，此儒體道用非作本體論或哲學理論之形式解，而是從實踐哲學的視域切入。見氏著〈王弼思想型態的再分判〉，《揭諦》第9期（2005年7月），頁125～149。
又，這個問題牽涉到正始玄學的學派定位。對此，周大興認為：正始玄學之興，不論是歸之於「新儒學」或「新道家」，重點都在於一個「新」字。從這一「新」的立場上看，何晏王弼「道家」的玄學是新的，因為他們改革了《老子》思想中濃厚的宇宙論傾向，以本末體用、守母存子的方式保存了名教社會的禮法規範。同樣的，他們的「儒學」眼光在當時也是劃時代意義的新，因為他們以「無」的形上學扭轉了兩漢言天人災異陰陽五行的宇宙論傳統。參見氏著《自然‧名教‧因果──東晉玄學論集》（台北：中央研究院中國文哲研究所，2004年11月），頁111。

〔註5〕見湯用彤《魏晉玄學論稿‧向郭義之莊周與孔子》，頁98。

〔註6〕見牟宗三《才性與玄理》（台北：臺灣學生書局，1993年2月），頁121。

〔註7〕見林聰舜〈王弼易注對孔老之體認〉，《孔孟月刊》第十八卷第十期（1980年6月），頁21～23。

縛？天人感應、災異典範的思考模式已被揚棄，儒家的綱常名教如何維繫不墜，繼續是士人遵守的規範？王弼用玄學方式重新論證體制的合理性，具體的作法是——論證仁義禮樂出自人類自然的情感〔註8〕，並且重新定義「聖人」的內涵。在王弼力圖會通儒道的詮釋方式下，孔子形象有所轉化，與《論語》不同。然而，吾人仔細考察王弼筆下的孔子形象，將會發現：王弼會提出孔子「體無」以「用有」，建構出聖人融通儒道的圓滿化境，恐怕並非全是他的「孤明先發」，而非常可能受到《莊子》以來「道家化孔子」寓言的影響。

　　《晉書·王衍傳》曰：「魏正始中，何晏、王弼等祖述老、莊，立論以爲：天地萬物皆以無爲本⋯⋯」，說明了王弼之學祖述老、莊，學者已指出：王弼雖未注《莊子》，「然而察其述作，實深造於《莊子》者」，且王弼《老子·四十二章》注，乃是承襲《莊子·齊物論》之說〔註9〕。那麼王弼所塑造的「道家化孔子」，與《莊子》一系的道家化孔子有何關聯，實是一個值得探究的課題。

一、神而明之以應物

　　王弼於〈子罕〉「可與共學，未可與適道；可與適道，未可與立；可與立，

〔註8〕王弼於〈學而〉「君子務本，本立而道生。孝悌也者，其爲仁之本與！」下注：「自然親愛爲孝，推愛及物爲仁也。」又，林聰舜認爲：王弼並不是以玄學解消儒家倫理，而是在呼應當時儒道兩種價值標準並存，以及儒道會通的趨勢下，抓住當時思想的主流，以玄學的方式重新論證了以儒家倫理爲核心的體制的合理性。見氏著〈王弼思想的一個面向：玄學式的體制合理化論述〉，《清華學報》新二十八卷第一期（1998年3月），頁22及30。

〔註9〕見莊師耀郎〈魏晉玄學釋義及其分期之商榷〉，《鵝湖學誌》第6期（1991年6月），頁36。
蔡振豐亦認爲：從王弼現存的著作看來，王弼與莊子在立論主旨上並非毫無轉承的關係。明顯的例子如《老子注》四十二章解「道生一，一生二，三生萬物」，王弼注文所本正是《莊子·齊物論》之說，而莊子所持的超語言立場，似乎也是王弼「得意忘象」說所追隨的。見氏著《王弼的言意理論與玄學方法》（永和：花木蘭文化出版社，2010年3月），頁69。
又，田永勝指出：就現有的史料看，可以確切得知的是，王弼玄學更直接地來自於先秦哲學，然後又吸收了兩漢經學的一些成果，以融和儒道的形式出現。王弼思想除了受到先秦的《老子》、《周易》、《論語》等道家儒家典籍的影響之外，他還引用了《禮記》、《莊子》、《左傳》、《史記》、《說苑》、《孫子》等先秦典籍中的話語來詮釋這些先秦典籍。王弼偶爾也引用《淮南子》的話語詮釋先秦典籍。見氏著《王弼思想與詮釋文本》（北京：光明日報出版社，2003年9月），頁17～18。

未可與權。」下注：

> 權者，道之變。變無常體，神而明之，存乎其人，不可豫設，尤至
> 難者也。（《王弼集校釋》，頁627）

孔子之言本是要說明通權達變、隨時應變的困難度；然王弼筆鋒一轉，轉而說明道變化無常，聖人體道，而能神明沖和，變化應節。王弼常以神妙不測、應變神化等詞彙來描述孔子境界，強調神明豐茂之孔子能順應外界無常之變化，可說是遠承《荀子‧哀公》：「所謂大聖者，知通乎大道，應變而不窮」、《莊子‧山木》：「一龍一蛇，與時俱化，而無肯專為」而來，但王弼更強調孔子「神而明之」的面向。「神而明之」所指涉的是超越一般認識層面，能洞察事理、知悉世事，安適平靜、隨物因順的聖人心境。王弼以「神而明之」來形容孔子神妙不測的體道境界，看似承襲楊雄所言：「仲尼，神明也，小以成小，大以成大。雖山川、丘陵、草木、鳥獸，裕如也。如不用也，神明亦末如之何矣？」（《法言‧五百卷》），但楊雄所言「神明」仍有人格神之意涵。王弼對孔子「神而明之」、「應變神化」的描述，與《淮南子》較一致。在《淮南子》中，「神明」指涉聖人靈明之精神與智慧，是比一般道德更為根源的靈妙存在。〈本經〉說：「知神明然後知道德之不足為也，知道德然後知仁義之不足行也，知仁義然後知禮樂之不足脩也。」此「神明」指稱超乎「道德」之上，比道德更為根源的靈妙存在。又說：「夫至大，天地弗能含也；至微，神明弗能領也」、「神明藏於無形，精神反於至真，則目明而不以視，耳聰而不以聽，必條達而不以思慮」，其中的「神明」指涉「精神之靈明狀態」。聖人修養至極後與道渾同，因此，其靈明精神亦可說是天地四時、人間秩序的根源。這樣的用法，與王弼所言聖人「神而明之」意涵相互呼應〔註10〕。

在〈陽貨〉「子曰：『然有是言也。曰：不曰堅乎？磨而不磷；不曰白乎？涅而不緇。吾豈匏瓜也哉？焉能繫而不食！』」下，王弼注：

> 孔子機發後應，事形乃視，擇地以處身，資教以全度者也，故不入

〔註10〕 再者，郭象對「神」、「神明」的用法亦同於此。林明照指出：對於郭象來說，「神」的意義偏向認識層面，但並非意指思慮、認知與判斷等認識活動，而是指向一種穩定而平靜、寬容且因順，並且具備洞察事物本性（包含郭象所論的自然、自性、獨化、理等）能力的心靈，郭象有時以「神明」言之。見氏著〈外內玄合與聖王之道：郭象哲學中「應」的意涵〉，《哲學與文化》第四十卷第十二期（2013年12月），頁61。

亂人之邦。聖人通遠慮微，應變神化，濁亂不能污其潔，凶惡不能
　害其性，所以避難不藏身，物不以形也。(《王弼集校釋》，頁632)
王弼指出，聖人神通廣遠、思慮精微，能與時俱化，知所應變，是以外世之
昏亂罪惡不能侵擾自然無為之本性，因之，聖人不必隱居自保，亦不必棄絕
外物，其人以清靜之本心應物而能不累於物，處世而能不擾於世〔註11〕。在
此，王弼突出了孔子「體無用有」、「有情而無累」的面貌，此皆是王弼立基
於「無」而企圖縮合「有」之向度表現，反映出會通儒道的時代特徵。就王
弼看來，何晏之聖人「無喜怒哀樂」、「不復應物」，雖是上臻無累之神妙化境，
卻成了與世有隔、遊於方外的聖人，高則高矣，絕世而獨立難免有未達圓融
之憾〔註12〕。這樣的形象，與《莊子》中那位「道家化孔子」可以相合。前
文已論，《莊子》內篇所創造的「理想中的孔子」對於救世者的侷限有充分的
自覺，這位孔子身入於世而心出於世，是以能夠磨而不磷、涅而不緇，王弼
可說是遙承《莊子》所塑造的孔子形象。故他筆下之孔子也與《淮南子》中
同於大通、與道應合，而能乘時應變的孔子形象相符。是以筆者認為，王弼
在處理孔子境界與形象問題時，不能說是「刻意改造」孔子為「外儒內道」
的聖人，因為這樣的「改造」其實前有所承，王弼並非「孤明先發」，而是承
襲了《莊子》一系的道家化孔子形象。他將《莊子》中的道家化孔子寓言視

〔註11〕林麗真指出：所謂「機發後應」，殆指聖人有情以應物；「通遠慮微」，則指其
　　　　神明豐茂，故能體沖和以通無；「應變神化，濁亂不能污其潔，凶惡不能害其
　　　　性」，即指其雖有情，卻能無污、無害於其性。這是「崇本舉末」、「體無應有」
　　　　的「性其情」的人生表現，也正是心靈上達到「有情而無累」、「用有卻體無」
　　　　的一種「無」的境界！參見氏著〈王弼玄學與黃老學的基本歧異〉，《臺大中
　　　　文學報》第十二期(2000年5月)，頁139。
　　　　又，吳冠宏指出：王弼「聖人有情說」雖有兼攝儒家「有情以應物」與道家
　　　　「體無而無累」兩個面向的用意，卻未必能體現儒、道精神的深旨。儒家之
　　　　「有情以應物」，不僅是人生情欲之肯定，要在使人知情以達禮，發而皆中節，
　　　　並藉由「情」之發顯中修己達人，進而通天地之和；道家之「體無以無累」，
　　　　乃隨其深貫之工夫遂有相應之境界，莊子「無情」之提出，正是此修道復性
　　　　的工夫提點之展現。因此若言王說融合儒、道，也僅是理論上的整合或表相
　　　　的湊泊，此正是智解玄會儒、道的王弼乃至整個玄學的限制。見氏著〈王弼
　　　　聖人有情說與儒、道、玄思想之關涉與分判〉，《國文學報》第四十二期(2007
　　　　年12月)，頁71。
〔註12〕參見吳冠宏〈王弼思想之歷程性的探尋：從聖人無情到聖人有情之轉變的考
　　　　察〉，《臺灣東亞文明研究學刊》第5卷第1期(總第9期)(2008年6月)，
　　　　頁162。

為真實記錄，認為孔子確實就是身在江湖而用心若鏡的聖人。

再者，聖人如何能自在「應物」？王弼在「六十而耳順」句下注：

> 耳順，言心識在聞前也。（《王弼集校釋》，頁 621）

王弼認為，孔子在耳聞事物之前，已經先以心識物，能夠先感知、推論事物的發展，所以能夠達到耳順的境界。有學者指出：王弼此說應是受到《莊子・人間世》「無聽之以耳而聽之以心」的影響〔註13〕。王弼之說確實有可能受到《莊子》「心齋」論的啟發，然而，「心識」是否等同於「聽之以心」，因原文簡略，難以斷定，畢竟王弼並沒有詳細說明如何能在聽聞之前，先「以心識之」？按《莊子》之理路，「聽之以心」是要拋棄心知感官的作用，且「聽之以心」之後還要「聽之以氣」，層層回溯虛靜空明的大道。王弼此處所說的「心識」是否具有這層意涵不得而知，唯可確定，王弼強調孔子心智能力超乎常人，不必等到聽聞某事，就可以認知、推斷事理，因此，孔子對於世事的變化了然於胸，自然能達到「耳順」之境。在此，孔子洞燭機先的形象，與《淮南子》所強調孔子的「知幾」形象可以相通。《淮南子・齊俗》曰：「孔子之明，以小知大，以近知遠，通於論者也。」〈主術〉曰：「孔子學鼓琴於師襄，而諭文王之志，見微以知明矣。」當然，王弼所言「無物不應」更強調孔子「無累」的主體境界；然而，其順物成事的一面確實與《淮南子》中的孔子形象相互呼應。也就是說，王弼所詮釋之孔子在「應物」層面，與《淮南子》相同，皆呈現出一種冷智的實踐態度；不同的是，王弼加強了「無累於物」形上層面的論述。

二、體無反情以統物

王弼於〈述而〉「子曰：『志於道』」下注：

> 道者，無之稱也，無不通也，無不由也。況之曰道，寂然無體，不可為象。是道不可體，故但志慕而已。（《王弼集校釋》，頁 624）

孔子所言「志於道」為體現仁心、開展人倫之道，並無玄遠之意。然而正始玄學家多就此「道」論其形上義，何晏《論語集解》所言：「道不可體，故志之而已〔註14〕」已開其端，視「道」為只能企慕的境界。王弼更直指「道」

〔註13〕 林麗真認為：「言心識在聞前也」即援用了莊子「無聽之以耳，而聽之以心。」見氏著《王弼》（台北：東大圖書，1988 年 7 月），頁 157。

〔註14〕 見魏何晏集解、宋邢昺疏、清阮元校勘《論語注疏》（台北：弘毅出版社，1994年 3 月），頁 291。

為「無物不通，無物不由」之「無」，其所言「寂然無體，不可為象」直接發揮《老子‧第十四章》「其上不皦，其下不昧，繩繩不可名，復歸於無物，是謂無狀之狀，無象之象，是謂惚恍」之意。孔子由體現仁心，轉化為復返無境，這是王弼詮釋下聖人自在應物的根據。

　　因為聖人無累於物的本體境界不同，王弼對於忠、恕、仁、孝諸德，也有了不同的詮釋。王弼於「曾子曰：『夫子之道，忠恕而已矣！』」下注：

> 忠者，情之盡也；恕者，反情以同物者也。未有反諸其身而不得物之情，未有能全其恕而不盡理之極也。能盡理極，則無物不統。極不可二，故謂之一也。推身統物，窮類適盡，一言而可終身行者，其唯恕也。（《王弼集校釋》，頁622）

王弼從「情」的角度來詮解「忠恕」，他以竭盡人之真情、自然人情之極致為「忠」；以回復本情、同理萬物為「恕」。此「情」是本於自然的萬物性命之情。在王弼的理念中，「反諸其身」能「得物之情」、「盡理之極」，如此則「無物不統」。「夫子之道，忠恕而已」乃言：孔子能夠反樸歸真、回復本情，回歸生命最真實純樸的狀態，所以才能通同於物。

　　王弼以道家義理來解釋「忠恕」，指出「推己身」以「統萬物」，是聖人平治天下的不二法門，其中的關鍵點正是回復真情、同理物情。如此道家式的「忠恕」，是王弼認為「可以終身行者」，在此義界之下，孔子亦依此以玄同萬物、與道合一。而在《莊子‧知北遊》中，「道家化的孔子」指出，古人「外化而內不化」，他們外在雖是隨著外物變動，內心卻能保持平靜無波，「聖人處物不傷物。不傷物者，物亦不能傷」，此境即王弼所言聖人能「應物而無累於物」——全然依道而行，隨順外境，與物無傷，亦無傷於人。王弼之論可說是〈知北遊〉中孔子所言道家聖境的進一步發揮。

　　非但如此，王弼之論與《淮南子‧齊俗》所言可相呼應。〈齊俗〉曰：「人之性欲平，嗜欲害之。唯聖人能遺物而反己。夫乘舟而惑者，不知東西；見斗極則寤矣。夫性，亦人之斗極也，有以自見也，則不失物之情；無以自見，則動而惑營。譬若隴西之遊，愈躁愈沉。」聖人「見性自寤」是以能「不失物之情」，故返本復初、回歸自我，正是「得物之情」的前提。更重要的是，〈齊俗〉接著說：「孔子謂顏回曰：『吾服汝也忘，而汝服於我也亦忘，雖然，汝雖忘乎，吾猶有不忘者存。』孔子知其本也。」雖未明言孔子「不忘者」為何，但已明確指出孔子為知本之聖人，能見性自寤、得物之情。

由此可知，王弼說孔子回復本情，以通同於物的詮釋與《莊子·知北遊》、《淮南子·齊俗》皆有相應之處。不同的是，《淮南子》只簡要提及孔子「知其本」，見性自寤，故能通遠慮微、預知世事，而王弼明確指出：孔子以「無」為本，是以能洞悉時勢、應變萬物。

三、中和備質之圓境

王弼詮釋聖人為一圓融精妙之理想典型，孔子「應物而能無累於物」，乃因其「神明茂」，此乃聖人特有的天賦〔註15〕。孔子為「天縱之聖」，這是承襲漢代以來，從氣性角度詮釋聖人的傳統。在王弼看來，孔子的聖人境界不可名狀、無以形容，王弼在〈子罕〉「達巷黨人曰：『大哉孔子！博學而無所成名！』」下注：

> 譬猶和樂出乎八音乎，然八音非其名也！（《王弼集校釋》，頁626）

按王弼之意，「八音」之名不能窮盡「和樂」的內涵，是以一般德行亦不能完全說明聖人之內涵。又在〈述而〉「子溫而厲，威而不猛，恭而安」下注：

> 溫者不厲，厲者不溫；威者心猛，猛者不威；恭則不安，安者不恭，此對反之常名也。若夫溫而能厲，威而不猛，恭而能安，斯不可名之理全矣。故至和之調，五味不形；大成之樂，五聲不分；中和備質，五材無名也。（《王弼集校釋》，頁625）

「溫」與「厲」、「威」與「不猛」、「恭」與「安」，這三組形容確實有相反之意味，但也不必然要以「對反之『常名』」來解釋，「常名」乃是道家老學的概念。孔子中和備質，調和五材，其才性無以名之、無可形容，其境界超乎

〔註15〕 莊師耀郎認為：王弼言「神明茂，故能體沖和以通無。」則顯然是以「才之傑」、「才之善」成為能否「體沖和以通無」的先決條件，這是從限制性的角度來論聖人。所謂限制性，即當落到氣性上說明之。……依氣性一路理解聖人，推極之必落入材質命定的格局中，且不說孔子認不認同這種看法，其實已經和孔子所言「為仁由己」的自我做主，自作主宰，而非被決定的義理性格完全不同。見師著〈王弼儒道會通理論的省察〉，《國文學報》第二十三期（1994年6月），頁46。

又，吳冠宏指出：相較於漢代聖人之天威難測，聖人仍是高高在上而不可契及，崇尚自然之性的魏晉在聖凡關係上當有一鬆動的傾向。只是魏晉所以暢論聖人議題，並不在成聖的實踐層次上，乃在藉著人的理想典型——聖人境界的揭示，以充分發揮玄理精微圓融的妙意……魏晉之際氣性才性仍盛行當道，未始能突破漢代天縱之聖的路數。見氏著〈貴無與滯有——王弼「聖人有情說」之兩種詮釋向度的檢視及其對話〉，《中正大學中文學術年刊》2007年第1期（總第九期）（2007年6月），頁109。

常道常名之上，是以吾人只能以弔詭之言（溫而能厲、威而不猛、恭而能安）、以比況方式（至和之調、大成之樂）形容不可名之理。綜觀其言，王弼所論之聖人已無儒家行仁踐義之氣象，而以中和無名、體現自然為其特徵。唯聖人能消解對反特質的矛盾，本質為「平淡無味」，對外能「變化無方」，此隱含著「以無為本」的玄學思考模式。王弼在此以無名、素樸之道保存名教的篤實，以免「以名為教」的彰顯異化為「以名為利」的競逐〔註16〕。孔子境界在眾德之上，故不能以忠、孝、仁、義、禮等單一德行來涵蓋孔子的境界，王弼此一論述與《淮南子·人間》所言義理相近，〈人間〉說：

> 人或問孔子曰：「顏回何如人也？」曰：「仁人也，丘弗如也。」「子貢何如人也？」曰：「辨人也，丘弗如也。」「子路何如人也？」曰：「勇人也，丘弗如也。」賓曰：「三人皆賢夫子，而為夫子役，何也？」孔子曰：「丘能仁且忍，辨且訥，勇且怯。以三子之能易丘一道，丘弗為也。」孔子知所施之也。……凡有道者，應卒而不乏，遭難而能免，故天下貴之〔註17〕。（《淮南子校釋》，頁1904）

在《淮南子》的敘述中，孔子「仁且忍」、「辨且訥」、「勇且怯」，看似對反之特質同時呈顯於孔子身上，符應《人物志》所言「夫中庸之德，其質無名，故鹹而不醶，淡而不䤡，質而不縵，文而不績，能威能懷，能辨能訥，變化無方，以達為節」（〈體別〉）的聖人形象。若依王弼之理路，則「仁且忍」、「辨且訥」、「勇且怯」等亦是「不可名之理全矣」，然此仍不足以完全說明孔子之聖境，畢竟孔子體道之境界無法完全落於言詮。王弼的突破之處在於：《淮南子》並沒有明確指出，孔子何以能夠「仁且忍」、「辨且訥」、「勇且怯」？「調成五材，變化應節」背後的根據是什麼？王弼的聖人體無論為這個問題找出一條可能的解決途徑。

四、興廢有期之天命

若要將孔子視為古今之聖人，勢必要面對這樣的問題──就歷史事實而言，孔子未能在政治上大展鴻圖，甚至屢遭頓挫，孔子既能體無用有、以一統眾，何以仕途不順？王弼將一切都歸諸客觀之環境與命限。

〔註16〕參見周大興《自然·名教·因果──東晉玄學論集》，頁183。
〔註17〕這則寓言重見於《淮南子》、《列子》、《說苑》、《孔子家語》，反映出漢魏以來品評人物的思考模式。

王弼在《論語・爲政》「五十而知天命」下注：

天命廢興有期，知道終不行也。(《王弼集校釋》，頁 621)

王弼認爲，孔子在五十歲時所知之「天命」，是體認到命有定數、大道不行，而這是上天所定，無可改變。王弼在「天命」問題的詮釋上，偏向命限義之一面，而沒有提及儒家「命」之義理義。他未能展現《論語》「義命合一」之精神，是以未能善解《論語》之「命」。就儒家思路來說，人之義本在依道而行，當勢不可爲時，能承受道廢之事實者，乃爲眞聖﹝註18﹞。在〈雍也〉中，亦有王弼論「天命」之注文：

子見南子，子路不悦。

王弼注：「案本傳，孔子不得已而見南子，猶文王拘羑里，蓋天命之窮會也。子路以君子宜防患辱，是以不悦也。」

夫子矢之曰：「予所否者，天厭之，天厭之！」

王弼注：「否泰有命。我之所屈不用於世者，及天命厭之，言非人事所免也。重言之者，所以誓其言也。」(《王弼集校釋》，頁 623)

孔子誓言乃爲強調己之行事無悖於天理良心，經文中無一字及「命」，而王弼卻將之引申至「天命窮會」、「否泰有命」之層次，強調孔子不爲世用，全因命限使然。王弼既以「文王拘羑里」比擬孔子之困厄，不僅是爲孔子排除不能應世之責難，可能亦隱含儒家道統一脈相承，孔子上承文、武、周公之意。然而，在「命」之議題上，王弼但言：「天命之窮會」、「非人事所免」，仍只強調了命之限制義﹝註 19﹞。王弼之所以如此解釋，應是受到《莊子》中孔子論述的影響。〈人間世〉中，「孔子」以「知其不可奈何而安之若命」爲至德；〈大宗師〉中孔子自謂「丘，天之戮民也」及〈德充符〉中無趾所

﹝註18﹞ 參見唐君毅《中國哲學原論　導論篇》(台北：臺灣學生書局，1986 年 3 月)，頁 516～517。
此外，筆者懷疑王弼釋文中之「知」，除了「體認」的意義之外，似乎還蘊含「預知」的意味，說孔子已能預知大道終究不能實現，最終必然落空。筆者之所以如此推斷，是因爲王弼時常強調孔子的神機妙算、洞燭機先，是以此處之「知」可能亦含有「預知」之意。

﹝註19﹞ 同樣的，在〈泰伯〉「巍巍乎，舜禹之有天下也，而不與焉！」句下，王弼亦注：「逢時遇世，莫如舜禹也。」(見《王弼集校釋》，頁 626) 蓋孔子之言乃讚揚禹舜擁有天下，而能不據爲己有，孔子所貴者，在其「天下爲公」之精神，然而王弼仍以「天命有數」之角度視之，進而言其「逢時遇世」之幸運，對於禹舜之功業，竟然不著一字。這似乎是立基於孔子的立場，惜孔子有德無位，只能爲「素王」。

言：「天刑之，安可解？」似乎都強調了此乃天命之事、自然之勢，非人力所能及〔註 20〕。再者，〈山木〉篇中，窮於陳、蔡之間的仲尼亦言：「飢渴寒暑，窮桎不行，天地之行也，運物之泄也，言與之偕逝之謂也。為人臣者，不敢去之。執臣之道猶若是，而況乎所以待天乎！」人唯有隨順天命，如同臣之侍君一般，此即是「待天」之道。然而，莊子之「安時處順」並非悲觀主義，而是破除成心、去執無礙後，在虛靜專一的道心觀照下，齊平外在的是非、得失、榮辱，何入而不能自得？故人若能安時而處順，也就沒有順逆之感受，不生哀樂之情。王弼之所以誤讀《莊子》之命論，或許與其自身經歷有關〔註21〕，但其「不可奈何」的命論受到《莊子》中孔子論述的影響，則無庸置疑。

　　筆者以為，若王弼之論述目的仍在穩立名教之價值，而非刻意「暗中抬高道家」，改造孔子成為「儒皮道骨」的聖人，何以會認為孔子真是體無之聖人？也就是要繼續追問：為何「王弼以孔子為體無之聖人，當是實有所感」？王弼「實有所感」的根據是什麼？王弼既「祖述老、莊」，其筆下的孔子，應會受到《莊子》中道家化孔子寓言的影響。當然，王弼對於《莊子》中的孔子論述，必然是選擇性相信，排除非毀孔子的文字，只以「道家化孔子」之文字為據。《莊子》中的道家化孔子，可能已經內化為王弼之「前見」〔註22〕。

　　必須加以說明的是，筆者此論意不在證明王弼哲學與《淮南子》之間，

〔註20〕筆者在此之所以用「似乎」一詞，是因為表面上看來，孔子確實是受天之刑戮、其性受之於天；然而，孔子已自覺到救世者的侷限，自言為「天之戮民」、「方內之人」，未嘗不可說他是安於此「刑」，人若能安於此「刑」，也就消解了此「刑」的痛苦折磨。而這也正是郭象的詮釋方向。

〔註21〕林麗真言：在其注文中，不僅看不到儒家「正命」「立命」思想的使命感與「不怨」「不尤」的宗教情操；甚至連《老》《莊》那種順命自然的達觀精神也談不上呢！這或許是王弼年幼識淺、閱歷無多的限制；或許是他曾在官場上遭遇失敗的挫折使然。見氏著〈王弼《論語釋疑》中的老子義〉，《書目季刊》第二十二卷第三期（1988 年 12 月），頁 44。

〔註22〕根據海德格之說，每一詮釋者都逃不過所謂的前有、前見、前把握（Vorhabe, Vorsicht, Vorgriff），這是每個人理解文件以前的文化系統背景及主觀生活條件，是每個人都無法避免的視域（Horizon）。哲學詮釋學主張，前有、前見、前把握是傳統和歷史的化身。詮釋文獻時，每個人必須使自己的固有視域和所要詮釋文獻的視域互相交溶。參見漢斯－格奧爾格・加達默爾著、洪漢鼎譯《真理與方法——哲學詮釋學的基本特徵》（台北：時報文化，1993 年 10 月），頁 352～400。

甚至黃老學有絕對的承繼關係，亦不在取消魏晉儒道會通新典範的意義，但
是，兩者所論之孔子形象同出於《莊子》，自然有相應之處，這是不容否認的。
然而，兩者之間的相異處也必須指出。

　　王弼的孔子詮釋與《淮南子》的不同之處在於：一者，《淮南子》的部分
作者在引用孔子言行時，可能只是「運用」孔子的哲人名號，來論述事理，
並未自覺到將孔子道家化的事實；而王弼則不然。王弼乃是自覺地討論聖人
的內涵，因為孔老高下、聖凡之別乃是魏晉玄學討論的重點。

　　二者，要將孔子道家化，必須彌平儒道之間的扞隔，將立言垂教、教化
後世的孔子，轉化為「不言」。王弼與《淮南子》都意識到了這一點，然而
作法甚異。王弼主張：老子以五千言申論「無」之義理，然而「無又不可以
訓」，所以老子並非體道之人，真正體道者在其生命中體現「無」，這樣的境
界無法言傳，故真正體現「無」之境界的，是「其言也訒」〔註23〕、不曾申
論「無」之大義的孔子〔註24〕。王弼在〈陽貨〉「子曰：『予欲無言。』子貢
曰：『子如不言，則小子何述焉？』子曰：『天何言哉？四時行焉，百物生焉。
天何言哉！』」下注：

> 予欲無言，蓋欲明本。舉本統末，而示物於極者也。夫立言垂教，
> 將以通性，而弊至於湮；寄旨傳辭，將以正邪，而勢至於繁。既
> 求道中，不可勝御，是以修本廢言，則天而行化。以淳而觀，則
> 天地之心見於不言；寒暑代序，則不言之令行乎四時，天豈諄諄

<hr>

〔註23〕在〈顏淵〉「司馬牛問仁，子曰：『仁者，其言也訒』」下，王弼注：「情發於
　　　　言，志淺則言疏，思深則言訒也。」孔子的原意在說明，仁者面對語言的謹
　　　　慎敬重，我們似乎可以進一步推論，孔子認為：仁者之言寡少，代表孔子已
　　　　隱約注意到了語言解釋的歧義性，與多言可能帶來的紛爭。而王弼的詮釋，
　　　　在強調語言發乎人之情志，情志或淺狹或深刻，淺狹之思表現於外則成鄙陋
　　　　之言；深刻之思則難以言語表達，是以說「其言也訒」。仁者思慮深遠精微，
　　　　所以不輕易發為言論。王弼先是肯定了「言語」乃是「情」對外之發顯，語
　　　　言有表達情思的作用。然而，真正的深刻思想，難以用語言表達，類似於《老
　　　　子》所言「道可道，非常道」。
〔註24〕林聰舜指出：承認「無」是孔、老的共同追求，亦即承認「無」這個超越價
　　　　值的優位地位；再以「體無」與「言無」區分孔、老境界的高低，保住「老
　　　　不及聖」的排名。而且既然「聖人體無」，那麼「無」就不只是抽象的概念，
　　　　而是在實踐中呈現的，「體無」也就是在「有」中體現「無」。如此，孔子的
　　　　一切言行，或以儒家倫理為核心的體制，就可以和超越價值「無」融合。見
　　　　氏著〈王弼思想的一個面向：玄學式的體制合理化論述〉，《清華學報》新二
　　　　十八卷第一期，頁20～21。

者哉〔註25〕。(《王弼集校釋》，頁 633～634)

在王弼的詮釋裡，孔子「無言」，是爲了「明本」；是爲了舉本以統末。這裡
明確將「言」視爲「末」。儒家立言垂教，原本是爲了教化民性、改邪返正，
卻因此衍生繁瑣約制、流於形式的弊病〔註26〕。因此，此處之「言」不只語
言之意，更涵括政令教化之言。魏晉時代所面對的禮教僵化的問題，老莊早
已意識到，並提出警語，因此道家才能在此時發揮救弊解套功能。王弼回溯
道家之教——「修本廢言，則天行化」，此正是老子主張的「不言之教」，要
統治者效天地之化物，讓萬物自行其道，人民復返自然〔註27〕。

　　而在《呂氏春秋》、《淮南子》「白公問於孔子曰：『人可以微言？』」這則
寓言中，體現老子「不言」智慧的亦是「孔子」。不同的是，《呂氏春秋》、《淮
南子》這一路詮釋，有將老莊思想權謀化的傾向。在《呂氏春秋》中，孔子
還只是肯定「知言不言」、「智可微謀」；而在《淮南子》的塑造下，孔子成爲
「夫唯無知，是以不吾知」，隱藏心思、深藏不露的政治家。這與王弼詮釋下
體無的孔子大相逕庭，由此可以看出王弼與黃老學的不同之處。在《淮南子》
中，孔子「不言」是不言語，不透露心思；在《論語釋疑》中，孔子「不言」
乃是不立言教化。

　　總之，《呂覽》與《淮南子》的焦點仍在「外王」，而未能完全開展出孔
子內聖之工夫與境界，《淮南子》的「孔子知本」之論只是點到爲止，仍將聖
人之內聖境界與孔子劃爲兩橛，其「道家內聖境界」與「孔子外王事功」並

〔註25〕郭梨華指出：就《論語》的本意來說，孔子此處所論之「天」是自然之「天」，
　　　　只是顯示著人之生存場域。作爲自然顯示之「天」並不屬於人文層域中的「言」
　　　　所涉及之對象，也不是「言」之主體，「言」是一種人文創作之成果，它不但
　　　　是人身之文飾，也是人之心志的表達。因此，「天」既無言，孔子也只能無言，
　　　　也因此指出「天」所蘊藏之另一可能，此即作爲人文指涉之終極，這是屬於
　　　　人文意義之「天」，就此而言，孔子認同周初以「天」爲人倫價值之決斷的根
　　　　源，並且更加強化此一人文價值義之「天」，所謂「天生德於予」。見氏著《王
　　　　弼之自然與名教》(台北：文津出版社，1995 年 12 月)，頁 36。
〔註26〕王弼於《老子指略》指出：「校實定名，以觀絕聖，可無惑矣。夫敦樸之德不
　　　　著，而名行之美顯尚，則修其所尚而望其譽，修其所道而冀其利。望譽冀利
　　　　以勤其行，名彌美而誠愈外，利彌重而心愈競。父子兄弟，懷情失直，孝不
　　　　任誠，慈不任實，蓋顯名行之所招也。」見樓宇烈校釋《王弼集校釋》，頁 199。
〔註27〕王弼於〈泰伯〉篇：子曰：「狂而不直，侗而不願，悾悾而不信，吾不知之矣！」
　　　　下注：「聖人務使民皆歸厚，不以探幽爲明；務使奸僞不興，不以先覺爲賢。
　　　　故雖明並日月，猶曰不知也。」見《王弼集校釋》，頁 626。

未完全合一。陳榮灼言：「先秦道家是開宗立論的草創期，成就了經典性的代表作《老子》和《莊子》。漢初黃老之學偏重外王面之發展，那末魏晉玄學則是進一步深化了其內聖面。〔註28〕」就道家化的孔子形象看來，的確如此。

第二節　郭象的孔子詮釋與道家化孔子寓言的關係

　　道家化孔子的寓言始於《莊子》，後世對這類寓言的詮釋亦是不可忽略的一環。「寓言」不直指寓意，本身開放性較高，允許不同的詮釋，因此，要如何詮釋、解讀寓言，部分權力操縱在後代讀者手上，寓言之寓意為何，有賴讀者的參與。例如：《莊子》中「以孔子為道家發言人」這類記載究竟要以「寓言」視之？還是以「重言」視之？要將這類文字視為虛構，抑或真實？同樣的，如何詮釋《莊子》中批判孔子的文字？要視莊子為真心批孔、道不同不相為謀，抑或要視莊子其實並無批孔之意？言至此，魏晉時代「孔子詮釋」的另一關鍵人物──「郭象」已呼之欲出〔註29〕。

　　就外緣因素來說，魏晉時人詮釋經典，也是在解決自己當下的生命疑惑，設法尋找自己的生命出路，這當然與當下的社會氛圍、生活環境脫離不了關係。郭象之前是竹林時期阮籍、嵇康「越名教而任自然」的年代，他們過於強調「必超世而絕羣，遺俗而獨往」（〈大人先生傳〉），卻遺漏了莊子「與世俗處」的面向，因此郭象發揮《莊子》「高不離俗」的圓融之境，將「高」與「俗」予以辯證性的統合，認為：「若謂拱默乎山林之中而後得稱無為者，此莊老之談所以見棄於當塗〔註30〕」。又，《晉書》卷九十四言：「然賢人君子雖居廟堂之上，無異於山林之中，斯窮理盡性之妙，豈有識之者邪！是故不嬰於禍難者，非為避之，但冥心至趣而與吉會耳。」說明不只聖人「身居

〔註28〕　見氏著〈王弼與郭象玄學思想之異同〉，《東海學報》第33卷（1992年6月），頁123。

〔註29〕　關於郭象《莊子注》是否剽竊向秀之爭議，學者多認為：郭《注》當是從向氏《隱解》的基礎上「述而廣之」，並非剽竊抄襲，因此以郭《注》統稱之。參見王叔岷《莊學管窺‧莊子向郭注異同考》（北京：中華書局，2007年8月），頁113～130、林聰舜《向郭莊學之研究》（台北：文史哲出版社，1981年12月），頁11～27、許抗生《魏晉玄學史》（西安：陝西師範大學出版社，1989年7月），頁310～315、莊師耀郎《郭象玄學》（台北：里仁書局，1998年3月），頁8～14、湯一介《郭象與魏晉玄學》（北京：北京大學出版社，2000年7月），頁135～138。

〔註30〕　〈逍遙遊〉「子治天下，天下既已治也」句下注，見《莊子集釋》，頁24。

廟堂之上，心在山林之中」，內外相冥、跡冥圓融亦可爲一般賢人君子立身之法〔註31〕。可見這是魏晉當代「賢人君子」最迫切的生命問題。郭象不僅是在爲自身找出路，解答自己生命的疑惑，也同時爲當時的士人解決了儒道兩端如何取捨的問題。

郭象以注釋《莊子》的方式重新詮釋孔子形象，自覺地討論聖人之內涵。在注《莊》中，郭象首先要解決的，正是《莊子》中存在「毀孔」文字的問題。郭象用「寄言出意」的理論來解決這個矛盾，認爲《莊子》的「毀孔」文字全是權宜之言，「寄言」能指出「言理之謬」，可破斥俗見〔註32〕，故有時閱讀者要越過表面的文字，以了解作者的深意，也就是要「忘其所寄以尋述作之大意」、「宜忘言以尋其所況」〔註33〕。如此的言意觀，賦予讀者較大的解讀空間〔註34〕。

學者早已指出：郭象《注》與《莊子》原義差距頗大，郭象緣於儒道之間「名教」與「自然」會通的需求，將孔子塑造爲「內道外儒」、玄同彼我的聖人。郭象的開創性無庸置疑，但他會把「道家化的孔子」這一類的論述

〔註31〕 參見吳冠宏《魏晉玄學與士風新探——以「情」爲綰合及詮釋進路》（永和：花木蘭文化出版社，2009 年 3 月），頁 152～154。

〔註32〕 蔡振豐指出：「寄言」的表現多端，它可以是「理論的推演」，也可以是「一偏之言」、「反語」或「寓言」，所以「寄言出意」之用不能直接指爲「得言外之意」，因爲它並不排斥說理言說的「言內之意」。如還原「寄言」爲：「可破斥言理謬誤或俗見之言」，則「寄言」之意實指爲一種「權宜之言」，所以稱之爲「權宜」是由於它能指出「言理之謬」卻不能指出「存有的眞實」。見氏著〈對反或連續：王弼與郭象思想的爭議〉，收入氏著《王弼的言意理論與玄學方法》，頁 148。

〔註33〕 簡光明認爲：學者多以「寄言出意」爲郭象注《莊》的方法，其實「寄言出意」是指莊子表意的方式；郭象說：「宜要其會歸而遺其所寄」、「宜忘言以尋其所況」、「宜忘其所寄以尋述作之大意」，可見「得意忘言」才是郭象注《莊》的方法。又，當代學者論郭象的注解方法應該要回到《莊子注》的脈絡，尊重郭象使用術語的意涵，只有「忘言而存意」才能作爲郭象的注解方法，不能用「寄言」出意來取代。見氏著〈郭象注解《莊子》的方法及其影響〉，《國文學報》第十八期（2013 年 6 月），頁 37 及 49。簡氏之論可備一說，但爲免引起誤解，本文仍以學界慣用之「寄言出意」指稱郭象注《莊》的方法。

〔註34〕 然而，這樣的思路有沒有可能扭曲了莊子思想？不唯當代，晚唐時李磎就對以「寄言出意」作爲詮解莊子思想的原則的適用性及濫用性問題，作出了反省。李氏認爲以「寄言出意」的原則來詮解莊子，能夠超越文字的表面意義；但是，卻存在著無視甚或扭曲莊子思想的危險。參見林明照〈詮莊與反莊：李磎〈廣廢莊論〉中的莊學詮釋與批判〉，《中國學術年刊》第三十三期（2011 年 9 月），頁 59。

視爲重言，並非全是他的「孤明先發」。學者多已指出郭象與王弼、向秀的關聯，認爲郭象之所以將孔子玄學化，應是受到王弼的啓發〔註35〕，及向秀的引導〔註36〕，但筆者懷疑：郭象所塑造出的那位「內道外儒」的孔子形象，有沒有可能與《淮南子》的「道家化孔子」寓言有關？筆者關心的是，就現代詮釋學來說，郭象爲何會有「孔子體道」這樣的「前見」？爲什麼是將「毀孔」的文字視爲「寓言」，而不是將孔子「心齋坐忘」的文字視爲「寓言」？郭象的「前見」固然可以解釋爲漢武以來「尊孔」之道與魏晉玄風大盛的背景，但與《淮南子》中的孔子詮釋果眞毫無關聯？

據日本鎌倉時代高山寺鈔本《莊子·天下》末郭象的一段文字所言：「夫學者尚以成性易知爲德，不以能政異端爲貴也。然莊子閎才命世，誠多英文偉詞，正言若反；故一曲之士，不能暢其弘旨，而妄竄奇說；若〈閼弈〉、〈意修〉之首，〈尾言〉、〈游易〉、〈子胥〉之篇，凡諸巧雜，若此之數，十分有三。或牽之令近，或迂之令誕，或似《山海經》，或似《占夢書》，或出《淮南》，或辯形名而參之高韻，龍蛇並御。且辭氣鄙背，竟無深澳，而徒難知，以困後蒙，令沉滯失乎流，豈所求莊子之意哉？故皆略而不存。今唯哉取其長達致全乎大體者焉，爲三十二篇者〔註37〕」，郭象刪去了「或出淮南」的部分內容，表示郭象曾讀《淮南子》，那他必然知悉《淮南子》多處稱引《莊子》，也應該熟悉《淮南子》中那位道家化的孔子，郭象之孔子詮釋不能排除受《淮南子》影響的可能性。因此，郭象之所以把《莊子》中批判孔子的文字視爲

〔註35〕如吳冠宏指出：王弼「應物而無累於物」的說法對爾後之向、郭所謂「聖人雖在廟堂之上，然其心無異於山林之中」、「聖人常遊外以宏內，無心以順有」的主張，未始不具有啓示性的影響。見氏著〈王弼聖人有情說與儒、道、玄思想之關涉與分判〉，《國文學報》第四十二期，頁80。

〔註36〕如湯一介指出：到郭象，他既是沿著向秀「以儒道爲一」的新方向，把「名教」與「自然」合二爲一，把老、莊化爲孔丘，給孔聖人穿上玄學道袍。見氏著《郭象與魏晉玄學》，頁145。

〔註37〕見孫道升〈鎌倉本莊子天下篇跋尾〉，收入顧頡剛《古史辨》第六冊（上海：上海古籍出版社，1982年11月），191頁。
又，王叔岷認爲：此二百二字，措辭草率，不似一完整之序，當是郭象注《莊子》畢，偶記於篇末者。至其注《莊》大旨，則篇首之〈序〉，已盡之矣。見氏著《郭象莊子注校記》（台北：中央研究院歷史語言研究所，1993年3月），頁41。余敦康亦認爲：《舊鈔卷子本》的那段短文只能算作書末附言，並不能代替今本序文，這兩篇文章都是郭象的作品，可以同時並存，相互補充。見氏著《魏晉玄學史》（北京：北京大學出版社，2004年12月），頁415。

「寓言」，要另作他解；把孔子為道家代言人的文字視為「重言」，心齋坐忘
誠為孔顏之修養工夫，當然可能是受到了何、王的影響，但也不能排除受到
《淮南子》啟發的可能性。

一、撰作《春秋》之素王

首先，孔子不若堯舜禹湯有帝王之業，何以能列為「跡冥圓融」之「聖
人」？湯用彤指出：郭象應是將孔子視為「素王」〔註 38〕。就郭《注》來
看，郭象詮釋之「跡」特指治天下或立名教〔註 39〕，郭象確實認為孔子之
名教功業不亞於堯舜，是有道而無位的無冕之王。郭象何以如此認定孔子？
「素王」一詞雖首出於《莊子》，〈天道〉言：「夫虛靜恬淡寂漠無為者，萬
物之本也。……以此處上，帝王天子之德也；以此處下，玄聖素王之道也。」
但此「素王」並非專指孔子，亦無名教功業之意涵。最先以孔子為「素王」
的乃是《淮南子》，〈主術〉說孔子「專行孝道，以成素王」，且讚揚其「作
為《春秋》，不敢專己」與「被圍於匡，顏色不變」二事。雖然，「素王」是
否為孔子之「專稱」，仍有爭議，且〈主術〉之「素王」與《春秋》學中「素
王」之意涵是否有關連，學者亦有不同看法，然而，「孔子」確實在《淮南
子》中，首度被冠以「素王」之名。且〈主術〉也提及「春秋二百四十二年……
采善鉏醜以成王道」，這對郭象將「素王」詮釋為「有其道為天下所歸而無
其爵者」，應有一定影響。由此可推，郭象對「素王」一詞的詮釋——「有
其道為天下所歸而無其爵者，所謂素王自貴也〔註 40〕」，應是承《淮南子》
「孔子素王論」而來。更重要的是，在郭象的詮釋下，孔子不只是「素王」，
更發展了他「玄聖」的面向。

〔註38〕湯用彤指出：堯舜有神人之實，而天下治，則自為內聖外王。至若孔子有神
　　　　人之實，而不居帝王之位，則胡能為聖人乎？此難，郭注想必用素王之義以
　　　　釋之。〈天道篇〉注曰：「有其道為天下所歸而無其爵者，所謂素王自貴也。」
　　　　夫聖人則天行化，與物無不冥。雖無其爵，而能體化應務，則亦聖工也。見
　　　　氏著《魏晉玄學論稿・向郭義之莊周與孔子》，頁 101～102。
〔註39〕莊師耀郎指出：揆郭象所指聖人一義，無論是聖王或孔子，其所論之「跡」
　　　　的內容，都指向治天下或立名教為其實，必和光同塵夷乎俗累與民同其憂患
　　　　方得稱為跡，許由獨立高山而不與民夷同，則僅單顯無為之本，而隔絕塵世。
　　　　於是可以知郭象之「跡」特指名教而言，非單獨地分解世俗人日常行事為跡。
　　　　見師著《郭象玄學》，頁 189～190。
〔註40〕〈天道〉「以此處上，帝王天子之德也；以此處下，玄聖素王之道也」句下注，
　　　　見《莊子集釋》，頁 461。

二、隨時變化以應務

郭象於〈大宗師〉「孔子曰：『彼，遊方之外者也；而丘，遊方之內者也。』」一段下注：

> 夫理有至極，外內相冥，未有極遊外之致而不冥於內者也，未有能冥於內而不遊於外者也。故聖人常遊外以（宏）〔冥〕內，無心以順有，故雖終日（揮）〔見〕形而神氣無變，俯仰萬機而淡然自若。夫見形而不及神者，天下之常累也。是故觀其與羣物並行，則莫能謂之遺物而離人矣；觀其體化而應務，則莫能謂之坐忘而自得矣。豈直謂聖人不然哉？乃必謂至理之無此。是故莊子將明流統之所宗以釋天下之可悟，若直就稱仲尼之如此，或者將據所見以排之，故超聖人之內跡，而寄方外於數子。宜忘其所寄以尋述作之大意，則夫遊外（宏）〔冥〕內之道坦然自明，而莊子之書，故是涉俗蓋世之談矣。（《莊子集釋》，頁268）

天下人見形而不及神，見外而不及內，以爲聖人必然有世俗之累，不知聖人內外相冥、遊外冥內，何累之有？眞正之遺物不必離人，眞正之坐忘必能應務。此亦郭象所言：「夫神人即今所謂聖人也。夫聖人雖在廟堂之上，然其心無異於山林之中，世豈識之哉！〔註41〕」。讀者必須跨越表象之「言」以尋求作者本「意」；跨越孔子表象之桎梏，超越其「形」，以見其「神」。孔子俯仰萬機，順應外務，根源乃是以心齋坐忘爲工夫，所達致的無心境界。聖人以此道心爲根據，與物冥合，泯去物我之主客對立，完成外王事功。

郭象視《莊子》一書爲「涉俗蓋世之談」，莊子爲了讓世人明瞭此理，是以不直言聖人無心以順有，而是採取寄言的方式，將方外境界託於數子。郭象明確表達其詮釋方法爲「忘其所寄以尋述作之大意」，如此則孔子「遊外冥內之道」坦然自明。郭象其實是先預設了「述作之大意」——孔子能夠「體道」，能夠冥方內以遊方外〔註42〕，才要讀者「忘其所寄」的文字表象。以現

〔註41〕〈逍遙遊〉「藐姑射之山，有神人居焉」句下注，見《莊子集釋》，頁28。

〔註42〕周雅清指出：注文「遊外」、「冥內」之內外，應當順〈大宗師〉原文作解，意即「內」是方內、「外」是方外，故「遊外以弘內」、「無心以順有」二句相對爲文。這一內、外的義涵，正與尋常所言的「內冥外跡」之內外，相互顛倒。見氏著《莊子哲學詮釋的轉折——從先秦到隋唐階段》（國立臺灣師範大學國文系博士論文，莊耀郎先生指導，2011年6月），頁172。

代學術觀點來，這可能犯了循環論證之謬〔註43〕；且「或（惑）者」其實也有文獻爲據（將《莊子》批孔之言視爲莊子眞心毀孔），足以反對孔子「遊外以宏內」的說法。然而，郭象對孔子的詮釋，看似有「誤讀」的嫌疑〔註44〕，但其實並沒有歧出《莊子》原義。前文已言，莊子確實有可能想要創造出一「理想的孔子」，這位孔子能意識到自我的侷限，心遊方外，身遊方內，安於「天刑」。因此，如果要解決《莊子》中孔子正反形象矛盾的問題，「寄言出意」當然可以是解套的方式之一〔註45〕。

　　郭象爲何會認定孔子「終日揮形」、「俯仰萬機」，再依此作出詮釋？在《莊子》中，孔子形象還處在不定的狀態，時而執迷，時而悟道，郭象何以會偏向孔子「體化而應務」、「坐忘而自得」這一面的詮釋，直接將《莊子》中毀孔之文字視爲「寓言」？思想的發展，鮮少存在著突變性的轉折。筆者推測，《淮南子》中對孔子「內聖」及「外王」的分別描述，應該對郭象有著或多或少的影響。郭象刪去了「或出淮南」的部分內容，不只代表他注意到了《淮南子》與《莊子》的重疊，亦代表了《淮南子》與《莊子》的密切關聯〔註46〕，以及

〔註43〕劉笑敢指出：「要其會歸，而遺其所寄」是郭象爲了解釋他自己的注釋與《莊子》原文之義不一致的原因。他所重視的「會歸」字面上是《莊子》思想之大旨，實際上是他對莊子思想的發揮和解釋，「遺其所寄」就是忽略《莊子》原文與他的思想不一致的字句。見氏著〈經典詮釋中的兩種內在定向及其外化──以王弼《老子注》與郭象《莊子注》爲例〉，《中國文哲研究集刊》第二十六期（2005 年 3 月），頁 316。

〔註44〕傅偉勳認爲：郭象很可能是中國哲學史上第一個我所云「誤讀天才」（a misreading genius），以「創造性的詮釋學」方式故意誤讀莊子原文，俾便批判地繼承並創造地發展老莊所開拓的道家哲學理路。見氏著《從西方哲學到禪佛教・老莊、郭象與禪宗──禪道哲理連貫性的詮釋學試探》（台北：東大圖書，1986 年 6 月），頁 420～422。

〔註45〕余敦康指出：無論是阮籍的「越名教而任自然」的思想或是郭象的名教即自然的思想，都可以在《莊子》的本文中找到自己充分的依據，莊子的原意撲朔迷離，本身就是一個複雜矛盾的綜合體，魏晉時期，隨著人們不同的價值取向和理論選擇，分化發展成阮籍與郭象兩種不同傾向的莊學，其實是一種邏輯的必然。見氏著〈從《莊子》到郭象《莊子注》〉，《哲學與文化》廿一卷第八期（1994 年 8 月），頁 712～713。

〔註46〕王叔岷列舉《莊子》逸文存於《淮南子》中十一事，《莊子》、《淮南子》並逸者一事。王氏又言：「昔郭象裁定莊子爲三十三篇之時，疑其『或出淮南』者，皆『略而不存』。（見日本高山寺舊鈔卷子本莊子天下篇末郭象後語）。則淮南子中所存莊子逸文必甚多，惜已不可攷矣！」見氏著《莊學管闚・淮南子與莊子》（北京：中華書局，2007 年 8 月），頁 82～83。

《淮南子》對郭象注《莊》的可能影響。畢竟，在《莊子》中，孔子形象並不一致，然而在《淮南子》中，孔子已能乘時應變，隨俗應化。《呂氏春秋》、《淮南子》一系的黃老道家詮釋，發展了孔子形象「外王」的部分，極言孔子建功立業的政教才能。《淮南子》更言：孔子能返本復初，回歸大道，是「洞於化通」的「知本」之人，其實已隱含了「無心」與「順有」、「淡然自若」與「俯仰萬機」兩個層面。郭象的孔子詮釋，實與《淮南子》有相應之處。

　　必須說明的是：對郭象而言，「內聖」與「外王」之分述乃是方便說，聖人之「迹」與「所以迹」其實是同時體現，合而爲一，無先後之別。在「外王」面向上，郭象認爲孔子「時變則俗情亦變，乘物以遊心者，豈異於俗哉！〔註47〕」、「謝變化之自爾，非知力之所爲，故隨時任物而不造言也。〔註48〕」、「夫聖人遊於變化之塗，放於日新之流，萬物萬化，亦與之萬化，化者無極，亦與之無極，誰得遯之哉！夫於生爲亡而於死爲存，則何時而非存哉！〔註49〕」、《淮南子‧氾論》則言：「聖人論事之曲直，與之屈伸偃仰，無常儀表，時屈時伸，卑弱柔如蒲葦，非攝奪也；剛強猛毅，志屬青雲，非本矜也；以乘時應變也。……故孔子曰：可以共學矣，而未可以適道也；可與適道，未可以立也；可以立，未可與權。權者，聖人之所獨見也。」郭象一再強調萬物變化、日新又新，孔子與物同化、隨時任物，故能乘物以遊心，悠遊於萬化之塗，與《淮南子》中孔子時屈時伸、乘時應變的形象相符，亦與前文王弼所言：「變無常體，神而明之，存乎其人」可以相應，唯王弼似乎較強調聖人內在之神明境界；而郭象與《淮南子‧氾論》則較強調聖人外在之應時而變。

三、體神居靈以感通

　　在「內聖」方面，郭象於〈大宗師〉「子貢曰：『然則夫子何方之依？』」句下注：「子貢不聞性與天道，故見其所依而不見其所以依也。夫所以依者，不依也，世豈覺之哉！〔註50〕」郭象會提及「性與天道」的問題，似可看作是在回應荀粲的質疑──「子貢稱夫子之言性與天道，不可得而聞也。然則

〔註47〕　〈寓言〉「孔子行年六十而六十化，始時所是，卒而非之」句下注，見《莊子集釋》，頁952。

〔註48〕　〈寓言〉「孔子謝之矣，而其未之嘗言」句下注，見《莊子集釋》，頁953。

〔註49〕　〈大宗師〉「故聖人將遊於物之所不得遯而皆存」句下注，見《莊子集釋》，頁246。

〔註50〕　見《莊子集釋》，頁271。

六籍雖存，固聖人之糠秕。」（《三國志・魏書・荀彧傳》）郭象將子貢所不聞的「性與天道」歸爲「所以依」，又將「所以依」等同於「不依」，亦即無心、無爲，實際上是將儒家既超越又內在之仁心誠體置換上道家「以無爲體」的內涵。郭象依此塑造出孔子的無心境界，孔子推極於玄冥之境，其言行爲名教，其內在能體無，無亦自然，「迹」與「所以迹」同時體現，「名教」與「自然」合一於孔聖〔註51〕。而在《淮南子》中，〈知俗〉言：「孔子謂顏回曰：『吾服汝也忘，而汝服於我也亦忘，雖然，汝雖忘乎，吾猶有不忘者存。』孔子知其本也。」言孔子能見性自寤、反本復初。又，〈道應〉視《莊子・大宗師》中顏回「離形去知，洞於化通」的寓言爲眞實，並以此解證《老子》「載營魄抱一，能毋離乎？專氣至柔，能如嬰兒乎？」。由此可知，《淮南子》將孔子視爲摶氣至柔、見性自寤，能反性於初的得道之人，這可說是玄學化孔子之先聲。雖然《淮南子》並沒有深入探究孔子所寤之道、所知之本的內涵，而有待來日之王弼、郭象，但仍可以看出兩者之間的相應關係。

　　再就聖人之神明洞照以應物來說，有學者指出：在郭象哲學中，「應」同時具有相互聯繫的內向及外向性意義，前者指涉聖人的心靈狀態，後者指涉聖人與眾人的互動以及行事作爲。「應」內在根據主要就是「感」，此「感」不單是指向聖人的體覺，郭象強調的是「互感」，也就是聖人在與他人接觸的當下，聖人之「感」與他人之「感」之間，形成一種相互感通的關係〔註52〕。就「應」之雙向意涵來說，其實不唯郭象，王弼亦強調聖人「體『道』而能『應』外」，這亦可與《淮南子》「道應」的思路相呼應。有趣的是，〈道應〉中多以孔子之言行印證老子之道，隱含了孔子能行老子之道、儒道能藉孔子而會通的意涵，日後王弼、郭象的詮釋，也確實走向此一路線。而在「互感」的論述方面，《淮南子・泰族》論述孔子「精誠感人」之治道，此「精誠」乃是聖人純一不雜的心靈狀態，聖人依此與外界互通互感。郭象則言「夫同類之雌雄，各自有以相感。相感之異，不可勝極，苟得其類，其化不難，故乃有遙感而風化也〔註53〕」以同類雌雄動物相感爲喻，說明聖人與眾人之間，在同一性分下的相互感通。而此互感是建立在眾人實現自性的欲求與對聖人之嚮往，是以言「夫止水之致

〔註51〕　參見莊師耀郎〈魏晉玄學釋義及其分期之商榷〉，《鵝湖學誌》第 6 期（1991 年 6 月），頁 51。
〔註52〕　參見林明照〈外內玄合與聖王之道：郭象哲學中「應」的意涵〉，《哲學與文化》第四十卷第十二期（2013 年 12 月），頁 56～60。
〔註53〕　〈天運〉「類自爲雌雄，故風化」句下注，見《莊子集釋》，頁 532。

鑑者，非爲止以求鑑也。故王駘之聚眾，眾自歸之，豈引物使從己耶！〔註54〕」由此可知，《淮南子》之說較強調聖人之心靈境界，而郭象則更平等地論述雙方之互感互動，然兩者皆是以聖人修養至極，凡庶自然受其感召，來論述聖凡之間的相應互感。與此相連，郭象言「夫去知任性，然後神明洞照，所以爲賢聖也〔註55〕」、「體神居靈而窮理極妙者，雖靜默閒堂之裏，而玄同四海之表，故乘兩儀而御六氣，同人群而驅萬物〔註56〕」這種洞察事物本性，而能因時順物的「神明」論亦與《淮南子》、王弼一貫相通，前文已論，故不再贅述。

　　總之，《淮南子》一方面說孔子能見性知本，一方面說孔子順時應化，雖未結合兩者作進一步深論，但的確兼有兩面。《淮南子》中的孔子形象確實可能啓發郭象。其次，《淮南子》將孔子「外王」及「內聖」的面向分而言之，且部分立論的重心或許不在孔子境界，而在所論之理；王弼與郭象是自覺地探究聖人境界之內涵，是以言其「內聖」境界與「外王」事功渾然一體，並無斷裂。王弼與郭象對孔子詮釋的創發在於，加強了「應物」與「不累於物」的連繫，強調「應物」與「無累」同時並呈、一體無別；並且說明了孔子「無累」的根據。就郭象而言，他進一步發展了聖人的「無心」工夫與境界──「神人者，無心而順物者也〔註57〕」、「我苟無心，亦何爲不應世哉！〔註58〕」郭象所說「無心」概念，是一層層遞進、自我超越之修養心境，「順有」與「無心」一齊指向聖人忘而自忘之無心忘境，聖人境界即是究極的無心之境〔註59〕，此是郭象對孔子內聖境界的進一步詮釋。

四、安之若命之偏向

　　前文所言，王弼多強調「天命窮會」、「否泰有命」，郭象則於〈德充符〉「無趾曰：天刑之，安可解！」句下注：

〔註54〕 〈德充符〉「人莫鑑於流水而鑑於止水」句下注，見《莊子集釋》，頁193。
〔註55〕 〈天下〉「慎到之道，非生人之行而至死人之理」句下注，見《莊子集釋》，頁1091。
〔註56〕 〈逍遙遊〉「吾以是狂而不信也」句下注，見《莊子集釋》，頁30。
〔註57〕 〈人間世〉「此乃神人之所以爲大祥也」，見《莊子集釋》，頁179。
〔註58〕 〈逍遙遊〉「之人也，之德也，將旁礴萬物以爲一世蘄乎亂，孰弊弊焉以天下爲事！」句下注，見《莊子集釋》，頁30。
〔註59〕 參見謝如柏〈固然無心與眞性逍遙〉，《臺大中文學報》第三十九期（2012年12月），頁71。及〈郭象的無心與忘境之說〉，《漢學研究》第30卷第4期（2012年12月），頁1。

今仲尼非不冥也。顧自然之理，行則影從，言則嚮隨。夫順物則名跡斯立，而順物者非爲名也。非爲名則至矣，而終不免乎名，則孰能解之哉！故名者影嚮也，影嚮者形聲之桎梏也。明斯理也，則名跡可遺；名跡可遺，則尚彼可絕；尚彼可絕，則性命可全矣。（《莊子集釋》，頁 206）

孔子並非不能體無順物，體無順物亦非爲了名聲，名聲卻隨之而來，這是外在必然之理、自然之勢。郭象不以客觀之「命限」、「天命」稱之，亦不見聖人之無奈。聖人內在之眞性必然彰顯爲外在之名聲，仁義教化也必然導致虛僞之風，這是名教成爲外在陳跡的宿命。名教、六經皆是聖人的陳跡，就連「聖人」之名也是跡。孔子看似無可避免地受此必至之「天刑」，但實際上，他順承此自然之理，內心早已遺忘名跡、超越名跡，所以沒有承受「天刑」的痛苦感受〔註 60〕。相較而言，道家畸人將「方內」、「方外」分爲兩端，必得要離人群、超世俗才能逍遙，反而落入「有待」於外的執著。畸人視外在名聲爲「刑」，不願承受天刑，而置身方外，反而未能上臻圓融之境〔註 61〕。
郭象於「孔子曰：『丘，天之戮民也。雖然，吾與汝共之。』」句下注：

「以方內爲桎梏，明所貴在方外也。夫遊外者依內，離人者合俗，故有天下者無以天下爲也。是以遺物而後能入羣，坐忘而後能應務，

〔註 60〕 郭象於〈在宥〉「施及三王而天下大駭」句下注：「夫堯舜帝王之名，皆其迹耳，我寄斯迹而迹非我也，故駭者自世。世彌駭，其迹愈粗，粗之與妙，自途之夷險耳，遊者豈常改其足哉！故聖人一也，而有堯舜湯武之異。明斯異者，時世之名耳，未足以名聖人之實也。故夫堯舜者，豈直一堯舜而已哉！是以雖有矜愁之貌，仁義之迹，而所以迹者故全也。」見《莊子集釋》，頁 375。誠如周大興所言：仁義禮樂本身即是出於聖人無心順有的結果，其表現的形式必然是外在的形表，名跡斯立，則仁義之跡必然顯現，這是聖人不可解的桎梏，有聖人就有這個弊病。跡與所以跡之間形則影從的「自然之理」的聯繫，從一方面看是不可解的桎梏，聖人所無可奈何；從另一方面看，深刻理解此一桎梏的必然性，就可以超越名跡好尚的束縛，「明斯理也，名跡可遺」，從二者必然的連結中解脫出來，獲得眞正的自由。見氏著《自然‧名教‧因果——東晉玄學論集》，頁 188～189。
〔註 61〕 牟宗三指出：非眞冥者，孤懸之冥也，猶執著於冥也。此猶佛教小乘之怖畏生死而欣趣涅槃也。……大冥者，冥即迹，迹即冥，迹冥如一也。迹冥如一，則迹之桎梏不可免。桎梏不可免，則謂之天刑。「不可解」之謂天刑。知「天刑」，則情尚於冥者，即消化此冥，而亦不以桎梏爲桎梏也。安焉受之而已矣。此孔子所以自稱爲「天之戮民也」。……莊子假託兀者與老聃之問答，寄此境於仲尼。表面觀之，爲貶視，而實則天地氣象之孔子實眞能持載一切也。見氏著《才性與玄理》，頁 219。

愈遺之，愈得之。苟居斯極，則雖欲釋之而理固自來，斯乃天人之
所不赦者也。」

「雖爲世所桎梏，但爲與汝共之耳。明己恆自在外也。」（《莊子集
釋》，頁 271）

郭象說孔子「坐忘而後能應務」，這是將〈大宗師〉中孔子「坐忘」之文字視
爲眞實，以此證明孔子能冥於內，能無心以順物。不同於隱者的是，孔子「雖
爲世所桎梏，但爲與汝共之耳」。孔子何以要承受天刑？這是聖者「爲與汝共
之」的承擔。雖是任其性、順其能，順勢天命，但若就儒家角度來看，孔子
內心雖知置身「方內」可能有陷入「桎梏」的危險，但仍毅然承受，這種承
擔似乎隱含有儒家之義命。故有學者認爲：在郭象的詮釋下，承受「天刑」，
爲天之「戮民」正呈現出一種蒼涼悲感的聖者風範〔註62〕。

聖人無奈之處不只「名聲」隨之而來，郭象亦將「聖人生而大盜起」視
爲自然必至之勢。郭象在〈胠篋〉「聖人生而大盜起」句下注：

夫竭脣非以寒齒而齒寒，魯酒薄非以圍邯鄲而邯鄲圍，聖人生非以
起大盜而大盜起。此自然相生，必至之勢也。夫聖人雖不立尚於物，
而亦不能使物不尚也。（《莊子集釋》，頁 348〜349）

郭象將「聖人生」導致「大盜起」視爲自然相生、必至之勢。說聖人「亦不
能使物不尚」，似有天命已定的無奈感，然而郭象但言聖人隨順天命，強調「安
之若命」，而不強調命之「無可奈何」，這是郭象筆下孔子與王弼筆下孔子的
不同。換言之，郭、王之命論同出於《莊子・人間世》孔子所言「知其不可
奈何而安之若命」，只是前者強調「安之若命」，後者強調「不可奈何」。

郭象論「天命」、「性命」、「性分」時，多攝命入性，「性」、「命」合而爲
一，將命運的外在主宰改變爲內在之性的決定作用〔註63〕，郭象認爲，只要不
過分造作，則善御者只是全馬之性，「馬之眞性，非辭鞍而惡乘，但無羨於榮
華〔註64〕」。同理，人之所以服牛乘馬亦屬天命之固當，皆出於自然，是以言：
「人之生也，可不服牛乘馬乎？服牛乘馬，可不穿落之乎？牛馬不辭穿落者，
天命之固當也。苟當乎天命，則雖寄之人事，而本在乎天也。〔註65〕」又言：

〔註62〕 參見牟宗三《才性與玄理》，頁 220。
〔註63〕 參見劉笑敢〈郭象之自足逍遙與莊子之超越逍遙〉，收入劉笑敢主編《中國哲
學與文化》（第二輯）（桂林：廣西師範大學出版社，2007 年 11 月），頁 135。
〔註64〕 〈馬蹄〉「雖有義臺路寢，無所用之」句下注，見《莊子集釋》，頁 331。
〔註65〕 〈秋水〉「牛馬四足，是謂天；落馬首，穿牛鼻，是謂人」句下注，見《莊子

「言天下之物，未必皆自成也。自然之理，亦有須冶鍛而爲器者耳。〔註66〕」、
「無爲者，非拱默之謂也，直各任其自爲，則性命安矣。〔註67〕」認爲聖人在
無爲之中可以有無心順有的作爲；在萬物自爾的性分之中保留了有爲的運作空
間〔註68〕，此皆相應於郭象「經國體致」的目標取向〔註69〕。郭象之論與《淮
南子》所言：「無爲」乃不爲物先、因循而動、因資而爲，亦即順應自然條件
以求發展之「有爲」〔註70〕，似有互通之理〔註71〕。《淮南子・主術》言：「無
爲者，非謂其凝滯而不動也，以其言莫從己出也」，〈脩務〉認爲「無爲」並不
代表「寂然無聲，漠然不動，引之不來，推之不往」，郭象不也說：「若謂拱默
乎山林之中而後得稱無爲者，此莊老之談所以見棄於當塗〔註72〕」？當然，郭
象強調的是聖人「無爲而任物之自爲」，唯有聖人修養上達無心忘境，才能使
群生各自得其性而適性逍遙〔註73〕；《淮南子》則較強調聖人務爲治，要充分
利用自然條件以建立事功，背後理據確有不同，但兩者所論，確有可以綰合之
處。

　　總之，在王弼與郭象的詮釋下，孔子仍是唯一的聖人，但孔老皆以「無」

集釋》，頁591。
〔註66〕　〈大宗師〉「夫無莊之失其美，據梁之失其力，黃帝之亡其知，皆在鑪捶之間
　　　　耳」句下注，見《莊子集釋》，頁280。
〔註67〕　〈在宥〉「無爲也而後安其性命之情」句下注，見《莊子集釋》，頁369。
〔註68〕　參見周大興《自然・名教・因果——東晉玄學論集》，頁271～272。周氏又言：
　　　　這已不是原始的混沌，而是爲道者去離塵埃而返冥極的修養工夫。正如成
　　　　《疏》：「事雖寄乎人情，理終歸乎造物」，其適性之說，畢竟也容納了爲道者
　　　　遠近階程的精習努力。其中有混淆存在與價值的自然之嫌，但也消融了人間
　　　　世種種「往而傷性」的不自然的無奈。
〔註69〕　郭象言：「吾意亦謂無經國體致，眞所謂無用之談也！」（〈天下〉「是窮響以
　　　　聲，形與影競走也，悲夫」句下注，見《莊子集釋》，頁1317。）
〔註70〕　參見陳師麗桂《秦漢時期的黃老思想》（台北：文津出版社，1997年2月），
　　　　頁108～109。
〔註71〕　張喜儀認爲：郭象莊注，旨在發揮其與秦漢黃老一脈相承的無爲治術，郭象
　　　　玄學其實就是一種政治哲學。見氏著〈郭象「聖人」政治與黃老「無爲而治」〉，
　　　　收入劉笑敢主編《中國哲學與文化》（第二輯），頁342。
〔註72〕　〈逍遙遊〉「子治天下，天下既已治也」句下注，見《莊子集釋》，頁24。
〔註73〕　楊儒賓指出：郭象所言之「自然」是氣化宇宙論意義的「自然」，是由氣所決
　　　　定的「他然」。……「適性」乃是適「氣化自然之性」……他確實拂去了漢儒
　　　　那種龐雜、詭異的陰陽感應圖像，但氣化宇宙論格局下的「氣成命定」之人
　　　　性論，卻沒有被拂去。見氏著〈注莊的另一個故事——郭象與成玄英的論述〉，
　　　　收入鄭志明主編《道教文化的精華》（嘉義：南華大學宗教文化研究中心，2000
　　　　年7月），頁303～305。

為體，故為同道。王弼在〈述而〉「子曰：『述而不作，信而好古，竊比於我老彭〔註74〕。』」下注：「老是老聃，彭是彭祖。」孔子原義中，「老彭」所指是商朝賢大夫，然而，在王弼的認知中，「老彭」則是「老子與彭祖」，孔子「述而不作，信而好古」的對象，成了道家的祖師爺。孔子自比於老子、彭祖，顯示孔子是以兩人作為模效、崇敬的對象。王弼如此解釋，並非完全無據、自創新意。《莊子》內篇中，相對於無趾等人而言，老子對孔子並無敵意；外雜篇中，孔子多次以老子為師，推崇敬重老子。而《淮南子》以孔子之行印證老子之言，也可以詮釋為孔子體現了老子之言。《孔子家語·觀周》亦載：「孔子謂南宮敬叔曰：『吾聞老聃博古知今，通禮樂之原，明道德之歸，則吾師也。』」王弼可能是受到這一路「孔以老為師」論述的影響。再者，郭象認為《莊子》在「寄言」的使用上，常「寄孔老以正之」〔註75〕，又言：「夫莊子推平於天下，故每寄言以出意，乃毀仲尼，賤老聃，上掊擊三皇，下痛病其一身也。〔註76〕」說《莊子》「毀仲尼」則可，說《莊子》「賤老聃」讓人有疑，因為《莊子》中有不少尊老卑孔的文字。郭象說《莊子》「毀仲尼賤老聃」的語言策略為何？郭象之說，不但齊平了孔與老在《莊子》中的地位，且既然《莊子》中的孔老之言皆為「寄言」，那麼讀者亦不應執著於「尊老卑孔」的文字表象。

第三節 結 語

　　「道家化的孔子」雖不是魏晉時人的孤明先發，但「道家化的孔子」會成為此時主流，與何晏、王弼、郭象等人的詮釋有密切關係，他們既注釋儒典，又注釋道家書，等於是接受了道家書中「道家化的孔子」，以此類文字為據，又進一步在儒典中轉化孔子形象，使其由儒聖形象轉化成為玄聖形象〔註77〕，最終形成了魏晉時代對孔子的共識。其中，郭象的影響最值得注意。

〔註74〕徐剛指出：「竊比於我老彭」這句話不合語法，日本學者篁敦吉《論語集解考異》引日本卷子本、大永本就作「竊比我於老彭」，定州竹簡本亦作「竊比我於老彭」，可證今本確實是錯誤的。參見氏著《孔子之道與《論語》其書》（北京：北京大學出版社，2009 年 1 月），頁 114。

〔註75〕郭象於〈天道〉「孔子曰：『中心物愷，兼愛無私，此仁義之情也。』」句下注「此常人之所謂仁義者也，故寄孔老以正之。」見《莊子集釋》，頁 479。

〔註76〕〈山木〉「吾所以不庭也」句下注，見《莊子集釋》，頁 699。

〔註77〕參見江淑君《魏晉論語學之玄學化研究》（國立臺灣師範大學國文研究所博士

因爲他不僅注釋《莊子》，亦著《論語體略》、《論語隱》，最足以反映魏晉時人同時認同《莊子》與《論語》中的孔子形象，也極力縐合兩者的詮釋思路。

有學者認爲：莊子思想中有著「越名教而任自然」與「名教與自然相合」兩種關於價值理想的悖論。其言：「莊子並不奢望悖論的解答，而只是呼喚一種忘言的理解……但是，他的呼喚在漢代的三百多年中沒有一個人去回應。〔註78〕」果眞沒有人回應嗎？抑或是學者多半忽略了《淮南子》對莊學的闡發〔註79〕，也忽略了王弼、郭象與《淮南子》可能的連繫。學者之所以較少提及郭象與《淮南子》的關聯，可能是受到哲學史討論中向來傾向割裂「秦漢」──「魏晉」聯繫的影響，認爲「魏晉」走出了「秦漢」的天人災異、讖緯迷信思想，故較強調兩者之相對性，而忽略了兩者之連續性〔註80〕。但事實上，在對《莊子》的詮釋上，《淮南子》是舉足輕重的一環。郭象注《莊》與《淮南子》對《莊子》的詮釋形態固然有異，但是兩者的「孔子形象」卻有許多重疊的部分，值得進一步深究。

另外，王弼、郭象的孔子詮釋與《列子》的孔子形象亦有重疊之處。然而，究竟是孰先孰後、誰影響了誰，在更多資料佐證之前，實在不易釐清，只能說「寓言創作」與「經典注釋」中的孔子形象有互證關係。首先，《列子・天瑞》中孔子暗示榮啟期未臻上境，仍有上修的空間，又認爲林類的言論可能導向以「棄世」爲逍遙。這位孔子能超越俗儒與隱者之失，他不迷失於求名爭譽；亦不偏執於追求長生，能超越智士與狂者、俗儒與凡道之上。〈仲尼〉篇中，孔子既提昇道家式「知去來之非我，亡變亂於心慮」之樂，亦破除儒家式「詩書禮樂無救於治亂，而未知所以革之之方」之憂，超越「樂」與「知」，一切順任自然，隨時而化，無所謂「樂」，亦無所謂「不樂」。可見《列子》中這位不贊同遺世獨立的孔子，強調超越是非、得失、哀樂的二元對立結構，心不但能無措乎是非，更能「應物而不累於物」（借用王弼之語）、「俯仰萬機而淡然自若」（借用郭象之語）。他不將儒與道劃爲兩端，而是超越儒道之上，

論文，戴璉璋先生、楊祖漢先生指導，1998 年 1 月）頁 102～116。
〔註78〕見余敦康〈從《莊子》到郭象《莊子注》〉，頁 720。
〔註79〕許建良亦言：《呂氏春秋》、《淮南子》與玄學的聯繫未得到重視。見氏著《魏晉玄學倫理思想研究》（北京：人民出版社，2003 年 11 月），頁 22。
〔註80〕參見龔鵬程《漢代思潮・自序》（北京：商務印書館，2005 年 2 月）及謝大寧《從災異到玄學》（國立臺灣師範大學國文研究所博士論文，張亨先生、戴璉璋先生指導，1989 年 5 月），頁 17。

不迷失於「俯仰萬機」的方內，亦不執著於「淡然自若」的方外，超越方內
與方外之別。再者，在《列子》中，孔子一向不多話，是「能之而能不爲也」，
他莫測高深，體道而不言，也完全符合王弼、郭象所言之孔子形象。凡此種
種，亦可證明道家化孔子寓言與經典注釋的交互影響。

第九章　從《孔子家語》孔子的道家色彩探析儒道關係

　　從《莊子》內篇、外雜篇、《呂氏春秋》、《淮南子》、《列子》一路分析下來，可以觀察到，在道家書中，孔子地位漸高、道家化漸深的現象。《莊子》內篇開啟了「道家化的孔子詮釋」，外雜篇承續之，《呂覽》與《淮南子》中皆有黃老道家化的孔子形象，到了魏晉時代的《列子》，孔子已凌駕道者之上，成為儒道共通的玄聖。由此可知，孔子道家境界的提升不是一蹴可幾，而是層層累積、世代形塑而成。

　　另一方面，《呂氏春秋》、《淮南子》、《列子》中道家化孔子的篇章多重出於《孔子家語》的現象，讓筆者注意到《家語》中孔子形象的道家色彩。《家語》是先秦到魏晉的資料彙編，材料可能從先秦到魏晉都有，其中孔子兼融道家色彩的論述，應是可以觀察此一時期儒道關係的切入點。

第一節　《孔子家語》的成書

　　《孔子家語》的成書過程複雜，以下將由出土文獻及《家語》本身載述兩方面探究其成書經過：

一、由出土文獻探究《家語》成書

　　《孔子家語》的可信度歷來頗受「王肅偽作」說影響，直到一九七三年河北定縣八角廊〈儒家者言〉與一九七七年安徽阜陽雙古堆一篇儒家簡牘出土，才稍微得到「平反」；再加以上博簡〈民之父母〉的內容與《孔子家語·

論禮》重出，讓《孔子家語》的成書問題再度成爲學界討論的焦點。

李學勤首先提及：〈八角廊儒家者言〉與阜陽雙古堆出土之簡牘，爲《家語》之原形。〈儒家者言〉可能是《漢志》所著錄《家語》之摘鈔本。王肅不可能僞造整部《家語》，《家語》出自孔猛，有源自孔安國的傳說，這和漢魏時期的孔氏家學有關。然而，他也同時指出：「不可能因爲發現了《家語》的原型，便以爲當時《家語》已具有今傳本的面貌。王肅所注《家語》得自孔子二十二世孫孔猛，其本子應經過擴編增改。〔註1〕」楊朝明以《孔子家語》爲「孔子研究第一書」，並認爲：「西漢時期《孔子家語》已經編纂成書。在以後的傳流過程中也不能否認還有諸多人的損益，其間定會有篇卷的分合和個別文字的變動。這是古書成書的普遍規律，不會影響它的史料價值。〔註2〕」楊朝明判定《孔子家語》的成書年代是西漢，但也承認之後必然有篇卷分合與文字變動的情形。

在這場論爭中，更多學者主張：出土文獻證實了今本《孔子家語》的晚出，如：福田哲之指出：「（阜陽漢墓）一號木牘章題、《儒家者言》比起《說苑》而言，更強烈地對照出今本《孔子家語》本文上的後代性。〔註3〕」寧鎮疆亦認爲：「從出土文獻到《說苑》再到《家語》，存在梯次演進的痕跡，而《家語》處於最末一級，因此在版本學上是『晚出』的。〔註4〕」又，「將今本《孔子家語》與出土簡牘及傳世文獻比較可發現，《家語》的章句結構組織是經『歷時性』的梯次推進形成的，因此完全可以借用『層累』作爲解釋模型。這樣的『層累』是出於有意識的『整理』，但這不等於『作僞』。《家語》雖有比較早的材料來源，但其中孔門師生言論並非盡出實錄。〔註5〕」

鄔可晶則將《孔子家語》的成書時間定於魏晉，他說：「今本《孔子家語》乃魏晉時人雜採古書、參以己意編纂而成的一部晚出之書，但不能完全排斥其中保存了部分古本《孔子家語》內容的可能性，跟《漢書·藝文志》著錄

〔註1〕見氏著〈竹簡《家語》與漢魏孔氏家學〉、〈八角廊漢簡儒書小議〉，收入氏著《簡帛佚籍與學術史》（南昌：江西教育出版社，2001年9月），頁380～397。
〔註2〕見氏著《孔子家語通解》（台北：萬卷樓，2005年3月），頁596。
〔註3〕見氏著《中國出土古文獻與戰國文字之研究》（佐藤將之、王綉雯合譯，台北：萬卷樓，2005年11月），頁111。
〔註4〕見氏著〈《家語》的「層累」形成考論〉，《齊魯學刊》2007年第3期，頁9。
〔註5〕見氏著〈「層累」非「作僞」——再論今本《孔子家語》的性質〉，《學術界》總第138期（2009年5月），頁110。

的古本《孔子家語》並非一事。〔註6〕」巫雪如亦言：「從語言的角度來看，今本《家語》雖然其來有自，但眞正寫定仍在漢魏六朝時期，且其文本經過編纂、改動、增補等過程，已非先秦文獻的原貌了。〔註7〕」總之，出土文獻已證明：《孔子家語》中部分原始材料可以追溯至戰國中晚期，但今本《孔子家語》已非先秦時代的原貌。《孔子家語》的成書過程經歷較長，在研究其成書年代時，或許應以「篇」或「章」爲單位，逐次考察，方能較接近實情。

二、由孔安國〈後序〉及避諱情形探究《家語》成書

　　孔安國所建構《家語》於先秦之流傳過程，是否代表先秦即有此事，固然應屬兩種層次，不可混爲一談。然而，〈後序〉或許仍可以給我們一些線索〔註8〕。孔安國〈後序〉言：「《孔子家語》者，皆當時公卿士大夫及七十二弟子之所諮訪交相對問言語也，既而諸弟子各自記其所問焉，與《論語》、《孝經》並時。弟子取其正實而切事者，別出爲《論語》，其餘則都集錄之，名之曰《孔子家語》。」由此可知，相較於《論語》來說，《孔子家語》所收錄之篇章較不符合「正實而切事」的標準，正因爲這個標準，這些篇章被排除在《論語》之外〔註9〕。呂氏誅滅後，《孔子家語》「散在人間，好事者或各以意增損其言」，既然文字經過好幾手的增損，其中的孔子形象必然經過一再塑造。而《孔子家語》名稱之出現，正代表漢朝以「某語」或「某某語」等名書方式漸趨成熟，亦象徵孔子地位之提升，故將孔子之言論加以匯聚，使其與儒家語、七十二辭等其他文獻區別析離〔註10〕。

〔註6〕見氏著《《孔子家語》成書時代和性質問題的再研究》（復旦大學中國語言文學系博士論文，裘錫圭先生指導，2011 年 4 月），頁 2。

〔註7〕見氏著〈〈民之父母〉、〈孔子閒居〉及〈論禮〉若干異文的語言分析──兼論《孔子家語》的成書問題〉，《漢學研究》第 28 卷第 4 期（2010 年 12 月），頁 319。

〔註8〕見林保全《宋以前《孔子家語》流傳考述》（台北：花木蘭文化出版社，2009 年 3 月），頁 52。

〔註9〕寧鎮疆亦言：自西漢以來，學者有意識地將《家語》與以《論語》爲代表的記載了較爲可信的孔門師生言論的文獻適當區分，正反映了在這些學者看來《家語》作爲孔門師生言論記錄在可信上是有問題的。見氏著〈由〈民之父母〉與定州、阜陽相關簡牘再說《家語》的性質及成書〉，收入朱淵清、廖名春主編《上博館藏戰國楚竹書研究續編》（上海：上海書店出版社，2004 年 7 月），頁 303。

〔註10〕見林保全《宋以前《孔子家語》流傳考述》，頁 300。又，寧鎮疆認爲：由於孔安國對構成《家語》的材料的「態度仍然是『信』超過了『疑』」，從而導

　　林保全藉由《家語》中所出現之兩漢帝諱字，及諱避改字情形，觀察《家語》一書於兩漢之流傳情形，指出「《家語》之材料於漢初至武帝時，有相當程度之流傳與傳鈔」，且「《家語》之材料可能以章或篇爲流傳單位，至編纂者編纂《家語》之時，方才匯聚成篇。」再者，「武帝以後《家語》流傳並未廣泛，傳鈔次數不多，故未有避諱改字之情形出現，說明《家語》自武帝以後轉以家傳之可能性，應當存在。〔註11〕」由此可知，《家語》的成書過程確實複雜，每一篇章的情形不盡相同。有些篇章的原始材料可能早至先秦，但後人「參以己意」的情形可能也不少。

第二節　由〈觀周〉探析儒道關係

　　《孔子家語》中，孔子多處說「昔丘也聞諸老聃曰」（〈五帝〉）、「吾昔聞老聃亦如汝之言」（〈執轡〉）、「吾聞諸老聃曰」（〈曲禮子夏問〉）。孔子聞老聃之言、行老聃之教，不僅代表孔對老之尊重，亦代表儒道不相違、儒道可相通的立場。必須注意的是：《孔子家語》中孔子兼融會通道家思想，爲儒道共通的聖人，但也僅止於「兼融」道家而已，《家語》並沒有悖離儒家的立場，這也是《家語》與《列子》等道家書最大的不同。

　　舉例而言，《家語‧好生》曰：「楚王出遊，亡弓，左右請求之。王曰：『止，楚王失弓，楚人得之，又何求之！』孔子聞之，曰：『惜乎其不大也，不曰人遺弓，人得之而已，何必楚也。』〔註12〕」《呂氏春秋‧貴公》有相似之文：「荊人有遺弓者，而不肯索，曰：『荊人遺之，荊人得之，又何索焉？』孔子聞之曰：『去其「荊」而可矣！』老聃聞之曰：『去其「人」而可矣。』故老聃則至公矣。」《呂氏春秋》認爲「老聃至公」，以「老子高於孔子」；而在《孔子家語》中，故事止於孔子的感嘆，沒有老子的評論，由此可知《家語》所要表達的是孔子的境界高於楚王，沒有提及孔老高下的問題，立場顯然爲儒家。

　　再者，在《莊子》中，無論內篇，抑或外雜篇，都是老子評論、甚至教

　　　致了「孔子形象也經歷了一個再塑造的過程──由『文獻』的『層累』到『歷史』（包括人物形象）的『層累』」。見氏著〈《家語》的「層累」形成考論〉，《齊魯學刊》2007年第3期，頁17。
〔註11〕見林保全《宋以前《孔子家語》流傳考述》，頁301。
〔註12〕見陳士珂輯《孔子家語疏證》（北京：中華書局，1985年），頁63。

訓孔子。然而，在《家語‧弟子行》中，孔子不只是單向地接受老子建言，他亦能評論老子，孔子說：「蹈忠而行信，終日言不在尤之內，國無道，處賤不悶，貧而能樂，蓋老子之行也。〔註13〕」孔子以老子爲能行忠信、處賤不悶、貧而能樂的隱者。這代表了《家語》中孔子雖受老子教誨，但其地位不在老子之下；儒道雖有共通之理，但《家語》仍是以儒爲本。

　　在《家語》中，〈觀周〉詳細記載了孔老之互動、儒道之共通，值得深究，以下分爲「孔子請學於老子」與「金人銘」章兩部分討論。

一、孔子請學老子

〈觀周〉曰：

> 孔子謂南宮敬叔曰：「吾聞老聃博古知今，通禮樂之原，明道德之歸，則吾師也。今將往矣。」對曰：「謹受命。」遂言於魯君曰：「臣受先臣之命云：孔子、聖人之後也，滅於宋。其祖弗父何，始有國而授厲公，及正考父，佐戴、武、宣，三命茲益恭。故其鼎銘曰：『一命而僂，再命而傴，三命而俯，循牆而走，亦莫余敢侮。饘于是，粥于是，以餬其口。』其恭儉也若此。臧孫紇有言，聖人之後，若不當世，則必有明君而達者焉。孔子少而好禮，其將在矣，屬臣曰：『汝必師之。』今孔子將適周，觀先王之遺制，考禮樂之所極，斯大業也。君盍以乘資之？臣請與往。」公曰：「諾。」與孔子車一乘、馬二疋，豎子侍御，敬叔與俱至周。問禮于老聃，訪樂於萇弘，歷郊社之所，考明堂之則，察廟朝之度。於是喟然曰：「吾乃今知周公之聖，與周之所以王也。」及去周，老子送之曰：「吾聞富貴者送人以財，仁者送人以言。吾雖不能富貴，而竊仁者之號，請送子以言乎：凡當今之世，聰明深察而近於死者，好譏議人者也；博辯閎達而危其身者，好發人之惡者也。無以有己爲人子者，無以惡己爲人臣者。」孔子曰：「敬奉教。」自周返魯，道彌尊矣。遠方弟子之進，蓋三千焉。（《孔子家語疏證》，頁71）

這一段文字與《史記‧孔子世家》的記錄相較，孔子對老子更加敬重。老子「通禮樂之原，明道德之歸」，是以孔子奉之爲師〔註14〕。從《老》、《莊》之

〔註13〕見陳士珂輯《孔子家語疏證》，頁77。
〔註14〕許抗生指出：孔子雖然熟悉禮樂之儀式、儒理道德之標準，但他還必須求教

文字可知，儒道之衝突，多集中在對禮樂的價值判斷。〈觀周〉此處認為老子「通禮樂之原」，然而，《世說新語‧文學篇》注引《文章敍錄》曰：「自儒者論以老子非聖人，絕禮棄學，晏說『與聖人同』，著論行於世也。〔註15〕」這代表著直至漢魏之際，學界仍有兩種聲音，一種強調儒道在禮樂問題上難以取得共識，一種認為儒道在此議題上有會通的可能；前者言「老子絕禮棄學」，後者言「老子明禮樂」，〈觀周〉顯然是採取後一種觀點。此外，關於「明道德之歸」一句，此處「道德」之義為何，文中沒有清楚說明。《家語‧王言解》對「道德」所作的詮釋是：「夫道者，所以明德也；德者，所以尊道也。是故非德不尊，非道不明〔註16〕」，談的是「明王之道」、是人文化成之道，而非《老子》中「道可道，非常道」、「上德不德，是以有德」，遣執除蔽、回歸虛靜之「道德」。〈觀周〉以「道德」為儒道之共法，卻未能深究兩家所言「道德」大不相同。

　　文中的孔子在老子的啓發後，方知周公之聖；奉行老子之教後，其道彌尊。言「孔子學於老子」，非但不減損孔子之地位，反而更凸顯孔子之廣博與氣度。孔老之間的和諧關係，不只說明了《家語》儒道會通之立場，亦說明了二事：一、就儒道之同源來看，〈觀周〉強調儒道共源同生，皆承襲自西周文明。就儒家來說，「禮」始源於神靈之祭祀，然西周以下，禮樂的功能指向非只是祭祀神鬼，而是要安立人間的秩序，「禮」由事神鬼提昇為一種「人道」文化〔註17〕，此精神意義由儒家所接續，發揚其憂患意識與以人為本的思想。就道家來說，若吾人承認早期《老子》文本的出現與「老子」本人有極大關連，那麼「老子」的身份乃是一位「禮學專家」〔註18〕，可見老子本身深入

於老子，因為老子「好道」，能夠以道通禮樂之原、道德之歸，老子比孔子略高一籌。他還能夠啓發孔子去認識周公之所以為聖人以及周之所以稱王天下的道理。見氏著《魏晉玄學史》（西安：陝西師範大學出版社，1989年7月），頁23。

對此，筆者以為《孔子家語》並無「老子高於孔子」之意，《孔子家語》為孔氏之家學，不可能以老子為最高。言「孔子學於老子」並不減損孔子之神聖地位，而是彰顯孔子之氣度。

〔註15〕見劉孝標注、楊勇校箋《世說新語校箋》（北京：中華書局，2006年6月），頁178。

〔註16〕見陳士珂輯《孔子家語疏證》，頁13。

〔註17〕參見陳來《古代宗教與倫理》（台北：允晨文化，2005年6月），頁234～235、285。

〔註18〕除了《孔子家語》之外，《史記‧老子韓非列傳》、《禮記‧曾子問》、《呂氏春

了解禮學，是以他進一步從社會學的角度去反思西周文明衰敗之原因與以禮治國的侷限。儒道的爭議，亦是儒道共同的關懷焦點，此即「禮樂」制度——西周文明的成果。因此，藉「觀先王之遺制，考禮樂之所極」，讓儒道同溯其源，得以和解。

　　二、就儒道之異來看，老子所贈之言，強調勿譏議人、勿發人之惡，不以自我爲中心，明察時勢而行，孔子奉行後，其道彌尊。表示作者也認爲：儒道兩家之走向的確有異，道家之理對於儒家確實有化執解蔽的效用，是以孔子奉行老子之言後，能有「道彌尊」的提昇。儒家之教正面豁顯仁義禮智的義理，但聖人尙須道家遣執解蔽的反省，才能保證仁義禮智不會產生變異，成爲制度化、標準化的框架。

二、「金人銘」章——道家思想的加入

〈觀周〉又言：

> 孔子觀周，遂入太祖后稷之廟。堂右階之前有金人焉，三緘其口，而銘其背曰：「古之愼言人也，戒之哉！無多言，多言多敗；無多事，多事多患。安樂必戒，無所行悔。勿謂何傷，其禍將長；勿謂何害，其禍將大；勿謂不聞，神將伺人。燄燄不滅，炎炎若何；涓涓不壅，終爲江河；緜緜不絕，或成網羅；毫末不扎，將尋斧柯。誠能愼之，福之根也。曰是何傷，禍之門也。彊梁者不得其死，好勝者必遇其敵。盜憎主人，民怨其上。君子知天下之不可上也，故下之；知眾人之不可先也，故後之。溫恭愼德，使人慕之；執雌持下，人莫踰之。人皆趨彼，我獨守此；人皆或之，我獨不徙。內藏我智，不示人技。我雖尊高，人弗我害，誰能于此？江海雖左，長於百川，以其卑也；天道無親，而能下人。戒之哉！」孔子既讀斯文也，顧謂弟子曰：「小人識之！此言實而中，情而信。《詩》曰：『戰戰兢兢，如臨深淵，如履薄冰。』行身如此，豈以口遇禍患哉？」

> 孔子見老聃而問焉，曰：「甚矣，道之於今難行也。吾比執道，而今委質以求當世之君，而弗受也，道於今難行也。」老子曰：「夫說者流于辯，聽者亂于辭。如此二者，則道不可以忘也。」（《孔子家語疏證》，頁 72～74）

秋・當染》等篇章皆有有孔子學禮於老子的記載。

這一部分學者以「金人銘章」稱之，河北定縣八角廊四十號漢墓所出〈儒家者言〉中亦有金人銘章，文曰：

> （前有缺簡）於大（太）廟，右陛之前，有釒□☑【825】☑□其口，如銘其背【□□=□=】【844】☑之爲人也，多言多過，多事多患也【604】〔註19〕

《說苑‧敬慎》亦有金人銘章，文曰：

> 孔子之周，觀於太廟。右陛之前，有金人焉，三緘其口，而銘其背曰：「古之慎言人也。戒之哉！戒之哉！無多言，多言多敗；無多事，多事多患。安樂必戒，無行所悔。勿謂何傷，其禍將長；勿謂何害，其禍將大；勿謂何殘，其禍將然；勿謂莫聞，天妖伺人。熒熒不滅，炎炎奈何；涓涓不壅，將成江河；綿綿不絕，將成網羅；青青不伐，將尋斧柯。誠不能慎之，禍之根也；曰是何傷，禍之門也。強梁者不得其死，好勝者必遇其敵，盜怨主人，民害其貴。君子知天下之不可蓋也，故後之、下之，使人慕之，執雌持下，莫能與之爭者。人皆趨彼，我獨守此；眾人惑惑，我獨不徙；內藏我知，不與人論技；我雖尊高，人莫害我。夫江河長百谷者，以其卑下也。天道無親，常與善人。戒之哉！戒之哉！」孔子顧謂弟子曰：「記之！此言雖鄙，而中事情。詩曰：『戰戰兢兢，如臨深淵，如履薄冰。』行身如此，豈以口遇禍哉！」〔註20〕

〈儒家者言〉簡文只提及「多言多過，多事多患」，《家語》本金人銘章與《說苑》本金人銘章內容就複雜許多。在簡本、《家語》本與《說苑》本的先後問題上，學者多認爲：簡文保留了此章的原貌，《說苑》本金人銘章的內容已經過後人改動，《家語》本金人銘章差異更大、寫成時間更晚〔註21〕。

〔註19〕 定縣漢墓竹簡整理組〈〈儒家者言〉釋文〉，《文物》1981 年第 8 期，頁 15～16。

〔註20〕 見劉向著、向宗魯校證《說苑校證》（北京：中華書局，1987 年 7 月），頁 258～259。

〔註21〕 朱淵清認爲：《孔子家語》中的〈金人銘〉似是更爲早期的文本，《說苑》此段當是從《孔子家語》這個文本中改進而來。見氏著〈〈金人銘〉研究——兼及《孔子家語》編定諸問題〉，收入饒宗頤主編《華學》第六輯（北京：紫京城出版社，2003 年 6 月），頁 203。
寧鎮疆認爲：簡文前後有殘損，但就保存下來的文字看，與《說苑》基本無別。但《家語》與它們比較起來，卻較多差異。……簡文、《說苑》的處理應

　　《家語》本金人銘章由「多言多敗，多事多患」的「敗」、「患」出發，思考如何才能防止敗、患的產生，強調禍患雖小，仍有蔓延的可能，是以「慎」為福之根，「口」為禍之門。行文至此都未脫離「謹言慎行」的主旨。最大的轉折出現在「彊梁者不得其死」一句，此句以下開始申說道家「柔弱勝剛強」之理。

　　「彊梁者不得其死」以下與《老子》關係密切〔註22〕，分析言之：「彊梁者不得其死」一句亦見於《老子・四十二章》：「人之所惡，唯孤、寡、不穀，而王公以為稱。故物或損之而益，或益之而損。人之所教，我亦教之：『強梁者不得其死。』吾將以為教父」。「彊梁者不得其死」可能是時人流行之語，〈四十二章〉以此為行身之教義，談天地萬物損益之理，自恃高強、爭勝爭鋒，最後將不得其死，其下「好勝者必遇其敵」意同於此。

　　「君子知天下之不可上也，故下之；知眾人之不可先也，故後之」意近於《老子・六十六章》：「是以聖人欲上人，必以言下之；欲先人，必以身後之」與〈第七章〉：「是以聖人後其身而身先，外其身而身存」。作者有意調和儒道，是以言：「『君子』知天下之不可上也，故下之」。《老子》少言「君子」〔註23〕，儒家多以「君子」為理想人格的代表。主詞將「聖人」替換為「君子」，似是讓儒家君子也贊同了道家「後其身而身先」、「柔弱生之道」的道理。

該是原始面貌。《家語》顯然又經過了後人的調整。見氏著〈八角廊漢簡〈儒家者言〉與《孔子家語》相關章次疏證〉，《古籍整理研究學刊》，2004 年第 5 期（2004 年 9 月），頁 8～9。

鄔可晶經過詳細論述，反駁了朱淵清之說，並言：〈儒家者言〉約成書於戰國晚期，〈儒家者言〉本金人銘銘文似乎只有原本金人銘的規模，《說苑》本金人銘章已經過後人的改編，尤其是後半段的「道家者言」，很可能是為配合金人銘章主題改變而添加的。不但《家語》本金人銘章的文字有比《說苑》本金人銘章晚出的痕跡（蓋經過後人改動），就是《說苑》本金人銘章，在金人銘章的形成過程中也處於較晚的階段，八角廊漢墓所出〈儒家者言〉本金人銘章則可能保留了此章的原貌。就金人銘章來說，《家語》應該不是直接取材於〈儒家者言〉的，而最有可能來源於《說苑》或與之相類的材料。見氏著《《孔子家語》的成書時代和性質問題的再研究》，頁 86～91 及頁 101～105。

〔註22〕 鄭良樹〈〈金人銘〉與《老子》〉一文列表指出〈金人銘〉與《老子》文字相近之處，見氏著《諸子著作年代考》（北京：北京圖書館出版社，2001 年 9 月），頁 16～20。

〔註23〕 唯《老子・三十一章》言：「君子居則貴左，用兵則貴右。」帛書甲本《老子・二十六章》言：「重為輕根，靜為躁君。是以君子終日行不離輜重。」在王弼本中，「君子」作「聖人」。

關於「溫恭慎德，使人慕之」一句，「溫恭」一詞語出《詩經》，《商頌‧那》曰：「溫恭朝夕，執事有恪」。孔子強調「溫恭」之德，子曰：「君子有九思：視思明，聽思聰，色思溫，貌思恭，言思忠，事思敬，疑思問，忿思難，見得思義。」（《論語‧季氏》）將「色溫貌恭」列為君子九思之條目，又，〈學而〉記載：「子禽問於子貢曰：『夫子至於是邦也，必聞其政，求之與？抑與之與？』子貢曰：『夫子溫、良、恭、儉、讓以得之。』」記子貢敬佩孔子有「溫恭」之德。上句是儒家之理，然下句「執雌持下，人莫踰之」則是語出《老子‧二十八章》：「知其雄，守其雌，為天下谿。」老子式的「為天下谿」，強調的是「常德不離，復歸於嬰兒」，而此處的「執雌持下」則是強調「內藏我智，不示人技」。強調智慧內藏於此，不可輕易外顯，意同於《淮南子‧詮言》：「聖人內藏，不為物先倡，事來而制，物至而應。」〔註24〕有將老子學說術化、法家化的傾向。由此可知，這段文字所反映的是黃老道家思想〔註25〕。

「我雖尊高，人莫害我」意同於《老子‧六十六章》「是以聖人處上而人不重，處前而人不害」。最後「江海雖左，長於百川，以其卑也。」則是重申《老子‧六十六章》：「江海所以能為百谷王者，以其善下之，故能為百谷王。」之意；其下「天道無親，而能下人」語出於《老子‧七十九章》：「天道無親，常與善人。」

由以上分析可知，唯「溫恭慎德，使人慕之」一句語出《詩經》，其他各句幾乎都與《老子》義理相關。而「內藏我智，不示人技」更顯示了將《老子》法家化、權術化的黃老傾向。對此，學者多推測：「彊梁者不得其死」以下的內容可能是戰國後期到西漢初期的黃老學者所加〔註26〕。而「彊梁者不

〔註24〕 見鄔可晶《《孔子家語》的成書時代和性質問題的再研究》，頁97。

〔註25〕 鄭良樹也提到《太公兵法》引《黃帝語》，《黃帝語》「與〈金人銘〉意思不但相同，用字也異常接近。」見氏著〈〈金人銘〉與《老子》〉，收入氏著《諸子著作年代考》，頁13。

〔註26〕 崔述認為：金人銘「乃似周末戰國時人之語，何耶？而其所言執雌守下云云者，又皆與《道德經》之旨若合符焉，其為習黃老之術者所托甚明。」見氏著《洙泗考信錄》（北京：中華書局，1985年），頁15。

龐光華指出：〈金人銘〉產生的時代應該是戰國末年至漢代初年，又言：〈金人銘〉的產生與漢初流行的黃老思想有關，很可能是出自黃老學派的學者之手。見氏著〈論〈金人銘〉的產生時代〉，《孔子研究》2005年第2期，頁56～57。

朱淵清指出：《孔子家語》本〈金人銘〉突出了道家的骨架和道家先於儒家這

得其死」這一段的加入，不僅讓文中的老子之言多了法家權術意味，也讓受教的孔子沾染了黃老道家色彩。

再者，《家語》本金人銘章後緊接著「孔子問老聃『道之於今難行也』，老子答之以『說者流于辯，聽者亂于辭』」一段。這一段在《說苑》中出現於〈反質〉篇，不與金人銘章相連，《家語》則把這一段加在金人銘章之後，無疑是著眼於以下二者。一者，金人銘章「彊梁者不得其死」以下所申論者為「《老子》」居下勿爭之理，故其下可接孔「老」對話〔註27〕；二者，「說者流于辯，聽者亂于辭」與「多言多敗，多事多患」同樣反對多言、多辯，故可接於其後。總之，在金人銘章後又加上老子申說「說者流于辯，聽者亂于辭」一段，是著眼於內在義理的關連。兩段相連之後，讓孔老關係顯得更加緊密。

為了加強儒道之連結，作者所言的道家理論有所偏重。首先，「彊梁者不得其死」此段所言皆是聖王之治道，是黃老道家外王之理，以身下之、內藏我智，不與人爭勝，是為了「使人慕之」、「人莫害我」的政治目的。文中幾乎不提致虛守靜的內聖工夫，因為這是儒道相異之處。再者，黃老道家一向強調「應時而化」，這裡卻只強調「執雌持下」、「內藏我智」，不強調「隨時

樣的觀念，並成了道家和儒家融合的產物。……《孔子家語》本〈金人銘〉對《太公金匱》本〈金人銘〉的這種主旨改動只能是在道家向儒家爭勝而最終合流的時代背景下產生。朱氏並推測：戰國末秦初〈金人銘〉已經改動、《孔子家語》已經編定的可能性就很大。……改動者因此很可能是秦國的雜採儒道而傾向於道家的學者，可能也有著稷下背景。見氏著《金人銘》研究——兼及《孔子家語》編定諸問題〉，收入饒宗頤主編《華學》第六輯，頁208～214。

鄔可晶言：「《說苑》本金人銘的其他內容，應該是在原本金人銘被創作出來之後逐漸添加進去的。從《說苑》本金人銘的內容來看，前半段強調『慎言』和『防微杜漸』，這種思想並不為某一學派所獨有；後半段明顯立足於道家學說，跟《老子》的《德經》部分頗有淵源，可能如朱文、龐文所說，係戰國後期至西漢初期的『道法家』或『黃老』學者為了宣揚其主張而羼入的。」《家語》本的情形亦應是如此。鄔氏之論見氏著《孔子家語》的成書時代和性質問題的再研究〉，頁99～100。

〔註27〕　寧鎮疆：由單章到多章相連再到多章的合併，確實反映了和孔子言論有關的材料在漢代不斷「集約化」的傾向，這恐怕也是《家語》最終能成書的深刻原因。見氏著〈《家語》的「層累」形成考論〉，《齊魯學刊》2007年第3期，頁12。

又，鄔可晶指出：從章節的分合方面來看，《家語》有將出土文獻或其他傳世古書流傳過程中原來獨立成章的內容加以合併，改造成貌似連貫的一章的傾向。見氏著《孔子家語》的成書時代和性質問題的再研究〉，頁126。

應變」，何以如此？推測應是黃老道家強調應時而變、審時度勢的理論與強調承襲傳統、循而不作的儒家文化會有所衝突；前者凸顯時變創新，後者強調傳承古制，是以此處不言「應時而變」。《孔子家語》的基本立場仍是儒家，仍重視禮樂文化的教化功能。〈觀周〉言孔子「觀先王之遺制，考禮樂之所極，斯大業也」，〈問玉〉載孔子言：「聖人明于禮樂，舉而措之而已」皆是明證。既要承襲先王之遺制，就不容易應時、應地、應情而變，這再次證明了《孔子家語》的基本立場仍是儒家。

「彊梁者不得其死」等道家之理的加入，與「老子論『說者流于辯，聽者亂于辭』」一段附加於後，都讓〈觀周〉的道家色彩益加濃厚。孔子認爲，金人銘「實而中，情而信」、「行身如此，豈以口過患哉？」表達了他願意終身奉行的意志，也讓他的形象因而有了黃老道家色彩，是以在《家語》中，不僅老子言：「說者流于辯，聽者亂于辭」，孔子亦言：「小辯害義，小言破道」（〈好生〉）〔註28〕，孔子也體認到了言辯的侷限與蔽病。

第三節　從孔子論政探析儒道關係

《家語・致思》曰：

> 魯國之法，贖人臣妾于諸侯者，皆取金于府。子貢贖之，辭而不取金。孔子聞之曰：「賜失之矣！夫聖人之舉事也，可以移風易俗，而教導可以施于百姓，非獨適身之行也。今魯國富者寡而貧者眾，贖人取金則爲不廉，則何以相贖乎？自今以後，魯人不復贖人于諸侯。」

（《孔子家語疏證》，頁52）

此文重出於《淮南子・道應》、《說苑・政理》，文字大同小異，旨在說明聖人行事首重移風易俗之效，而不在彰顯自己的高行。唯一不同的是，《家語》少了「故老子曰：『見小曰明』」一句。何以少了老子之言？這是個值得玩味的

〔註28〕張樹國指出：「觀周」是孔子早年的重要經歷。作爲先秦儒學舊案，一直聚訟紛紜，至少有三種版本：《孔子家語》、《史記・孔子世家》認爲是青年孔子的第一次遠行，目的是問禮老聃；《莊子》後學認爲孔子問道於老子，時間在孔子五十一歲以後，地點在南方沛地；《史記・十二諸侯年表》認爲孔子觀周與作《春秋》有關，時間應是孔子晚年。……由出土文獻透視「觀周」事件可見戰國晚期儒道思想之間的互融互證。孔子早年生平資料的闕失導致後人對「觀周」傳說理解的歧異。參見氏著〈孔子觀周考辨〉，《東方論壇》2006年第4期，頁21。

問題。除了在〈觀周〉中,孔子親聆老子「說者流于辯,聽者亂于辭」之教外,老子之語從未出現,孔子多處說:「吾聞老聃曰」、「吾聞諸老聃曰」,但老子從來不曾現身說法,都是孔子轉述其說。《家語》不錄老子之言,似是作者有意識的調整,要表達的是:孔子已消化吸收了老子之言,將老子學說內化,納道家之理爲己用。

因此,在討論「聖人施政」方面,孔子基本上仍謹守儒家義理,但亦摻有道家用語及思想,以下分別討論無爲而治、因順時勢、刑政相參及五至三無等問題。

一、無爲而治

《家語・賢君》記載:

> 衛靈公問于孔子曰:「有語寡人:『有國家者,計之于廟堂之上,則政治矣。』何如?」孔子曰:「其可也。愛人者則人愛之,惡人者則人惡之。知得之己者,則知得之人。所謂不出環堵之室,而知天下者,知反己之謂也。」(《孔子家語疏證》,頁86)

此文重見於《呂氏春秋・先己》,文曰:

> 孔子見魯哀公,哀公曰:「有語寡人曰:『爲國家者,爲之堂上而已矣。』寡人以爲迂言也。」孔子曰:「此非迂言也。丘聞之:『得之於身者得之人,失之於身者失之人。』不出於門戶而天下治者,其唯知反於己身者乎!(《呂氏春秋校釋》,頁145)

儒道兩家皆談「無爲而治」,然而兩家理路並不相同。道家式的「無爲而治」要剷除有爲之心、去除教化之舉;而儒家的「無爲而治」,則是建立在個人的道德修養之上,從仁之自覺、克己復禮,以至修己安人、爲民典範。從道家的角度來看,儒家之「無爲而治」、「得之己者得之人」,其實仍是建立在「有爲」上〔註29〕。

《家語・賢君》較《呂氏春秋・先己》多出「愛人者則人愛之,惡人者則人惡之」一句,此句語出《孟子・離婁下》:「君子以仁存心,以禮存心。仁者愛人,有禮者敬人。愛人者人恆愛之,敬人者人恆敬之。有人於此,其

〔註29〕顏國明指出:儒家不從作用層「無」開顯,而道家卻以作用層的「無」爲勝場。……兩家在「無爲而治」的理想政治主張上雖相同,但如何達到這樣的理境,方法上不同。見氏著《易傳與儒道關係論衡》(台北:里仁書局,2006年3月),頁545。

待我以橫逆，則君子必自反也」亦即「出乎爾者，反乎爾者也」（〈梁惠王下〉）之意。孟子之爲政，強調以仁爲體、以禮存心，君子如何待民，民亦以此回報。此即《家語・賢君》中「得之己者得之人」之意，由此可知，〈賢君〉所言乃是儒家式的「無爲而治」。

然而，〈賢君〉中孔子又言：「不出環堵之室，而知天下者，知反己之謂也」。以「不出環堵之室，而知天下者」來詮釋「反己」，此句語出《老子・四十七章》：「不出戶，知天下；不闚牖，見天道。其出彌遠，其知彌少。」老子之工夫在「損」，損之又損，至於無爲，透過內在直觀體悟工夫，以回歸自我，復返本性。道家式的「反己」，並非孟子式的君子「自反」。

作者以「反己」一詞爲媒介，兼引兩家之言，「反己」、「自反」爲儒道共有之功夫。然而，儒與道之「反己」，背後各自有不同的理據。《孟子・離婁下》：「有人於此，其待我以橫逆，則君子必自反也」，是反省其是否以仁存心、以禮待人；而《老子》的「不出環堵之室，而知天下者」則是滌除玄覽的工夫。「反己」看似相近，都有「反求諸己」的意涵，但根源其實不同。這正是借用道家的用語，論述儒家的義理，借用「不出環堵之室，而知天下」之語，申論儒家「反己」之理。且此非孤例，〈王言解〉中，孔子亦以「凡上者，民之表也，表正則何物不正？」來詮釋「不出戶牖而化天下」，所談亦是上行下效、風行草偃的儒家治道。

二、因順時勢

《家語・致思》載孔子言：

> 季孫之賜我粟千鐘也，而交益親；自南宮敬叔之乘我車也，而道加行。故道雖貴，必有時而後重，有勢而後行。微夫子之眖財，則丘之道殆將廢矣。（《孔子家語疏證》，頁43）

強調欲行道天下，必須適時與「勢」結合，有實際的政治權力，才可能建立事功。是以當子路質疑管仲爲人時，孔子以「事所射之君，通於變也；不死子糾，量輕重也」爲管仲辯護，認爲管仲能通權達變、裁斷輕重；召忽殉死，反而是「過與取仁，未足多也。」這種追求事功、不求成仁的立場，與《呂覽》、《淮南子》一致。《呂覽》與《淮南子》的相關記載，皆因孔子依附季孫氏而起。《呂覽・舉難》中記載：「季孫氏劫公家。孔子欲諭術則見外，於是受養而便說，魯國以訾。孔子曰：『龍食乎清而游乎清，螭食乎清而游乎濁，

魚食乎濁而游乎濁。今丘上不及龍，下不若魚，丘其螻邪。』夫欲立功者豈得中繩哉？救溺者濡，追逃者趨。」《淮南子・說山》亦載：「季孫氏劫公家，孔子說之，先順其所爲，而後與之入政，曰：『與枉與直，如何而不得！與直與枉，勿與遂枉！』此所謂同污而異塗者。」兩章皆認爲君子不必墨守小德，執著小信。事必中繩，如何立功？然而，「食乎清而游乎濁」、「同污而異塗」之說仍強調因順時勢、建功立業的過程中，須有一定的道德堅持，唯不必爲了高潔名聲，放棄經世濟民的機會，甚至追求殺身成仁、捨身取義的成德價值。《家語・入官》中記載「子張問入官于孔子」，孔子答之以：

> 古者聖主冕而前旒，所以蔽明也；紘紞充耳，所以掩聰也。水至清
> 即無魚，人至察則無徒。（《孔子家語疏證》，頁 143）

相對於君子不必執守小德；聖主亦不應苛察小過，這種「至清無魚，至察無徒」的理念與上文所言可相呼應。

三、刑政相參

《家語・刑政》記載：

> 孔子曰：「聖人之治化也，必刑政相參焉。太上以德教民，而以禮齊
> 之。其次以政爲導民，以刑禁之，刑不刑也。化之弗變，導之弗從，
> 傷義以敗俗，於是乎用刑矣。顓五刑必即天倫，行刑罰則輕無赦。
> 刑，侀也；侀，成也。壹成而不可更，故君子盡心焉。」（《孔子家
> 語疏證》，頁 188）

在此，孔子申論「刑政相參」之理，強調爲政應先施「德」教「禮」，後用「政」與「刑」，用刑必須符合天意，罪無論大小都不可輕赦。〈始誅〉亦載孔子向子貢解釋何以「七日而誅亂政大夫少正卯」之事。此與《論語・爲政》中，孔子「道之以政，齊之以刑，民免而無恥；道之以德，齊之以禮，有恥且格」的立場有出入。《家語・刑政》此章較近於《禮記・樂記》所言：「禮、樂、刑、政，其極一也，所以同民心而出治道也。」、「禮節民心，樂和民聲，政以行之，刑以防之，禮、樂、刑、政，四達而不悖，則王道備矣。〔註30〕」〈樂記〉但言「禮、樂、刑、政」目標一致，各有其功用，〈刑政〉則是進一步發揮，認爲聖人之治必參以「刑政」，且須「先德禮、後政刑」。

〔註30〕見孫希旦集解、沈嘯寰、王星賢點校《禮記集解》（北京：中華書局，1989
　　　　年 2 月），頁 977、986。

　　值得注意的是,《孔子家語》中孔子所論「刑政相參」、「先德後刑」之理,與《呂氏春秋》、《淮南子》之主張相符。《呂氏春秋》主張「先德後武」,〈上德〉篇言:「三苗不服,禹請攻之。舜曰:『以德可也。』行德三年,而三苗服。孔子聞之曰:『通乎德之情,則孟門、太行不爲險矣。故曰:德之速,疾乎以郵傳命。』周明堂,金在其後,有以見先德後武也。舜其猶此乎?其臧武通於周矣。」文中孔子的評論在強調:德政收效快速,以德施政,通行無阻。孔子的言論只在追求「行德」,並未論及「用武」,「先德後武」之論其實是《呂氏春秋》作者的引申,在此引孔子之言,是引用權威之言,再加以重新詮解。

　　《淮南子·泰族》言:「仁義者,治之本也……且法之生也,以輔仁義。」主張「先仁後法」,強調仁義之外,法也是施政時必要的一環,〈氾論〉云:「故聖人因民之所喜而勸善,因民之所惡以禁姦,故賞一人而天下譽之,罰一人而天下畏之。故至賞不費,至刑不濫。孔子誅少正卯而魯國之邪塞,子產誅鄧析而鄭國之姦禁,以近論遠,以小知大也。故聖人守約而治廣者,此之謂也。」爲政者必須適時運用賞罰,孔子殺少正卯、子產殺鄧析,都是爲了禁塞姦邪之風,達到「罰一人而天下畏」的目標。此是以「孔子」爲例,說明「刑罰」之必要。

　　上博楚簡〈魯邦大旱〉中,記載孔子言「正刑與〔德以事上天〕」,在此,孔子並未多加詮釋「刑」、「德」之意涵,只是將「刑」與「德」並列,兩者並重,亦未將「德」置於「刑」之前。儒家所謂刑德,大概是指恩威並行的治國之道〔註31〕。此處的「刑德」思想是否與法家、黃老道家有關連,仍需更多佐證,不宜輕易斷言。此「刑」、「德」的內涵不見得就是《韓非子·二柄》的「殺戮」與「慶賞」〔註32〕;亦不見得是《黃老帛書》、《管子》中的

〔註31〕范麗梅指出:《左傳》隱公十一年云:「君子謂鄭莊公失政刑矣!政以治民,刑以正邪,既無德政,又無威刑,是以及邪。」所說失政與刑即指失德政與威刑,正與簡文「失諸刑與德」意思相同。又《禮記·緇衣》云:「子曰:政之不行也,教之不成也,爵祿不足勸也,刑罰不足恥也,故上不可以褻刑而輕爵。」所言爵祿與刑罰相對,也是德與刑的對舉。而褻刑輕爵,也與簡文「失諸刑與德」意思相當。……簡文刑德的具體內容又是什麼,文中並無明確指出。見氏著〈上博楚簡〈魯邦大旱〉注譯〉,收入朱淵清、廖名春主編《上博館藏戰國楚竹書研究續編》,頁 173。

〔註32〕《韓非子·二柄》曰:「明主之所導制其臣者,二柄而已矣。二柄者,刑德也。何謂刑德,曰殺戮之謂刑,慶賞之謂德。」曹峰認爲:〈魯邦大旱〉在總體思

「刑德」〔註 33〕。唯一能確定的是，戰國中晚期時，已有孔子談論「刑德」的紀錄。

　　再者，《黃老帛書》、《管子》所談「刑德」之理，實與《呂覽》、《淮南子》、《孔子家語》「先德後刑」、「先德後武」之說相近。《黃老帛書・十大經・觀》曰：「夫并時以養民功，先德後刑，順於天」、「春夏爲德，秋冬爲刑。先德後刑以養生」、《管子・勢》曰：「先德後刑，順於天，微度人」都提出了「先德後刑」的思想〔註 34〕，不同之處在於《黃老帛書》、《管子》二書強調「先德後刑」順於天道，由天道而出；《呂覽》、《淮南子》、《孔子家語》則未涉及天道層面。由此可知，《家語》的「先德禮、後政刑」思想與《呂覽》、《淮南子》較爲一致，與《黃老帛書》、《管子》亦有關聯。總之，其「先德後刑」思想，與黃老道家的關係顯而易見〔註 35〕。

　　　　想傾向上接近於儒家，與《韓非子》君主作爲控制臣下手段之「刑德」還是有距離的，在《韓非子》那裡，「刑德」並非「正」的對象，不是一種理念，而是具體的操作工具。因此，不能將這裡的「刑與德」釋作「殺戮」與「慶賞」二柄。同樣，也看不出「正刑與德」與陰陽家、黃老思想家有任何關連。見氏著〈《魯邦大旱》初探〉，收入朱淵清、廖名春主編《上博館藏戰國楚竹書研究續編》，頁 134。
〔註 33〕淺野裕一指出：〈十六經〉之中，可以見到「刑」與「德」之對應。《管子》中也可以見到「文」與「武」之對應或「刑」與「德」之對應。〈魯邦大旱〉可能自齊國所正在形成的黃老思想，吸取了「刑」與「德」之對應的表現法。但是〈魯邦大旱〉從黃老思想所導入的，也只有「刑」與「德」對應的表現法而已，並沒有到達吸收黃老思想之基本理論的地步。……「刑」與「德」儘管同樣都具有刑罰與恩賞之意義，但是，在黃老思想與〈魯邦大旱〉之中，刑德並用的主體卻截然不同。〈魯邦大旱〉對於黃老思想之核心──「天道」完全未提及。見氏著《戰國楚簡研究》（佐藤將之監譯，台北：萬卷樓，2004 年 12 月），頁 140～141。
〔註 34〕房慧眞指出：在《十大經》中雖兩處提及「先德後刑」的觀念，然而刑德的比重還沒產生變化，刑德仍是二元對立的基本範疇。《管子・四時》中，不僅注重刑德的次序，更強調如果違反次序，即「易節失次」，上天將會降下災禍來。在《十大經》中，刑德相養爲主要學說、先德後刑則爲輔；到了《管子・四時》，刑德合於四時先後次序的重要性壓過了相養相成的部分。參見氏著《陰陽刑德研究──黃學、陰陽與黃老三者之間的交會融通》（國立臺灣師範大學國文研究所碩士論文，陳麗桂先生指導，2003 年 6 月），頁 189～191。
〔註 35〕「刑」、「法」地位的提升，反映了孔子形象黃老道家化的歷程，也反映了政治局勢的轉變，亦即大一統政權的建立與漢代的獨尊儒術。在漢代逐步走上崇經祠孔的孔子崇拜之路時，爲了專制政權的穩固運作，「孔子」與「刑」、「法」的結合，似乎已是必然的趨勢。

四、五至三無

《家語‧論禮》記載：

子夏侍坐於孔子，曰：「敢問《詩》云：『愷悌君子，民之父母。』何如斯可謂民之父母？」孔子曰：「夫民之父母，必達於禮樂之源，以致五至而行三無，以橫於天下。四方有敗，必先知之。此之謂民之父母。」子夏曰：「敢問何謂五至？」孔子曰：「志之所至，詩亦至焉；詩之所至，禮亦至焉；禮之所至，樂亦至焉；樂之所至，哀亦至焉。詩禮相成，哀樂相生，是以正明目而視之，不可得而見；傾耳而聽之，不可得而聞。志氣塞于天地，行之充於四海。此之謂五至矣。」子夏曰：「敢問何謂三無？」孔子曰：「無聲之樂，無體之禮，無服之喪，此之謂三無。」子夏曰：「敢問三無何詩近之？」孔子曰：「『夙夜基命宥密』，無聲之樂也；『威儀逮逮，不可選也』，無體之禮也；『凡民有喪，扶伏救之』，無服之喪也。」子夏曰：「言則美矣大矣！言盡如此而已？」孔子曰：「何謂其然？吾語汝，其義猶有五起焉。」子夏曰：「何如？」孔子曰：「無聲之樂，氣志不違；無體之禮，威儀遲遲；無服之喪，內恕孔悲；無聲之樂，所願必從；無體之禮，上下和同；無服之喪，施及萬邦。既然，而又奉之以三無私而勞天下，此之謂五起。」子夏曰：「何謂三無私？」孔子曰：「天無私覆，地無私載，日月無私照。其在《詩》曰：『帝命不違，至於湯齊。湯降不遲，聖敬日躋。昭假遲遲，上帝是祗，帝命式于九圍。』是湯之德也。」子夏蹴然而起，負墻而立，曰：「弟子敢不志之？」（《孔子家語疏證》，頁 177～178）

首先，文章記子夏侍孔子，向孔子請教何謂「民之父母」？孔子認為民之父母「必達於禮樂之源，以致五至而行三無」，最後能達到「橫於天下」、「四方有敗，必先知之」的境界，「必先知之」境界近似於〈中庸〉所言「至誠」所達之境——「至誠之道，可以前知。……禍福將至：善，必先知之；不善，必先知之。」而〈論禮〉此章重心亦在於「志」。

關於「五至」，在《家語‧論禮》與《禮記‧孔子閒居》中，「五至」為「志、詩、禮、樂、哀」。而上博簡〈民之父母〉則寫作「勿、志、禮、樂、哀」，濮茅左認為：「『勿』疑『志』之誤寫；但『勿』讀作『物』，似亦通。」多數學者認為「勿」應釋為「物」，〈民之父母〉中「五至」的內容為「物、

志、禮、樂、哀」〔註36〕，然關於「物之所至者，志亦至焉」一句的詮釋，則是眾說紛紜。陳師麗桂釋爲：「所統治處理的事物在那裡，統治者的心（志）就必須跟到那裡，隨時關切注意。〔註37〕」統治者的心志隨時關注人民，心與民同感，禮樂的制定就能適切民心，民心能得到安置。黃懷信亦釋爲：「百姓所做到的事，君主心裡也想到它。百姓做事做到哪裡，君主的心就想到哪裡。〔註38〕」與師說有相近之處。

　　林素英則認爲：「此『物』之所指，或應相當於代表儒家最重要的政治哲學〈大學〉之中『格物』中的『物』之地位……而此之所謂『物』，除卻可用以指謂一般的萬物之外，鄭《注》以爲『猶事也』，亦即此處所謂『事』，當可包括格物、致知、誠意、正心、脩身、齊家、治國、平天下等一系列之事在內。〔註39〕」林氏之說法呼應〈大學〉由格物致知到誠意正心、平治天下之理，這是儒家由內聖推進至外王的進路。

　　林啓屏解釋爲：「民之父母（爲政者），必須了解到人民在面對各種『物』（事）之後，會於心中產生好惡之情，好惡之情若達到最極致的狀態時，可能因『無節』帶來災難，應以『禮』爲治。〔註40〕」此說釋「志」爲「心之好惡」，故須以「禮」節之，如此一來，發「志」之主體爲人民，「禮樂」則爲外來之約制力量，此約制力量出於民之父母（爲政者），是以此「志」並非興發出「禮」、「樂」，反而是「禮」、「樂」所要調節、節制的對象。林氏之說似與〈性情論〉可以呼應。〈性情論〉曰：「凡人雖有性，心亡定志，待物而

〔註36〕季旭昇認爲：〈民之父母〉「物—志—禮—樂—哀」的原文是對的，而《禮記·孔子閒居》、《孔子家語·論禮》「志—詩—禮—樂—哀」的文字則是錯的。因爲「志」和「詩」同音，在《郭店楚簡》中「詩」也寫作「寺」、「時」、「詩」等，都從「之」得聲，所以《禮記·孔子閒居》、《孔子家語·論禮》很容易把原簡的第二至「志」錯成「詩」；「詩言志」，所以進一步把原簡的第一至「物」改成「志」。見氏著《上海博物館藏戰國楚竹書（二）讀本》（台北：萬卷樓，2003年7月），頁7。

〔註37〕參見陳師麗桂〈由表述形式與義理結構論〈民之父母〉與〈孔子閒居〉及〈論禮〉之優劣〉，收入朱淵清、廖名春主編《上博館藏戰國楚竹書研究續編》，頁243。

〔註38〕見氏著〈「五至」、「三無」說〉，《齊魯學刊》2009年第6期，頁6。

〔註39〕見氏著〈上博簡〈民之父母〉思想探微—兼論其與〈孔子閒居〉的關係〉，《中國學術年刊》第廿五期（2004年3月），頁43。

〔註40〕見氏著〈論《民之父母》中的「三無」〉，收入郭齊勇主編《儒家文化研究》第一輯（北京：生活·讀書·新知三聯書店，2007年6月），頁223。

後作，待悦而後行，待習而後定。喜怒哀悲之氣，性也。及其見於外，則物取之也」，又曰：「禮〔作於〕情，或興之也〔註41〕。外在之「物」，引發出「性」。「性」發即爲心之所之、心之所往——「志」。「禮」起於「情」，由「情」所興，未悖離人情，「或興之也」意爲聖人使禮樂興盛〔註42〕。然而，林氏此說可能造成「物、志」與「禮、樂」的破裂，因爲「見『物』興『志』」、好惡之情可能走向「無節」的主體爲人民，而「禮、樂」等正向價值卻是由爲政者而出。是以此說或許可以調整爲：（民之父母的）心志（「志」）在體察萬事、與萬物交接（「物」）之後，雖心生好惡之情（因爲這是人的自然本能），但仍制定出符合事理人情之「禮」、「樂」，以調節人情之「樂」與「哀」。此「志」爲制定禮樂的根源，不能只是「心之好惡」而已，因爲「好惡之心」有可能走向無節，是以此「志」的意涵應偏向正面〔註43〕。上文所言「誠意」之心志、「愛民」之心志，以至誠之心待民愛民，由內聖而外王，似乎比較能窮盡此「志」的內涵，較能圓融詮釋「物—志—禮—樂—哀」的理路。

　　無論〈民之父母〉「五至」中的「勿」如何詮解，主體所興發之「志」，才是「五至」的關鍵，因爲「禮」、「樂」由「志」而出，「禮」、「樂」、「哀」

〔註41〕 見李零《上博楚簡三篇校讀記》（北京：中國人民大學出版社，2007 年 8 月），頁 52、57。

〔註42〕 針對「或興之也」一句，涂宗流、劉祖信認爲：「興之」，使人興起而奮發。郭沂則認爲：「或」，猶有也，猶今言有的、有人。這裡當指聖人。「興之」，使「之」興也。「之」字指上句中的「禮」。對此，筆者以爲：由下文大談以「節文」、「禮序」節制人情，要使儀容舉止合乎禮儀規範的論述看來，將「興之」釋爲「使人興起奮發」似乎義有未洽，是以郭氏之說爲佳。涂氏、劉氏之論見氏著《郭店楚簡先秦儒家佚書校釋》（台北：萬卷樓，2001 年 2 月），頁 155、郭氏之論見氏著《郭店楚簡與先秦學術思想》（上海：上海教育出版社，2001 年 2 月），頁 241。

〔註43〕 陳師麗桂將〈性情論〉之「情」分爲「情眞可悦」之情（情實、情眞）與「情緒易感」（情感、情緒）之情。郭梨華亦指出：〈性自命出〉的「情」區分爲兩種，一爲「性之情」的情，一爲現於外的「情」，前者乃「道始於情」的「情」，後者爲「物」取之後，發爲喜、怒、哀、悲的「情」；前者之「情」是普遍的，指向於「人之情」，表述爲價值德行，則是「忠」、「信」，後者是偶然的，是一種情緒、心情。在此，若調整後的說法要成立，「志」亦必須隱含有驅向「德行」之志與「好惡」之志這種兩重性。師說見師著〈《性情論》說「性」、「情」〉，收入謝維揚、朱淵清主編《新出土文獻與古代文明研究》（上海：上海大學出版社，2004 年 4 月），頁 215～218。郭氏之說見氏著〈曾子與郭店儒簡的身體哲學探究〉，收入李學勤、林慶彰《新出土文獻與先秦思想重構》（台北：臺灣書房，2007 年 8 月），頁 251～252。

的根源正是心志。而《家語‧論禮》亦是以「志」爲「詩」、「禮」、「樂」、「哀」的根源，突顯出「志」在詩教、禮教中的地位。因此，不論是哪一種版本的「五至」，「志」都居於關鍵地位。再者，達致「五至」的超越境界是：「正明目而視之，不可得而見；傾耳而聽之，不可得而聞。志氣塞于天地，行之充於四海。〔註44〕」此時「志」爲充塞天地四海之「志氣」，更加說明了「志」的統帥地位。此「志」統領「禮」、「樂」，調節人「哀」、「樂」之情，這已充分說明了此章的儒家立場。

　　再者，「三無」之說是否爲道家思想，一直有爭議。在上博簡〈民之父母〉出土前，就有學者指出：「五至」、「三無」、「三無私」的性質，「是把道家的思想強加到儒家的禮上⋯⋯是把老子思想硬塞到孔子身上〔註45〕」、「富於道家的色彩〔註46〕」。自從上博簡〈民之父母〉出土後，學者對於《孔子家語‧論禮》的討論更爲熱烈。龐樸認爲：「『無聲之樂，無體之禮，無服之喪』這樣的捨末逐本的論斷，在中國哲學中，是屬於道家的專利。《老子》那一套『大X無X』，莊子的得魚忘筌，所指向所追求的，正是這樣的境界。〔註47〕」然而，也有學者反駁：〈民之父母〉是儒家哲學，與道家思想無關〔註48〕。「三

〔註44〕　在〈民之父母〉中，「傾耳而聽之，不可得而聞也；明目而視之，不可得而視也」出現於「三無」後。黃懷信認爲：《家語》之「志氣塞於天地」，反較竹簡本作「而得既塞於四海」合理。這就更加證明此，《家語》的材料不僞。而竹簡本本身也有誤字，則說明竹簡本也不是最早的原始記錄，而只是一種傳抄本而已。見氏著〈「五至」、「三無」說〉，《齊魯學刊》2009 年第 6 期，頁 8。
陳劍則認爲：如依《禮記‧孔子閒居》和《孔子家語‧論禮》，「傾耳而聽之不可得而聞也，明目而視之不可得而見也，而得（德）既塞於四海矣」接於「五至」之後，則其與「五至」的關係不明，顯然不如簡本跟「三無」扣合緊密。所以我們說，簡本跟傳本的不同，乃是傳本錯簡的結果。見氏著〈上博簡〈民之父母〉「而得既塞於四海矣」句解釋〉，收入朱淵清、廖名春主編《上博館藏戰國楚竹書研究續編》，頁 254。筆者此處暫依《孔子家語‧論禮》之版本，因爲達致「五至」未嘗不能有「正明目而視之，不可得而見；傾耳而聽之，不可得而聞。志氣塞于天地，行之充於四海」的超越境界。
〔註45〕　參見許抗生《魏晉玄學史》，頁 26～27。
〔註46〕　參見那薇〈孔子家語中儒道兼綜的傾向〉，《孔子研究》1987 年第 2 期，頁 65。
〔註47〕　見氏著〈話說「五至三無」〉，《文史哲》2004 年第 1 期，頁 72。
〔註48〕　季旭昇認爲：〈民之父母〉是一段儒家務實而周密的施政哲學，與道家思想無關。見氏著《上海博物館藏戰國楚竹書（二）讀本》，頁 10。
方旭東言：我們認爲，儒、道的思想分歧，不在於它們是否使用「無」這個概念或者是否推崇某種「無」的境界，而在於他們對「無」的不同理解，或者說他們所要「無」（取消）的內容具體是什麼。⋯⋯孔子所說的「三無」，

無」、「三無私」等用詞確實富於道家色彩，但是整體立論基礎是否仍是道家，是必須進一步釐清的。

所謂「三無」，指的是禮、樂、喪三者超越形式之本原。此「無」乃無形式、非形式、超越形式之意〔註49〕。樂不必受限於聲，而必須超越於有形之聲；禮不必受限於體，而必須超越於有形之體，此超越的根據即是「心志」。這是對孔子所言：「禮云禮云，玉帛云乎哉？樂云樂云，鐘鼓云乎哉？」、「禮，與其奢也，寧儉；喪，與其易也，寧戚」的進一步發揮。以內在之真誠心志為根源、以心之至誠和敬出發，以此為據的禮樂，不過度強調儀節之完備，亦即〈樂記〉「大樂必易，大禮必簡」的思路。

儒道兩家雖都強調至誠之心志，但思路進程及終極目標並不相同。儒家由至誠之心出發，由衷而發之禮、樂、喪，沒有文勝於質之害，文質彬彬，自然令人心悅誠服，這是從正向開顯成德之教；道家則由反省切入，檢討禮、樂、喪等倫理制度所導致的人文框架，在道家看來，「文」必然會遮蔽「質」，遮蔽人的天然視域，是以遮撥有為、消解執著，這是從反向排遣德教之蔽〔註50〕。

母寧說是一種道德之治、仁義之政，它與老子所講的「無為之治」還是有很大不同的。見氏著〈上博簡〈民之父母〉篇論析〉，收入朱淵清、廖名春主編《上博館藏戰國楚竹書研究續編》，頁270。

林啟屏指出：學者並不認為「三無」之說，是雜入道家者的言論，「因為『三無』不可孤立來看，而必須配合前述的『五至』，方不致割裂原意。且〈民之父母〉所處理的課題，非僅關乎個人心靈境界提升的問題，更重要的是建構一個符合人倫日用的『化成世界』，是以從理論與文意脈絡言，〈民之父母〉的觀點均不與道家理論相侔。」見氏著〈論〈民之父母〉中的「三無」〉，收入郭齊勇主編《儒家文化研究》第一輯（北京：生活‧讀書‧新知三聯書店，2007年6月），頁220。

黃懷信認為：「無聲之樂」指實行惠民政策，行使民喜樂之政。……君主的「威儀」，能起到不令而行的效果，相當於舉行儀式，能統一百姓的行為，所以可以稱為無體之禮。……無服之喪，是指同情、救助百姓的死喪。……孔子所謂「三無」，實際內容都是客觀、有形的。之所以稱為「無」，只是從「樂」、「禮」、「喪」角度言之而已。顯然，這與道家所謂「大某無某」之「無」，是不同的。見氏著〈「五至」、「三無」說〉，《齊魯學刊》2009年第6期，頁9～10。

〔註49〕 參見陳師麗桂〈由表述形式與義理結構論〈民之父母〉與〈孔子閒居〉及〈論禮〉之優劣〉，收入朱淵清、廖名春主編《上博館藏戰國楚竹書研究續編》，頁244。

〔註50〕 張祥龍指出：老莊對於儒家的批評的深意在於：禮樂教化、仁義德行在許多儒者那裡又蛻變成了遮蔽人的原初生存視野的、制度化了和倫理化了的框架。真正的配天之德只在那樸真自然、與天地一氣相通的道境，也就是人的

就終極目標來看，儒家旨在建立一個人文化成的倫理世界，而道家則是要回歸與天地相通的自然之源，這更是兩家相異之處。

本文之思路乃是由仁誠之心出發，達致禮樂之教，這是從正面顯發成德之路。再就終極目標來看，觀其所言「五起」中：無體之禮由「威儀遲遲」到「上下和同」；無服之喪由「內恕孔悲」到「施及萬邦」，即可窺知：上下和諧融洽、禮教施及天下正是此處孔子所言的最終至境。因此，所謂的「無聲之樂」、「無體之禮」、「無服之喪」雖貌似道家之語，根源仍在儒家。再者，《家語》並非完全放棄儀節，它仍然強調外在儀式的重要，〈好生〉言：「哀公問曰：『紳委章甫，有益於仁乎？』孔子作色而對曰：『君胡然焉，衰麻苴杖者，志不存乎樂，非耳弗聞，服使然也；黼黻袞冕者，容不褻慢，非性矜莊，服使然也；介冑執戈者，無退懦之氣，非體純猛，服使然也。〔註51〕』」由此可知，《家語》只是追溯禮樂之原，批判徒重形式的禮樂，並非真要毀棄制度、拋棄儀節。

然而，「三無」之說為何會引起學者的誤解？為何會引發姚際恆所言「此篇三無五起，皆本老子貴無賤有之旨〔註52〕」這一類的誤會？「無聲之樂」並非要否定「樂」，而是要超越「樂」；「無體之禮」並非要除去「禮」，而是要超越「禮」。在此，「無」有「超越」意涵，其用法正等同於《老子》所言「上德不德」、「天地不仁」、「聖人不仁」之「不」字。「三無」之說所以引發誤會，正是因為以「無」為超越義，使用的是道家「正言若反」的表達形式。唯一不同的是，「三無」所要超越的是「禮樂」形制；而《老子》更要超越人文化、名言化的「德」與「仁」。此種表達形式與《論語》中孔子正面立說、正向開顯的表達方式有極大的出入，雖不能說是道家的專利，但畢竟多為老莊所使用。

「無聲之樂」、「無體之禮」、「無服之喪」等用詞確實容易讓人聯想到《老子》「無」之哲理。這也可以說明：「天無私覆，地無私載，日月無私照」一

天然視域之中。這原本的「大道」或（用海德格爾的表達方式來說）「道本身」在一切人為規定的「……之道」之先，比一切是非觀念更明白，比一切客觀之物更原本。見氏著《海德格爾思想與中國天道》（北京：生活・讀書・新知三聯書店，2007年8月），頁11。

〔註51〕見陳士珂輯《孔子家語疏證》，頁66。

〔註52〕見杭世駿《續禮記集說》第九冊（台北：明文出版社，1992年7月），頁4861～4862。

段的出現〔註53〕。「天無私覆，地無私載」首出於《莊子・大宗師》，其後《呂氏春秋・去私》曰：「天無私覆也，地無私載也，日月無私燭也，四時無私行也，行其德而萬物得遂長焉。」〈論禮〉的理路與〈去私〉一致。《呂氏春秋・貴公》又言：「天下非一人之天下也，天下之天下也。陰陽之和，不長一類；甘露時雨，不私一物；萬民之主，不阿一人。」其推理過程，是順天道以行人事，由天地無私推論君主應普施德澤、無所偏私。而〈論禮〉則是要君主奉行「三無私」之「帝命」。在《詩經》中，「帝命」並無「三無私」之內涵，可知「三無私」與「帝命」的結合是《家語・論禮》、《禮記・孔子閒居》這個版本所創。

再者，《家語・六本》的記載，亦可與「五至三無」以「志」為根源之說相呼應：

> 孔子曰：「無體之禮，敬也；無服之喪，哀也；無聲之樂，歡也。不言而信，不動而威，不施而仁，志。夫鐘之音，怒而擊之則武，憂而擊之則悲。其志變者，聲亦隨之。故志誠感之，通於金石，而況人乎？」（《孔子家語疏證》，頁98）〔註54〕

本章更明確指出：「無體之禮」根源在「敬」，「無服之喪」根源在「哀」，「無聲之樂」根源在「歡」，「敬」、「哀」、「歡」直指人之心志。以人之心志為禮樂之源，能達到「不言而信，不動而威，不施而仁」的效果，這是正向開顯成德之教。而「不言而信」、「不動而威」、「不施而仁」這種「不□而□」的表達形式也是類似道家的弔詭之言。《老子・第七章》曰：「以其不自生，故能長生」、〈二十二章〉曰：「不自見故明，不自是故彰，不自伐故有功，不自矜故長」、〈七十三章〉曰：「不爭而善勝，不言而善應，不召而自來」皆是明例。

〔註53〕 寧鎮疆指出：《禮記》、《家語》下文都有「三無私」，表明二者仍然屬於同一系統，即它們後來又對其他篇章進行了兼併、整合，這就劃然在它們與竹書之間有了一道鴻溝：如果說竹書為相對原初的一次文獻的話，而《禮記》、《家語》顯然經過了再加工和創造，當屬於次一級的文獻。在它們中間，《家語》顯然要更次一級，《家語》所見的類似《禮記》系統的版本，連「五起」都湊不齊，只好另起爐竈、另創新解。見氏著〈由〈民之父母〉與定州、阜陽相關簡牘再說《家語》的性質及成書〉，收入朱淵清、廖名春主編《上博館藏戰國楚竹書研究續編》，頁281。

〔註54〕 此章重見於《說苑・修文》：「孔子曰：『無體之禮，敬也；無服之喪，憂也；無聲之樂，懼也。不言而信，不動而威，不施而仁，志也。鐘鼓之聲，怒而擊之則武，憂而擊之則悲，喜而擊之則樂。其志變，其聲亦變。其志誠，通乎金石，而況人乎？』」見劉向著、向宗魯校證《說苑校證》，頁497。

　　再者，此章主旨在強調心志的作用，能夠感通外物，更何況結構相同之人心？「故志誠感之，通於金石，而況人乎？」一句頗類於〈致思〉篇孔子所言：「水且猶可以忠信成身親之，而況於人乎？」。可知《家語》中的孔子屢屢強調「以志誠感之」、「以忠信親之」，由誠摯之心志出發，不僅能感動人心，亦能通於外物。近於〈中庸〉所言「至誠」不僅能「盡人之性」，亦能「盡物之性」；不只「成己」，亦能「成物」，因此「禍福將至，必先知之」、「四方有敗，必先知之」的「至誠如神」境界並非空言。

　　由〈民之父母〉的出土，可知早在戰國中晚期，儒家反省到了「禮樂之源」這個問題。更值得注意的是：每次提到「禮樂之源」，談及「志」、「誠」為禮樂根源這個問題，其表達形式常與道家相類。為何表達方式會受到道家影響？儒道之關聯，僅只於「表達形式」而已嗎？〈觀周〉中孔子所言：「吾聞老聃博古知今，通禮樂之原」似乎已給出了答案。戰國中晚期所興發的這種追溯禮樂根源的思想，要求禮樂由心志出發的思路，應與道家有關。這種對於「禮樂之源」的反省，強調君子應持至誠之志，確實與道家思路有相近之處。因為「無聲之樂」、「無體之禮」之說，是要矯正太重視表面儀節的問題，而道家理論正是由反省「文勝於質」這個問題而發。兩者不同之處在於：儒家的表述，必然會正面點出「至誠」、「志」；而道家則是由反面切入，不一定正面指出「誠」、「志」。只是任何看似悖論的語言，背後仍有邏輯性可循。總之，《家語》雖非「本老子貴無賤有之旨」，但姚際恆所言仍有值得參考探究之處。

　　再舉一例，《家語‧王言解》曰：「曾子曰：『敢問何謂三至？』孔子曰：『至禮不讓，而天下治；至賞不費，而天下士悅；至樂無聲，而天下民和。』」此處「至禮不讓」、「至賞不費」、「至樂無聲」，亦是此種正言若反式的弔詭表達模式。其下孔子的回答是：「古者明王必盡知天下良士之名，既知其名，又知其實，又知其數及其所在焉。然後因天下之爵以尊之，此之謂至禮不讓而天下治。因天下之祿以富天下之士，此之謂至賞不費而天下之士悅。如此則天下之名譽興焉，此之謂至樂無聲而天下之民和。故曰：所謂天下之至仁者，能合天下之至親也；所謂天下之至明者，能舉天下之至賢者也。此三者咸通，然後可以征。是故仁者莫大乎愛人，智者莫大乎知賢，賢政者莫大乎官能。有土之君，脩此三者，則四海之內，供命而已矣。夫明王之征，必道之所廢者也。是故誅其君而改其政，弔其民而不奪其財。故明王之政，猶時雨之降，

降至則民說矣。是故行施彌博,得親彌眾,此之謂還師衽席之上。〔註 55〕」
其所言「仁者莫大乎愛人」,以「愛人」為「仁」,也同樣是談愛民之心志,
以此志出發,才能知賢用能,是以「至禮不讓」、「至賞不費」、「至樂無聲」
仍要歸結於愛民之志〔註 56〕。

　　總之,在論及禮樂教化時,《孔子家語》的基本立場還是儒家,但亦有受
道家影響之處。不單只是正言若反的表達形式近似道家,而是「禮樂之源」
的追溯、歸返心志的要求,與道家思路極度相似。

第四節　儒道共通之聖人

　　〈論禮〉將禮樂之源歸諸「志」,這種思考模式與道家對周文禮樂的反省
頗為一致,儒道兩家的爭論焦點集中在「禮樂」上,而「志」——誠心、至
誠則為兩家共同之價值根源。

一、志誠忠信——儒道共通的成聖根據

　　在〈弟子行〉中,孔子以老子為「蹈忠而行信」——能行忠信、貧而能
樂的隱者人物。孔子對老子的評論,不言其「無為」之境界,不談「致虛守

〔註 55〕見陳士珂輯《孔子家語疏證》,頁 12～13。此章重見於《大戴禮記・主言》:
　　　　曾子曰:「敢問,何謂三至?」孔子曰:「至禮不讓而天下治,至賞不費而天
　　　　下之士說,至樂無聲而天下之民和。明主篤行三至,故天下之君可得而知也,
　　　　天下之士可得而臣也,天下之民可得而用也。」曾子曰:「敢問何謂也?」
　　　　孔子曰:「昔者明主以盡知天下良士之名,既知其名,又知其數,既知其數,
　　　　又知其所在。明主因天下之爵以尊天下之士,此之謂至禮不讓而天下治;因
　　　　天下之祿以富天下之士,此之謂至賞不費而天下之士說;天下之士說,則天
　　　　下之明譽興,此之謂至樂無聲而天下之民和。故曰:所謂天下之至仁者,能
　　　　合天下之至親者也;所謂天下之至知者,能用天下之至和者也;所謂天下之
　　　　至明者,能選天下之至良者也。此三者咸通,然後可以征。是故仁者莫大於
　　　　愛人,知者莫大於知賢,政者莫大於官賢,有土之君脩此三者,則四海之內
　　　　拱而俟,然後可以征。明主之所征,必道之所廢者也。彼廢道而不行,然後
　　　　誅其君,致其征,弔其民而不奪其財也。故曰明主之征也,猶時雨也,至則
　　　　民說矣。是故行施彌博,得親彌眾,此之謂衽席之上乎還師。」見王聘珍解
　　　　詁、王文錦點校《大戴禮記解詁》(北京:中華書局,1983 年 3 月)頁 7～8。
〔註 56〕徐少華指出:此「三至」與上文之「三無」之間,具有密切的內在聯繫,皆
　　　　是從某種超越的境界談論治民治天下。他並以「至樂無聲而天下之民和」與
　　　　「無聲之樂」、「至禮不讓而天下治」與「無體之禮」、「至賞不費而天下之士
　　　　說」與「無服之喪」相互對應。見氏著〈楚竹書〈民之父母〉思想源流探論〉,
　　　　《中國哲學史》2005 年第 4 期,頁 73。

靜」之工夫，而言老子能終日不憂的根源就在於「忠信」之德，這是著眼於
兩家之「同」，不談兩家之「異」。《老子·三十八章》曰：「夫禮者，忠信之
薄而亂之首」，《老子》將「忠信」與「禮」之虛文對立，可知此處「忠信」
與已變質、已異化的「仁義禮樂」對反，此「忠信」是由內心眞誠而發。「忠」
字本有「眞誠無私」之意〔註57〕，與「志誠」意近，「信」之觀念源於祭禮，
根植於生者對待先祖鬼神的虔誠信守態度，而後逐漸發展爲生者之間及生者
與死者之間的普遍道德約守〔註58〕。「信」字意爲「誠實不欺」，亦由誠心所
發。〈性情論〉亦言：「忠者，信之方也；信者，情之方也；情出於性。」「情」
是忠、信的內涵，也是忠、信的本源，忠、信是眞「情」的具體展現〔註59〕。

　　「忠信」之德是儒家君子行爲處世之準則。《論語》中孔子屢言「主忠信」、
「言忠信」。《家語》中亦屢屢強調「忠信」之德，〈儒行解〉多次提及「忠信」：
「儒有居處齊難，其起坐恭敬，言必誠信，行必忠正」、「儒有不寶金玉，而
忠信以爲寶。」〈子路初見〉曰：「不忠無親，不信無復。」〈入官〉曰：「自
非忠信，則無可以取親于百姓者矣。」《家語》中孔子將老子塑造爲「蹈忠而
行信」之人，亦拉近了老子與儒家的關係，老子合於儒家君子之標準，儼然
成爲儒之君子。兩家所言之「忠信」皆由誠心而發，有共通之處；不同之處
在於《老子》只言其與「禮」相對，未言「忠信」之用，儒家多言「忠信」
之用。〈致思〉載孔子謂伯魚曰：

> 吾聞可以與人終日不倦者，其惟學焉。……故君子不可以不學，其
> 容不可以不飾，不飾無類，無類失親，失親不忠，不忠失禮，失禮
> 不立。（《孔子家語疏證》，頁47）

王肅注：「情不相親，則無忠誠」、「禮以忠信爲本」。人與人之間相親的自然
情感，即是忠誠、忠信，「禮」必須以此爲本。倘若如此，「禮」不再是忠信
之薄，而是忠信所發，儒道的對立即可消彌。王肅所言更加突顯了儒道原本
的衝突點在於「禮」，而「忠信」是可能的會通點。發自內心、由衷眞誠之忠
信，可爲儒道會通之根源。

〔註57〕《左傳·成公九年》：「無私，忠也。」《國語·周語下》：「言忠必及意，言信
　　　必及身。」韋昭 注：「出自心意爲忠。」
〔註58〕見馮時〈西周金文所見「信」、「義」思想考〉，收入李學勤、林慶彰《新出土
　　　文獻與先秦思想重構》，頁125。
〔註59〕參見郭齊華〈〈性情論〉與〈性自命出〉中關於「情」的哲學探索〉，收入謝
　　　維揚、朱淵清主編《新出土文獻與古代文明研究》，頁246。

〈致思〉又曰：

孔子自衛反魯，息駕于河梁而觀焉。有懸水三十仞，圜流九十里，魚鱉不能導，黿鼉不能居。有一丈夫，方將厲之。孔子使人並涯止之，曰：「此懸水三十仞，圜流九十里，魚鱉、黿鼉不能居也，意者難可濟也。」丈夫不以錯意，遂度而出。孔子問之曰：「子巧乎？有道術乎？所以能入而出者何也？」丈夫對曰：「始吾之入也，先以忠信；及吾之出也，又從以忠信。忠信錯吾軀于波流，而吾不敢以用私，所以能入而復出也。」孔子謂弟子曰：「二三子識之！水且猶可以忠信成身親之，而況於人乎？」（《孔子家語疏證》，頁 49）

本則重見於《列子‧說符》、《說苑‧雜言》。前章已討論，與此「忠信」用法較相近的是《淮南子‧繆稱》所言：「身君子之言，信也；中君子之意，忠也。忠信形于內，感動應於外，故禹執幹戚，舞於兩階之間，而三苗服。」〈繆稱〉以「君子之言、意」釋「忠、信」，所言重點仍限於人與人之間，尤其是「聖人」與「百姓」之間，仍未擴及人與萬物之感通。此將「忠信」的效用擴大到「物我」之間，強調至誠至信可以感動天地、萬物親附。

精誠之至，才能動人，不僅能動人，還能動天地，道家強調此境界可使萬物來附、物我無傷；儒家強調此境界可參贊天地、預知吉凶。儒道由「忠信」而發的境界有可以相通之處，但是，亦不能忽略儒道兩家工夫之相異。就道家來說，此種至誠、至信的狀態，是透過致虛守靜、滌除玄覽的向內修養工夫而來。至於儒家，是由本心仁體之誠明之德而發，誠明一體即窮盡性與天道之全蘊，通天人，合內外，小大之別亦泯，遂化而為渾然一體流行〔註60〕，此正《家語‧哀公問政》言：

誠者、天之道也；誠之者、人之道也。夫誠、弗勉而中，不思而得，從容中道，聖人之所以定體也。誠之者，擇善而固執之者也。（《孔子家語疏證》，頁 118）

誠者不僅自成，亦能成物，德配天地，亦《中庸》所言：「是故君子誠之為貴。……故至誠無息。不息則久，久則徵，徵則悠遠，悠遠則博厚，博厚則高明。博厚，所以載物也；高明，所以覆物也；悠久，所以成物也。博厚配地，高明配天，悠久無疆。如此者，不見而章，不動而變，無為而成。」「不見而章，

〔註60〕 參見牟宗三《智的直覺與中國哲學》（臺北：臺灣商務印書館，1971 年 3 月），頁 189。

不動而變，無爲而成」的境界，與道家相同，是以「不□而□」的表達形式亦與道家相類。總而言之，儒道之聖人境界有相同之處，但工夫進程，前者重在開顯成德，後者重在剝損消解。

　　《孔子家語》論述老子能行忠信之德，老子亦合於儒家處世準則，儒道最終境界亦有相通之處。此時，再也不是「道不同，不相爲謀」，而是儒道有共通之源。

二、儒道共通的聖人形象

　　由至誠、忠信而發的儒道聖人境界有相同之處，孔子又是如何定義「聖人」？〈五儀解〉記載：

> 公曰：「何謂聖人？」孔子曰：「所謂聖者，德合於天地，變通無方，窮萬事之終始，協庶品之自然，敷其大道而遂成性情。明並日月，化行若神。下民不知其德，觀者不識其鄰。此謂聖人也。」（《孔子家語疏證》，頁 29～30）

此段文字重出於《荀子‧哀公》與《大戴禮記‧哀公問五義》〔註 61〕，文中孔子對聖人的定義是「德合於天地」，強調此「德」必須窮通萬物、順理庶品，讓眾物各得其情性、順自然而生。亦即聖人不只要和順人倫關係，亦須和諧存在之萬物。

〔註 61〕　《荀子‧哀公》曰：哀公曰：「善！敢問何如斯可謂大聖矣？」孔子對曰：「所謂大聖者，知通乎大道，應變而不窮，辨乎萬物之情性者也。大道者，所以變化遂成萬物也；情性者，所以理然不、取舍也。是故其事大辨乎天地，明察乎日月，總要萬物於風雨，繆繆肶肶，其事不可循，若天之嗣，其事不可識，百姓淺然不識其鄰，若此則可謂大聖矣。」哀公曰：「善！」見王先謙撰、沈嘯寰、王星賢點校《荀子集解》（北京：中華書局，1988 年 9 月），頁 541～542。
　　《大戴禮記‧哀公問五義》曰：哀公曰：「善！敢問何如可謂聖人矣？」孔子對曰：「所謂聖人者，知通乎大道，應變而不窮，能測萬物之情性者也。大道者，所以變化而凝成萬物者也。情性也者，所以理然不然取舍者也。故其事大，配乎天地，參乎日月，雜於雲蜺，總要萬物，穆穆純純。其莫之能循，若天之司；莫之能職，百姓淡然，不知其善。若此，則可謂聖人矣。」哀公曰：「善！」見王聘珍撰、王文錦點校《大戴禮記解詁》，頁 11。
　　從《荀子‧哀公》「百姓淺然不識其鄰」、《大戴禮記‧哀公問五義》「百姓淡然，不知其善」到《孔子家語‧五儀解》「下民不知其德，觀者不識其鄰」，可以觀察到「語言趨同」（排比句式強化）的現象，由此可推〈五儀解〉寫成年代應晚於前二書。關於「語言趨同」現象，請參劉笑敢《老子古今：五種對勘與析評引論》（北京：中國社會科學出版社，2006 年 5 月），頁 50。

　　《家語》此章之文字較《荀子》、《大戴禮記》更加精簡，對偶工整，寫定時間可能較《荀子》、《大戴禮記》更晚。聖人能「窮萬事之終始，協庶品之自然」的定義，是儒道理想人格的「共相」。不僅《荀子》言此，《莊子・知北遊》亦言：「聖人者，原天地之美而達萬物之理」。漢魏時期，更強調聖人的這項特質，《淮南子》曰：「聖人將養其神，和弱其氣，平夷其形，而與道沈浮俛仰。恬然則縱之，迫則用之。其縱之也若委衣，其用之也若發機。如是，則萬物之化無不遇，而百事之變無不應。〔註62〕」（〈原道〉）、「聖王執一而勿失，萬物之情既矣，四夷九州島服矣。〔註63〕」（〈齊俗〉）。王弼於《論語釋疑・學而》：「君子務本，本立而道生。孝悌也者，其為仁之本與！』下注曰：「自然親愛為孝，推愛及物為仁也。〔註64〕」王弼以「推愛及物」為仁，強調「仁」是將愛親之心推擴到萬物上，不僅要「愛人」，亦要「愛物」，此「仁」即是「宏普博施而無所私」之上仁〔註65〕。又於《論語釋疑・述而》：「子曰：『聖人吾不得而見之矣，得見君子者斯可矣！』下注曰：「此為聖人與君子異也。然德足君物，皆稱君子，亦有德者之通稱也。〔註66〕」可見王弼認為「君子」之條件乃是「德足君物」，亦即其德行足以通統萬物。再者，郭象於〈逍遙遊〉「孰弊弊焉以天下為事」句下注：「夫聖人之心，極兩儀之至會，窮萬物之妙數。故能體化合變，無往不可，磅礴萬物，無物不然。世以亂故求我，我無心也。我苟無心，亦何為不應世哉！然則體玄而極妙者，其所以會通萬物之性，而陶鑄天下之化，以成堯舜之名者，常以不為為之耳。」聖人無心以順有，故能窮通萬物之性，順理天下之化。由此可知，王、郭所詮釋之理想人格亦涵有「窮萬事之終始，協庶品之自然」之義。「窮萬事、協庶品」可說是漢魏時儒道論聖人之「共法」。

　　再者，《家語・五儀解》「下民不知其德，覩者不識其鄰」之說與《老子・十七章》所言：「太上，不知有之」、《莊子・徐無鬼》所言：「聖人并包天地，澤及天下，而不知其誰氏。是故生無爵，死無諡，實不聚，名不

〔註62〕見張雙棣《淮南子校釋》（北京：北京大學出版社，1997年8月），頁125。
〔註63〕見張雙棣《淮南子校釋》，頁1136。但《淮南子》亦言「聖人內修道術，而不外飾仁義」（〈俶眞〉），這一點與《孔子家語》的立場就截然不同。
〔註64〕見樓宇烈《王弼集校釋》（台北：華正書局，1992年12月），頁621。由此可知，王弼「以玄釋經」的《論語》詮釋，並非「孤明先發」，而是前有所承。
〔註65〕王弼於《老子・三十八章》注：「不能不為而成，不興而治，則乃為之，故有宏普博施仁愛之者。而愛之無所偏私，故上仁為之而無以為也。」見樓宇烈《王弼集校釋》，頁94。
〔註66〕見樓宇烈《王弼集校釋》，頁624。

立，此之謂大人」可以互通。儒道不同之處在於，儒家重心在聖人主動參贊天地萬物之化。《荀子·王制》曰：「君子者，天地之參也，萬物之摠也，民之父母也〔註67〕」、「聖王之用也，上察於天，下錯於地，塞備天地之間，加施萬物之上〔註68〕」；〈中庸〉言至誠「參贊天地之化育」，盛言「發育萬物，峻極于天」的「聖人之道」盛大高明、德可配天，這是正面開顯聖人之德。而道家聖人則是去執無為，不擾萬物以順成天地之化，聖人只是守道無為，讓萬物自生自化，不強調主動性，此即不化之化、不仁之仁。《莊子·知北遊》亦言：「聖人處物不傷物。不傷物者，物亦不能傷也。唯無所傷者，為能與人相將迎。」強調順物悠遊，物我無傷。總之，從「下民不知其德」的境界來看，儒道一致；從工夫而言，儒道有異。

聖人雖明若日月，化行若神，但不顯其孤高，而能與眾並行，這是儒道共通的聖境，亦即《人物志》所言聖人之質「平淡」。在〈弟子行〉中，孔子在評論曾參境界時，亦言：「滿而不盈，實而如虛，過之如不及，先王難之。」亦是承襲《老子》「大成若缺」、「大盈若沖」之說。而這也是漢魏時代共通的聖人形象，王弼《老子注·十五章》曰：「上德之人，其端兆不可睹，意趣不可見」，故其論聖人只能以無名名之，以無象象之。

至於孔子本人的聖人形象，《家語·六本》曰：

> 孔子遊於泰山，見榮聲期，行乎郕之野，鹿裘帶索，鼓琴而歌。孔子問曰：「先生所以為樂者何也？」期對曰：「吾樂甚多，而至者三。天生萬物，唯人為貴，吾既得為人，是一樂也；男女之別，男尊女卑，故人以男為貴，吾既得為男，是二樂也；人生有不見日月，不免襁褓者，吾既以行年九十五矣，是三樂也。貧者士之常，死者人之終。處常得終，當何憂哉！」孔子曰：「善哉！能自寬者也。」（《孔子家語疏證》，頁103）

這段文字亦重出於《列子·天瑞》，可以確知：《家語》與《列子》中的孔子形象有重疊的部分。這位孔子能理解欣賞道者，且能評斷道者境界，「能自寬者」雖然算是個正面的評價，但以「得為人」、「得為男」與「行年九十」為樂，仍是有待於外的快樂，頂多只是達到自足自慰之境。由此亦可證，孔子的境界應在一般道者之上——這正是魏晉時人的共識。又，〈六本〉記載：

〔註67〕見王先謙集解、沈嘯寰、王星賢點校《荀子集解》，頁163。
〔註68〕見王先謙集解、沈嘯寰、王星賢點校《荀子集解》，頁165。

子夏問於孔子曰：「顏回之爲人奚若？」子曰：「回之信賢於丘。」
曰：「子貢之爲人奚若？」子曰：「賜之敏賢於丘。」曰：「子路之爲
人奚若？」子曰：「由之勇賢於丘。」曰：「子張之爲人奚若？」子
曰：「師之莊賢於丘。」子夏避席而問曰：「然則四子何爲事先生？」
子曰：「居！吾語女。夫回能信而不能反，賜能敏而不能詘，由能勇
而不能怯，師能莊而不能同。兼四子者之有以易吾，弗與也。此其
所以事吾而弗貳也。」（《孔子家語疏證》，頁 102）

這則寓言傳抄廣泛，重出於《淮南子》、《列子》、《說苑》等書，反映出漢魏
以來品評人物時，區別「聖人」與「偏才」的思考模式。孔子兼備眾長，而
不凸顯其才，和光同塵、順時而爲，故境界在眾弟子之上。此亦是《人物志》
以「中和」、「平淡」爲最貴之思路。總之，〈六本〉這兩則寓言都反映出孔子
的至聖地位。孔子之境界亦儒亦道，超越儒道分際，是儒道之共聖。

由上論可知，《孔子家語》以孔子爲至聖，孔子不但爲儒家至尊，亦在道
者之上。再者，孔子所論之聖人境界，大致爲儒道共通之境。

三、損之又損——成聖工夫的道家色彩

再進一步深究《家語》中的聖人修養工夫，前文已言聖人以「志誠」爲
成聖根據，然而，如何能「志誠」？達致「志誠」境界的工夫進路爲何？《家
語・哀公問政》言：「誠之者、人之道也。夫誠、弗勉而中，不思而得，從容
中道，聖人之所以定體也」這是儒家以誠爲體的進路，然而，值得注意的是，
《家語》中不但沒有以仁爲體的記錄，〈顏回〉甚至記載：

顏回問于孔子曰：「成人之行若何？」子曰：「達于情性之理，通于
物類之變，知幽明之故，睹游氣之原，若此可謂成人矣。既能成人，
而又加之以仁義禮樂，成人之行也，若乃窮神知化，德之盛也。」
（《孔子家語疏證》，頁 126）

此文重出於《說苑・辨物》，文曰：

顏淵問於仲尼曰：「成人之行何若？」子曰：「成人之行，達乎情性
之理，通乎物類之變，知幽明之故，睹遊氣之源，若此而可謂成人。
既知天道，行躬以仁義，飭身以禮樂。夫仁義禮樂，成人之行也，
窮神知化，德之盛也。」〔註69〕

〔註69〕見劉向撰、向宗魯校證《說苑校證》，頁 442。

孔子認為:「成人」不只要了解情性之理、萬物變化,更要通達「幽明之故」、
「游氣之原」,這指向對萬物根源的探究。也就是說,通達萬物情性尚不足,
更要繼續探索,明達氣之本源,才足以稱成德之人。「知幽明之故」尚可言是
儒道之共法,然「游氣之原」就較偏向道家之用詞。「睹『游氣之原』」即是
要深究天地本源之氣,可能指涉精微之元氣。儒家文獻少言「氣之原」,道家
才有「元氣」、「精氣」的討論。總之,「覩游氣之原」較接近道家追溯本源之
說。

更值得注意的是:《家語・顏回》此處的孔子認為成德之後,再加之以「仁
義禮樂」,如此則不但能「知化」,亦能「窮神」,方可謂盛德浩大。在此,「仁
義禮樂」只是外在之「用」,並非根源之「體」。《說苑・辨物》中「既知天道,
行躬以仁義,飭身以禮樂」之說,仍秉持儒家效法天道、行仁踐義之旨,尚
無歧出。然而,〈顏回〉的說法,卻是將「仁義禮樂」皆歸於「外」,非由內
而發,這與《論》、《孟》的思路明顯有異。

仁義禮樂必須在聖人知本、明識根源的前提下,才能得到保證。然而,
此處的聖人究竟以何為本?儒家聖人當然也可以表現出道家體無之境界,然
而,其是以仁為體,並非以無為體〔註70〕。聖人之境可以相通,但成聖之根
源則各有其本。〈顏回〉篇此處只說「知幽明之故,睹游氣之原」,並沒有明
確指出聖人所證之體為何,但文中說「『仁』義禮樂」為外,可以推測聖人之
「本」並非儒家之仁體。吾人至少可以肯定,此處「仁義」並無根源義,而
是後加的,而這樣的論述已不同於儒家的原義。

《家語》以「仁義」為「外」、「睹游氣之原」的思想,可以與魏晉時聖
人體無、能行仁義的思想相呼應。王弼於「子曰:『天何言哉?四時行焉,百
物生焉。天何言哉!』」下注曰:「予欲無言,蓋欲明本。舉本統末,而示物
於極者也。夫立言垂教,將以通性,而弊至於湮;寄旨傳辭,將以正邪,而
勢至於繁。既求道中,不可勝御,是以修本廢言,則天而行化。」聖人修本,
順天而行化,此本即「無」也。王弼又注《老子・三十八章》曰:「凡不能無

〔註70〕 牟宗三指出:孔子之體無,是從造詣之境界上說。孔子實以仁為體,此為存
    在上的、第一序的體。道家謂聖人無言、無心而渾化之天地氣象為「無」,有
    此無境,始能繁興大用,對此用而言,無境為體,此為境界上的、第二序的
    體。自第二序上說孔子體無,未嘗不可,然而,王弼以孔子所體為老莊之道,
    則使孔門義理之獨特處隱而不見。參見牟宗三先生《才性與玄理》(台北:臺
    灣學生書局,1993年2月),頁120~121。

爲而爲之者，皆下德也，仁、義、禮節是也」。儒家所重之「仁」，在王弼看來，也不過是眾德之一，而有「造立施化，則物失其眞；有恩有爲，則物不具存」的可能性。是以仁義禮樂，皆須立基於自然無爲之母，方得使萬物各得其所。《家語》以「仁義」爲「外」、「睹游氣之原」的思想，與魏晉時聖人體無、能行仁義的思想相呼應，但是《家語》畢竟只是「以仁爲外」，歧出《論語》思想，並沒有提出「以無爲體」的說法。

再者，《家語·三恕》記載：

> 孔子觀于魯桓公之廟，有欹器焉。夫子問于守廟者曰：「此謂何器？」對曰：「此蓋爲宥坐之器也。」子曰：「吾聞宥坐之器，虛則欹，中則正，滿則覆。明君以爲至誡，故常置之于坐側。」顧謂弟子曰：「試注水焉。」乃注之水，中則正，滿則覆。夫子喟然歎曰：「嗚呼！夫物惡有滿而不覆哉！」子路進曰：「敢問持滿有道乎？」子曰：「聰明叡智，守之以愚；功被天下，守之以讓；勇力振世，守之以怯；富有四海，守之以謙。此所謂損之又損之之道也。」（《孔子家語疏證》，頁54）

此則寓言重見於《荀子·宥坐》、《說苑·敬愼》與《韓詩外傳·卷三》〔註71〕。其中又以《荀子·宥坐》與〈三恕〉的論述最爲相近〔註72〕，《荀子·宥坐》

〔註71〕 《說苑·敬愼》曰：孔子觀於周廟，而有欹器焉。孔子問守廟者曰：「此爲何器？」對曰：「蓋爲右坐之器。」孔子曰：「吾聞右坐之器，滿則覆，虛則欹，中則正，有之乎？」對曰：「然！」孔子使子路取水而試之，滿則覆，中則正，虛則欹。孔子喟然歎曰：「嗚呼！惡有滿而不覆者哉！」子路曰：「敢問持滿有道乎？」孔子曰：「持滿之道，挹而損之。」子路曰：「損之有道乎？」孔子曰：「高而能下，滿而能虛，富而能儉，貴而能卑，智而能愚，勇而能怯，辯而能訥，博而能淺，明而能闇：是謂損而不極，能行此道，唯至德者及之。《易》曰：『不損而益之，故損，自損而終故益』。」見劉向著、向宗魯校證《說苑校證》，頁242～243。

《韓詩外傳·卷三》曰：孔子觀於周廟，有欹器焉。孔子問於守廟者曰：「此謂何器也？」對曰：「此蓋爲宥座之器。」孔子曰：「聞宥座器滿則覆，虛則欹，中則正。有之乎？」對曰：「然。」孔子使子路取水試之，滿則覆，中則正，虛則欹。孔子喟然而嘆曰：「嗚呼！惡有滿而不覆者哉？」子路曰：「敢問持滿有道乎？」孔子曰：「持滿之道，抑而損之。」子路曰：「損之有道乎？」孔子曰：「德行寬裕者，守之以恭；土地廣大者，守之以儉；祿位尊盛者，守之以卑，人眾兵強者，守之以畏；聰明睿智者，守之以愚；博聞強記者，守之以淺。夫是之謂抑而損之。」《詩》曰：「湯降不遲，聖敬日躋。」見屈守元箋疏《韓詩外傳箋疏》（成都：巴蜀書社，1996年3月），頁314。

〔註72〕 林保全指出：《荀子》書中保留不少「孔子之語」等《家語》之原始材料。……

曰：

> 孔子觀於魯桓公之廟，有欹器焉。孔子問於守廟者曰：「此爲何器？」
> 守廟者曰：「此蓋爲宥坐之器。」孔子曰：「吾聞宥坐之器者，虛則
> 欹，中則正，滿則覆。」孔子顧謂弟子曰：「注水焉！」弟子挹水而
> 注之。中而正，滿而覆，虛而欹。孔子喟然而歎曰：「吁！惡有滿而
> 不覆者哉！」子路曰：「敢問持滿有道乎？」孔子曰：「聰明聖知，
> 守之以愚；功被天下，守之以讓；勇力撫世，守之以怯；富有四海，
> 守之以謙。此所謂挹而損之之道也。」〔註73〕

這兩則引文大致都表達了「以愚守智」、「以讓守天下」、「以怯振世」、「以謙
有四海」的意旨，不同之處僅在於：〈宥坐〉以此爲「挹而損之」之道，而〈三
恕〉以此爲「損之又損之」之道。「挹而損之」強調天道益之而損、損之而益
的變化，《老子‧四十二章》言：「故物或損之而益，或益之而損」，盛極而衰、
物極必反，道家的「憂患意識」由此而生，有道者必須與天地同德，順自然
而行，才能保持平衡，主導強弱之勢。《易傳》亦由此出發，強調萬物盛極而
衰、衰極復盛，然君子效法天行健，故能居易俟命、自強不息，由此可知儒
道兼言「挹而損之」、萬物損益之理，然而其所引申的處世之理並不相同。

　　再者，「損之又損之」則是指涉道家無爲的心靈修養工夫。「損之又損」
語出《老子‧四十八章》：「爲學日益，爲道日損。損之又損，以至於無爲。
無爲而無不爲。取天下常以無事，及其有事，不足以取天下。」損之又損，
剗除成心、滌除玄覽以致於無，故能以愚守智、謙卑自持，所謂「夫唯不爭，
故天下莫能與之爭」（〈二十二章〉）是也，這是《老子》的修養理路。將「挹
而損之」與「損之又損之」相較，呈顯出《家語‧三恕》的思路確實比《荀
子‧宥坐》更具道家色彩〔註74〕。

　　在《家語》中，孔子對萬物損益之理的討論不止一處，〈六本〉記載：
> 孔子讀《易》，至於〈損〉、〈益〉，喟然而歎。子夏避席問曰：「夫子
> 何歎焉？」孔子曰：「夫自損者必有益之，自益者必有決之，吾是以
> 歎也。」子夏曰：「然則學者不可以益乎？」子曰：「非道益之謂也，

　　　　將《家語》之原始材料傳承於漢朝者，荀子是一重要之關鍵所在。見氏著《宋
　　　　以前《孔子家語》流傳考述》，頁57。
〔註73〕見王先謙集解、沈嘯寰、王星賢點校《荀子集解》，頁520。
〔註74〕《說苑‧敬慎》、《韓詩外傳‧卷三》皆作「挹而損之」，是以知《家語‧三恕》
　　　　的思路亦較前二書更具道家色彩。

道彌益而身彌損。夫學者損其自多，以虛受人，故能成其滿。博哉天道，成而必變，凡持滿而能久者，未嘗有也。故曰：『自賢者，天下之善言不得聞於耳矣。』昔堯治天下之位，猶允恭以持之，克讓以接下，是以千歲而益盛，迄今而逾彰。夏桀、昆吾，自滿而無極，亢意而不節，斬刈黎民，如草芥焉，天下討之，如誅匹夫，是以千載而惡著，迄今而不滅。觀此如行，則讓長不疾先；如在輿遇三人則下之，遇二人則式之。調其盈虛，不令自滿，所以能久也。」子夏曰：「商請志之，而終身奉行焉。」（《孔子家語疏證》，頁 99～100）

此則寓言又重見於《說苑‧敬慎》，文曰：

孔子讀《易》，至於〈損〉、〈益〉，則喟然而歎。子夏避席而問曰：「夫子何為歎？」孔子曰：「夫自損者益，自益者缺，吾是以歎之。」子夏曰：「然則學者不可以益乎？」孔子曰：「否，天之道，成者未嘗得久也。夫學者以虛受之，故曰得。苟不知持滿，則天下之善言不得入其耳矣。昔堯履天子之位，猶允恭以持之，虛靜以待下，故百載以逾盛，迄今而益章。昆吾自臧而滿意，窮高而不衰，故當時而虧敗，迄今而逾惡。是非損益之徵與？吾故曰：『謙也者，致恭以存其位者也。』夫豐明而動，故能大；苟大，則虧矣。吾戒之，故曰：日中則昃，月盈則食，天地盈虛，與時消息。是以聖人不敢當盛，升輿而遇三人則下；二人則軾。調其盈虛，故能長久也。」子夏曰：「善！請終身誦之。」〔註75〕

《家語‧六本》中子夏「學者不可以益乎」之問，是儒家「學有益」理念的反映，是在追求經驗知識；而孔子「非道益之謂也，道彌益而身彌損」之答，則開出了道家之理。「身彌損」才能使自身「道彌益」，即《老子》「為學日益，為道日損」之意，「為學」是探求外在知識，是以向外涉取，以求進其所能、益其所習；「為道」則日損其身，所損者為自恃自滿之成心、分別心，損之又損、至於無為，順輔萬物之自然，上臻圓滿道境，這是道家的工夫進路。其後所言「損其自多，以虛受人」則是儒道共通之義，「博哉天道，成而必變」亦為儒道共同之理，後舉堯為正例，夏桀、昆吾為反例，則是儒家一貫的對比手法。

〔註75〕 「故曰」下本有「天下之善言不得入其耳矣」一句，因上文衍，是以當刪。參見向宗魯《說苑校證》，頁 242。

　　對照《說苑‧敬慎》來看，〈敬慎〉此章並無「非道益之謂也，道彌益而身彌損」之語，而是多出「日中則昃，月盈則食，天地盈虛，與時消息」一句，此句出於《象傳‧豐卦》。可見〈敬慎〉基本上仍是發揮《易傳》之義理，並無道家思想的加入。儒道皆談損益之理，謙下待人也是儒道之通論，然而以〈六本〉與《說苑‧敬慎》相較，仍能看出〈六本〉用語有道家色彩的情形。儒道聖人之境界有其相通之處──通天人、合內外，泯去大小之別，萬物渾然同體流行。然而，其工夫進路有所不同。由「損之又損之」、「道彌益而身彌損」之語可知，《孔子家語》之聖人工夫進路兼有道家色彩。

　　在材料上來說，《家語》是先秦到魏晉的資料彙編，篇章可能由先秦到魏晉都有，因此，《家語》歷經了文獻材料及人物形象的層累過程。就《家語》中的道家思想來深入分析，實可分為兩類。一種是承襲前人前書而來的，如前文所提：從〈論禮〉中「五至三無」的討論、上博簡〈民之父母〉的出土，可知戰國中晚期時儒家已受道家影響，反省「禮之原」的問題；從〈觀周〉中「金人銘」的討論，可知戰國後期到西漢初期的黃老學者可能已託言「孔子觀周」一事來闡述道家學說；從〈刑政〉中「刑政相參」的討論，可知《呂氏春秋》、《淮南子》中孔子刑政相參、先德後刑的主張，亦為《家語》所接受，這至少可以解讀為《家語》中的這些篇章與《呂氏春秋》、《淮南子》創作時代（秦至漢初）相近。這代表《家語》的部分內容確實反映了戰國中期以至漢代的思想。

　　此外，《家語》中另有一些道家思想是前人前書所無。我們確實可從《家語》與其他篇章的對比中，分析出《家語》思想更具道家色彩，其中《說苑》可作為一對照組。劉向廣採傳記行事，以著《說苑》，此工作與今本《家語》的編纂頗為相似，亦即《家語》與《說苑》兩者皆屬於「資料彙編」的性質。《說苑》約有百餘章的內容重見於今本《家語》，數量頗多，甚至還有今本《家語‧六本》幾十章與《說苑‧雜言》相合的情況，可見二書關係之密切〔註76〕。

〔註76〕鄔可晶指出：劉向編著《說苑》，乃「採傳記行事」（《漢書‧劉向傳》）；所謂「傳記行事」指「中書『說苑雜事』，及臣向書、民間書」（劉向《說苑》敘錄），即各種本子的「說苑雜事」。關於「說苑雜事」，我們贊成徐復觀的理解：「『所校中書說苑雜事』的『說苑』，乃劉向對許多積聚在一起的一堆零星言論所加的統一稱呼，並非先有『說苑』一書。」見氏著《《孔子家語》成書時代和性質問題的再研究》（復旦大學中國語言文學系博士論文，裘錫圭先生指導，2011年4月），頁284。

《家語》與《說苑》有多處重複、性質相同，但透過「加之以仁義禮樂」（《家語‧顏回》）與「行躬以仁義，飭身以禮樂」（《說苑‧辨物》）的對比；「損之又損之之道」（《家語‧三恕》）與「抑而損之之道」（《說苑‧敬慎》）的對比；「道彌益而身彌損」（《家語‧六本》）與「日中則昃，月盈則食，天地盈虛，與時消息」（《說苑‧敬慎》）的對比，可知《家語》的確較《說苑》具道家色彩。

　　《家語》含包了先秦到魏晉的篇章，篇章的蒐集與編輯可能始於漢代，直到魏晉時才完成並受到重視。若就《家語》此書由「單篇」到「成書」，再到王肅提出的整個歷程來看，由「單篇」到「成書」說明了孔子地位的提昇，由「成書」到王肅提出則說明了《家語》試圖提高為「經典」之書。就孔子形象來說，《家語》除了排除類似緯書中感生異相、受圖受命的孔子形象外，作者並非毫無標準地蒐錄所有關於「孔子」的文字，墨家、法家立場（讓孔子成為代言人）的孔子詮釋皆未收錄，另外，《家語》也排除了「道教」觀點詮釋下，「孔子為治世聖人，非得道聖人」的孔子形象。雖然《抱朴子》為東晉著作，然應可反映魏晉時的道教思想，葛洪言：「俗所謂聖人者，皆治世之聖人，非得道之聖人，得道之聖人，則黃老是也。治世之聖人，則周孔是也」（〈辨問〉）〔註77〕，葛洪認為「仲尼雖聖於世事，而非能沉靜玄默，自守無為者也」、「仲尼不免於俗情，非學仙之人也」（〈塞難〉）〔註78〕。《家語》中亦未見這些道教立場的孔子詮釋〔註79〕。由此可知，編者並非「照單全收」，編者內心自有一套取抉的標準，有一個大致的孔子形象，決定了哪些資料可以被編進來。《家語》的內容說明了編者認同這樣一位兼有道家色彩的孔子。

〔註77〕見王明《抱朴子內篇校釋》（北京：中華書局，1985 年 3 月），頁 224。

〔註78〕見王明《抱朴子內篇校釋》，頁 139。

〔註79〕此外，葛洪在面對俗人提出「周孔皆能如此，但不為耳」的質疑時，先是反駁其說，認為這是沒有根據的空言。隨後卻又話鋒一轉，以《靈寶經》〈正機〉、〈平衡〉、〈飛龜授袟〉三篇中的記載為例，語帶玄機地表示：「安知仲尼不皆密修其道乎？」這段記載透露出幾個訊息：一者，當時道術之書必有以孔子為修道之人，甚至得道之仙的說法。二者，葛洪對這類的記載信疑參半。事實上，一般人對於各書中紛雜不一的「孔子形象」，必然會有不知如何擇取的困擾。俗人或以為「周孔不為求仙之道，是無此道可知也」，或以為「周孔皆能如此，但不為耳」其實都是於書有據的。同樣的，葛洪也可以據某書而論「孔子非能玄默無為，絕非道教之人」，亦可據他書而論「孔子可能密修仙道」。孰是孰非，自由心證。可以肯定的是，道教未以孔子為聖人，其位階仍在黃帝、老子之下。

再者，王肅提出《家語》這個舉動，與之相應的是漢魏之際的學風，亦即學界對「兼融儒道的孔子」的接受。究極而論，士人何以需要這樣一位「孔子」？「夫無者誠萬物之所資也，然聖人莫肯致言，而老子申之無已者何？」的疑惑說明了一切。提問者想承認「無」爲「萬物之所資」的終極意義，但卻又擔心「無」缺乏「聖人」的認可，畢竟孔子對於「天道」與「無」幾乎毫無論述，因此希望王弼能給出一個合理的解釋。這種心理需求，正好解釋了《家語》的重新崛起。因爲唯有融會儒道、兼綜儒道的孔子事蹟，才能支持「聖人體無」的玄學思想。

《家語》中孔子形象的代表意義確實不同於《莊子》、《呂覽》、《淮南子》、《列子》等書，《莊子》等書主要顯示了道家立場下，孔子形象的道家化歷程、孔子道家境界的提高；而《家語》的編輯及興起過程，則展現了漢魏以來，在儒家立場下，兼有道家色彩的孔子逐漸被士人所接受。

第五節　結　語

《孔子家語》中的孔子，與《呂氏春秋》、《淮南子》、《列子》有重疊之處；亦與《荀子》、《禮記》、《大戴禮記》、《說苑》有相重之處。《家語》雖是孔子言行故事之彙編，看似「雜抄」，但也不是「照單全收」，而有其選擇的標準。

〈觀周〉中孔子向老子請學的情節，說明了《家語》儒道相通的基本立場。不同版本的金人銘，則說明了道家思想的逐步加入。而孔子認爲老子明識「禮樂之原」，也說明了「禮樂之原」是儒道可能和解的根據。

在《家語》中，孔子所論聖人施政，多與《呂氏春秋》、《淮南子》互相呼應。而「因順時勢」與「先德後刑」思想，亦與黃老道家有關。透過對「五至三無」的分析，可知《家語・論禮》此章不僅是正言若反、詭辭爲用的表達形式類似道家，追溯「禮樂之源」的思考模式亦與道家相近，此「禮樂之源」即是「誠志」，這正是儒道會通的根據。

《家語》以「誠志」、「忠信」爲儒道共同的成聖根源，而兩家的聖人境界亦有相通之處。因爲聖人由至誠無僞之心志出發，最後所達之德通天人、天地並生、萬物同類的境界，確實是儒道一致。值得注意的是，《家語》以「仁義」爲外加，其「損之又損之」、「道彌益而身彌損」的成聖工夫兼有道家色

彩。「聖人」爲理想人格的展現，在《孔子家語》中，孔子所論「聖人」形象兼具道家成色，與《論語》中聖人論確實有異。

然而，整體來說，《家語》雖偶現道家思想，其義理基礎仍爲儒家。因爲《家語》之聖人畢竟仍是「以誠爲體」，重視禮樂教化，沒有提出「以無爲本」之說。孔子甚而將老子視爲「行忠而蹈信」之人，讓老子合於「忠信」的道德標準，儼然成爲儒家君子，這都說明了《家語》以儒爲本的立場。

第十章　結　論

　　《莊子》中有一類「道家化孔子」的寓言，《呂氏春秋》、《淮南子》中的孔子融會儒道，到了魏晉時代，《列子》中孔子的道家境界已上臻高峰，他超越隱者，成為能入世的體道者。由此可以看出，從先秦到魏晉的道家書，有一路將孔子道家化的趨勢，將孔子逐步塑造為道家聖人。當然，漢代以前可能有部分創作者在引用孔子之言行時，或許並沒有自覺到自己正將孔子形象道家化，作者本意可能只是「運用」孔子之名進行論述，重心在所論之理。但就這一路詮釋來說，孔子形象的逐步道家化畢竟是不爭的事實。

第一節　孔子形象之道家化歷程及背景

　　總結前幾章之論證，孔子形象之逐步道家化，可以分為三個階段來討論：

一、先秦階段

　　春秋末至戰國，社會的動盪、秩序的變化使得過去的思想不再具有絕對的權威，周王室的衰微讓統治上層獨占的文化思想流入諸侯的領域，諸侯國的穩定狀態則產生了一批新的文化人，在不同職業的文化人中，思想體系有了不同的偏重，他們在王官失守後，分別形成不同的思想流派。此一時期最引人注目的現象，是下層平民中大量受過教育的「士」或進入諸侯大夫的機構，或獨立於社會，形成一個不擁有政治權力卻擁有文化權力的知識人階層。隨著王官失守、學術下移而來的，一方面是思想文化承擔者的數量增多，一方面是思想文化承擔者的權威喪失，知識階層在這一時代與權力發生了分

離，道術已爲天下裂，百家因而爭鳴〔註1〕。

就《莊子》而言，在內篇中，莊子思索的起點是：個人如何能在人倫社會的體系中不被異化，甚而超越之，找到一種既能「與神明居」又能「與世俗處」的生命狀態？內篇所創造出的理想孔子，正是一個文人的生命「理型」。這位孔子將自己從人倫關係的參照系中解放出來，他逐漸看到一個更爲開闊的宇宙天地，逐漸反省到心靈有超越的可能。至於《莊子》外雜篇，所展現的是「道術已爲天下裂」混亂世局中道者的時代關懷。在外雜篇中，「對大道的追求」、「對人性的質疑」等議題凸顯了儒道的不同，儒道不同的背後反顯出，這群不得志、未有權位之「士」的思路聚焦於——如何在亂世中安然生存，尋求身心之平衡？他們將自我的焦慮投射在「孔子」上，所以有了〈天地〉中，超越漢陰丈人、內外兼治的孔子；有了〈知北遊〉中，嚮往古人外化而內不化的孔子；有了〈讓王〉中，知足自得、行修於內的孔子；有了〈至樂〉中，強調不一其能、各適其性的孔子；有了〈寓言〉中，心無所懸、哀樂不生的孔子；有了〈達生〉中，內外兼養、立於中央的孔子……。即便是對奇技的討論，背後依然透顯出隨順外境的處世之道。而這群不得志之「士」對「孔子困厄」一事的熱烈討論，也反映了這群文化人的焦慮感，是要與時順應、應時而變？純一其心、平常其行？安於時命、以逆爲順？抑或孔子正是堅守仁義的最佳典範，道之不行反顯出義命之偉大，何必調整？吾人所歸納的或儒或道的路線之爭，其源頭正是士人不同的生命取向。

探討孔子形象之道家化歷程，必然要上溯《莊子》內篇中的孔子形象，這是後世道家詮釋孔子的源頭。透過處世之道、修養工夫、聖人境界及禮制等論題的探討，不難注意到：在《莊子》內篇中，有虛而待物的孔子，也有受楚狂批判的孔子；有企慕道家聖人的孔子，也有不解道境的孔子。這兩種看似對立的形象，其實都可以歸結於莊子調整孔子的用心，此種調整，即是立基於批判意識下的儒道對話。莊子創造了「道家化的孔子」，這位「孔子」已意識到自己的侷限，他努力以心齋自修，期待能身入於世、心出於世，他代表由凡人邁向聖境的追尋。這位「孔子」在《莊子》中的角色十分微妙，他既可說明世事之複雜，又可證明心靈在人世中有超越的可能。莊子後學中，或據內篇之一端批評孔子，或據內篇之另一端納孔子入道家，兩者都可以在

〔註1〕參見葛兆光《中國思想史》（第一卷）（上海：復旦大學出版社，2001年12月），頁69及80～82。

內篇中找到根源。

　　接著，筆者將《莊子》外雜篇分爲兩部分來討論。首先，在〈駢拇〉至〈讓王〉篇中，道家後學創造了許多孔子求道於老子的場景。道家後學意圖塑造孔不如老的用心十分明顯，這可以證明儒道相爭已經開啓了序端。然而，道家後學認爲孔子雖不如老子，卻也還有調整提昇的慧根。因此，當孔子面對其他有道者時，可以與其平起平坐，顯現邁向大人的氣象，甚至能判別「假脩渾沌氏之術者」的侷限。然而，在上述理路之外，還有另一思路。有些孔老會面的場景中，只記錄了老子的批判撻伐，未言孔子之醒悟，甚至未提孔子的反應，如：〈知北遊〉中孔子向老子問道、〈天運〉中孔子南之沛見老聃等寓言。這些道家後學應是認爲儒道確實不同調，孔子身受「天刑」，爲「天之戮民」，因而不堪改造、無緣入道。同樣的，道家後學論述「孔子困厄」事件的立場也是歧異多變，其中有受嚴辭批判的孔子，也有得道領悟的孔子；有爲道家立言的孔子，也有儒家立場的孔子，孔子形象之複雜由此可見一斑。外雜篇中的孔子形象參差並見，但整體而言，「受批判的孔子」所占比例較小；而「道家化的孔子」比例漸大，「孔子」在其中有時展現了一種由儒而道的轉化過程，但必須澄清的是，此「道」有時是老莊道家之道，有時是黃老道家之道。「受批判的孔子」與「道家化的孔子」同時並存，代表儒道之間的對立與交流是同時並行的。

　　再者，筆者之所以將〈盜跖〉、〈漁父〉與〈列禦寇〉三篇獨立出來討論，是因爲這三篇所呈現的孔子形象與外雜篇中其他作品不同。〈漁父〉篇的寓言模式上有所承，然此寓言篇幅長，起承轉合軸線明顯，寫成年代必然較晚。〈盜跖〉中「孔子往見盜跖」故事，上承「儒道相爭」的思路，就這一路「儒道相爭」的寓言文字來看，它的篇幅最長、論證較詳，創作年代應該較晚，其後的「滿苟得與子張之辯」也是批判儒家、孔子的寓言，編者之所以將「滿苟得與子張之辯」與「孔子往見盜跖」故事合爲一篇，兩則故事又都言辭激烈，正表示編者明確意識到道家後學有「詆訿孔子」的面向，必然也是年代較晚的作品，可能編成於秦代以至於漢初。〈盜跖〉與〈漁父〉代表「儒道相爭」故事的終極版本，〈盜跖〉代表「儒之不可轉化」，儒道之破裂與對立；〈漁父〉代表著「儒之轉化爲道」、隱含著儒道結合的可能，兩者之義理走向不同。而〈列禦寇〉篇的孔子形象雖居於全書之末，其實它開啓了一個新的詮釋方向，其呈現的孔子形象是兼有法家苛察之氣的「黃老道家」孔子。故〈列禦

寇〉中之孔子形象更接近《呂氏春秋》、《淮南子》中的孔子。

由此可知，外雜篇中的孔子形象確實複雜難解、方向不一。外雜篇中的孔子有時是「求道者」，有時是「體道者」；有時被拒於道門之外，有時又與道者隱者並駕齊驅，甚至凌駕於脩渾沌氏者之上，甚而還有法家氣味的黃老道家孔子。孔子形象隨作者的立場及需要來改易。外雜篇出於眾人之手，時間跨越數代，其所詮釋的孔子難以統一。某些篇章中的孔子的確呈現了「求道」、「體道」、「說道」的歷程，然而，並非全數孔子都能納入此一模式。

二、秦漢階段

在大一統政局下，漢人鑑往知來、統理萬事的雄心抱負，讓此一時期的思考格局大異於前。有關宇宙、社會、人類的知識互相綜合成一個龐大體系，此體系融合了人文思想與兵法、數術、方技等實用技術。這個巨大的知識網絡對過去思想不是非此即彼的選擇，而是一種百川滙流式的兼容，「折衷主義」的傾向正是秦漢之際思想的一個特徵。在這一時期，古人說的「道」與「術」──思想的形上基礎與形下操作，才得到了溝通，並形成一套規範與模式〔註 2〕，《呂氏春秋》與《淮南子》正為其代表。《呂氏春秋》以王治為目標；《淮南子》亦以「統天下，理萬物」為標的，其總攬天地萬事、兼容並蓄的雄心不言可喻。在這類宇宙大書中，以陰陽五行作為溝通天人的關鍵架構，宇宙與社會、天地與凡人在此架構下，得以進行結合。在「天」之一端，由道、太一來說明宇宙根源；在「人」之一端，由儒、道、墨、法兼融的黃老治術處理社會人事。儒、道雖有零星的競爭，然而，整體而言，彼此仍能在共同的價值目標下，取得某種程度的共識。因為在這一時期，政治結構穩定，知識份子不再有個人生存的焦慮感，取而代之的是治世理國的追求。前期已分裂的「道」與「術」要重新結合，且是在大一統的局面下，重新進行整併，因此各家的理念勢必要進行不同程度的調整。

在《呂氏春秋》、《淮南子》作者群的眼中，「性」與「天道」並非孔子、儒家之擅場，孔子對「道」論述不多，對「人性」認知不深，因此，他們詮釋下的孔子，果真「不言性與天道」。他們所論「天道」乃是氣化宇宙，所論「性」乃是順氣言性，儒家之重心全在人倫大事、治國理民之道，因此，要

〔註 2〕參見葛兆光《中國思想史》，頁 210～215 及曾春海《兩漢魏晉哲學史》（台北：五南圖書，2002 年 1 月），頁 5。

特別強調孔子積極參與政治、治世理國的企圖心。這群作者在論人世之理時，一旦提出「孔子」這號人物，就代表了已納入儒家思想，作者所傳達的訊息是：此理論是孔子及儒家所認可的，然而，這儒家思想又不完全是先秦儒家思想。故就先秦儒家來說，此時所論「憂患意識」、「無為而治」、「正名守分」、「精誠化民」的內涵都有所改變，有與道家結合的傾向，而「智可微謀」、「識人不易」之論更有法家權謀化之傾向。

分而論之，在《呂氏春秋》中，孔子以求治為目標，他因順時勢，以求建立事功；見小知大、能預知後事；強調盛極而衰、物極必反的道家式思維；將「誠」的發用，化為實際的統治之術；論「無為而治」時引用老子之言，讓孔子儼然成為會通儒道之人；而在〈精諭〉「聖人之相知，豈待言哉？」的塑造下，孔子與溫伯雪子同列為與天符同的聖人，進一步將孔子形象道家化。《呂覽》亦藉孔子之言行，重新詮釋闡發了老莊「無為而治」、「無言」、「棄智」等思想。因此，作者對孔子的闡釋已不完全合於《論語》的原意，而有了偏向黃老道家的趨勢。至於孔子肯定至言去言、智可微謀的言論更可見其政治化、權術化的色彩。

比起《莊子》中孔子形象的複雜不一、時受批判，《淮南子》並無嚴辭批判孔子。〈主術〉中，「孔子」首度冠以「素王」之名，「素王」一詞由道家之詞彙變為儒道共通的語彙，說明了戰國以來，儒道長期處於爭鋒與交融並行以及漢代儒生大多儒道兼習的狀況，聖人形象也因此融會儒道，兼有兩家色彩。此外，〈齊俗〉引用《莊子·田子方》之典故，進一步點出孔子了解大道之本，能夠聞道以返性、體本以保神；〈道應〉引用《莊子·大宗師》的典故，以孔子、顏回之言行來印證《老子》「營魄抱一」之理，將孔子、顏回視為能摶氣至柔、與道合一之人，此皆承續《莊子》中道家化孔子形象的發展。在《淮南子》的詮釋下，孔子以「精誠」感動民心、化民成俗，能順時而為、通權達變，簡以成事、不化應化，強調「大唯無知，是以不吾知」，隱藏心思、深藏不露。《淮南子》以孔子為善治的代表，藉孔子之口論黃老道家為政之理，以求達成黃老「求治」的目標。總之，《淮南子》承繼了《老》、《莊》之理，卻選取了道家化孔子作為體道以應世的代表，在《淮南子》的詮釋下，孔子已成為儒道共通、亦儒亦道之聖人，具有強烈的黃老道家色彩。

大致而言，《淮南子》中的「孔子」代表的是治世之術這一端，然而〈齊俗〉、〈道應〉中所透露的微弱訊息仍值得重視。在這兩篇中，《淮南子》將孔

子視爲見性自寤、反性於初、離形去知、與道合一的道家聖人，是將孔子修養境界玄學化的先聲。

三、魏晉階段

漢人所言知識思想系統含包六藝、諸子、數術、方技，「道」必須落實於「術」，其思路特別著重於實用性。漢魏之際，學風開始轉變，由楊雄、桓譚、王充一路原本蟄伏在主流思想下，追尋獨立思考的風氣漸興。荀粲所言「六籍雖存，固聖人之糠秕」，說明了他所嚮往追尋的，不再是六經之字詞考據，而是經典背後的思想依據，是對天地人倫之本原的興趣。於是，漢代作爲一切知識和人事依據的氣化宇宙論，將逐漸被「有」、「無」的本體探討所取代。從道論而言，魏晉由漢代的氣化宇宙論，轉向討論有無之本體論；從方法論而言，由章句訓詁的經學方法，轉向辨明析理的名理之學及寄言出意的玄理之學；在人性論上，由漢代順氣言性的性命觀，轉向才性論及人物鑒識的美學，在人生哲學上，呈現出儒與道兼綜、自然與名教會通的旨趣〔註3〕。

這樣的思想也投射在對聖人的詮釋上，面對動盪的體制、不安的政局，生命的安頓乃是首要問題。知識份子在社會群體與個體自覺之間尋求協調，因此，魏晉特別突出聖人「體無」而能隨時應物、有情無累的形象，企圖重新塑造一會通儒道、體用一如的圓滿化境，時人所論之聖人，並不重在分析判別成聖的實踐歷程，而在揭示聖人圓融精妙的理境。魏晉名士對孔子的詮釋，一者反映在「寓言」中，一者反映在「經典注釋」中。

《列子》中的孔子形象，有部分承襲了《莊子》寓言所開創的傳統。相較於《呂覽》、《淮南子》中的孔子詮釋偏向政治實用、君人南面之術，《列子》中的孔子與《莊子》中的孔子形象較爲接近。在《列子》書中，對孔子的譏評嘲笑並不多見，而道家化的孔子形象則隨處可見。更值得注意的是，在《列子》中，「道家化的孔子」境界更通透圓融，其「道行」也較《莊子》中的孔子略高一籌。在〈天瑞〉中，孔子立足於道家齊一生死、忘懷得失的立場，矯正了俗儒與隱者之失，其境界超越智士與狂者之上。在〈周穆王〉中，孔子與黃帝並列爲其覺自忘、其寢不夢的道家眞人，了解在道心的觀照下，覺與夢都只是攀求外物的迷惑而已。他在覺而又迷、迷而又覺，層層超越之後，體認到「無樂無知，是眞樂眞知」，眞樂，超越憂樂之上；眞知，超越俗知之

─────────────

〔註3〕參見葛兆光《中國思想史》，頁318～320及曾春海《兩漢魏晉哲學史》，頁145。

上，有其獨立不偶的價值。孔子亦強調要以至誠之心與萬物溝通共融，此正是道心觀照之下的物我兩忘境界，故曰：「心一而已，物亡迕者」。這位孔子可以為，也可以不為；他已經達到了道家刳心去智之境界，而能與世俗處，正因能與世俗處，才可能有悲天憫人之心、救民化民之舉。這是魏晉時代儒道會通融合下的孔子形象。在《列子》的詮釋下，孔子的道家至聖地位更加穩固，他已上臻憂樂兩忘、有無俱遣、融通大道的境界。

　　分析《莊子》、《呂氏春秋》、《淮南子》、《列子》一路與孔子相關的寓言，可以看到孔子逐步道家化的現象。若吾人將焦點置於魏晉時代，則道家化孔子寓言與經典注釋間的關係也頗耐人尋味，值得深究。

　　王弼以「經典注釋」的方式來詮釋孔子。在《論語釋疑》中，王弼恐怕並非「刻意改造」孔子為「外儒內道」的聖人，而是承襲了《莊子》一系的道家化孔子形象。王弼讓孔子由體現仁心，轉化為復返無境，其論孔子「神而明之」、「應變神化」的描述與《淮南子》聖人修養至極、與道渾同的靈明精神一致；其說孔子回復本情，以通同於物的詮釋與《莊子‧知北遊》、《淮南子‧齊俗》皆有相應之處；其次，王弼與《淮南子》皆言孔子中和備質，不能以單一德行涵蓋其境界；而王弼「不可奈何」的命論，亦應是受到《莊子》中孔子論述的影響。總之，王弼突出了孔子「體無用有」、「有情而無累」的面貌，與《莊子》、《淮南子》中的「道家化孔子」多處相合。

　　再者，在郭象《莊子注》中，郭象所塑造的「內道外儒」的孔子形象，應與《淮南子》有關。郭象刪除了原本《莊子》中「或出淮南」的部分，不只代表他注意到了《淮南子》與《莊子》的重疊，亦說明了《淮南子》對郭象注《莊》的可能影響。《淮南子》一方面說孔子能見性知本，一方面說孔子順時應化，雖未結合兩者作進一步深論，但的確兼有兩面。《淮南子》中的孔子形象確實可能啟發郭象。郭象於〈大宗師注〉中將子貢所不聞的「性與天道」歸為孔子「所以依」，又將「所以依」等同於無心、無為，實際上是將儒家之仁心誠體置換上道家「以無為體」的內涵；而郭象屢屢強調孔子與物同化、隨時任物，故能乘物以遊心，亦與《淮南子》中孔子時屈時伸、乘時應變的形象相符。其次，郭象論聖人在無為之中可以有無心順有的作為，此論與《淮南子》所言「無為」乃不為物先、因循而動、順應自然條件以求發展之「有為」，亦有互通之處。

第二節　從道家化的孔子形象探析儒道關係

　　從各書中道家化的孔子形象，可以觀察出各階段所呈顯的儒道關係亦有不同之變化與偏重：

一、先秦階段

　　在《莊子》內篇中，莊子透過了孔子形象，溝通了方內與方外、聖人與凡俗之間的隔閡。莊子借孔子之口發言，事實上是與儒家進行對話，亦是與古之文明道術進行對談，以尋求一種儒道之融通並在、文化之接續發展的可能性。是以在〈人間世〉中，孔子由「子之愛親」與「臣之事君」的人倫大義，延伸到虛而待物、心齋聽氣的功夫，正是在「與世俗處」中，追求「與神明居」的可能，強調不必離俗棄世，亦能讓身心歸於虛靜空明之大道；既要安於儒家倫理大義，亦要保有道家所嚮往的個體精神之清明。許多後世儒道會通的基本論題，在內篇中已被提出，如：由「忘禮樂」、「忘仁義」而至「離形去知，同於大通」，即是要在虛靜靈明的身心中，隨順本性表現出最自然真實的仁義禮樂，亦即在道家式的修養境界中，也能順應儒家禮樂而行。

　　處於迷悟之間、凡聖之間的孔子，似乎也象徵了儒道的關係，既有衝突的一面，亦有會通互補的可能，一如在〈人間世〉中，莊子有以「鳳凰」之德比「孔子」之隱喻，也有「禍重乎地，莫之知避」與「臨人以德」的嘆惋。所以在〈德充符〉中，既有「天刑之，安可解」的儒道破裂，亦有仲尼論「才全而德不形」的儒道相融；在〈大宗師〉中，既有「丘，天之戮民」的儒道相爭，亦有仲尼論「孟孫氏盡之矣」的儒道會通。值得注意的是，仲尼雖是「天之戮民」，卻能理解孟孫氏不知樂生、不知惡死的道境；而孟孫氏雖中心不戚、居喪不哀，卻不顯奇詭、隨俗而為，都說明了儒道並存互重的可能，雖然兩者工夫路徑有所差異，然而不論儒家之聖人或道家之聖人，若修養至極，必然能超越「儒道之是非」的狹隘格局。

　　《莊子》外雜篇中，〈盜跖〉、〈漁父〉等篇「孔子見盜跖」、「漁父批判孔子」的情節反映了儒道之激烈相爭；而孔子論養生、治道、真人、至知等孔門對話及孔子為道家評論人的文字，則反映了儒道之緊密結合。這已反映出「莊子貶孔」與「莊子尊孔」論爭的產生。無論「貶孔」或「尊孔」皆不能精確說明莊子本人的態度，然而，從〈寓言〉中「惠施與莊子論孔子」的一

段對話，可知這應是道家後學關心的一項議題。文中莊子對孔子「行年六十
而六十化」的肯定，與惠子對孔子「勤志服知」的否定，說明了道家後學對
孔子，亦即對儒家的不同態度。

從「孔老會面」中，可以看出儒道之間仍未能完全消解關於「人性」與
「大道」等基本議題的歧見，因此我們看到了道家「仁義，人之性邪」的質
疑、孔子「丘之於道也，其猶醯雞與！」的自貶。然而，在一次次的衝突與
撞擊中，儒與道似乎也逐漸產生了相互理解溝通的可能。關於「人性」，〈漁
父〉有「眞者，精誠之至也。不精不誠，不能動人。……其用於人理也，事
親則慈孝，事君則忠貞，飲酒則歡樂，處喪則悲哀」的論述，「眞」乃是發自
內心之誠，發於內、動於外，基於人性的普遍性，由內在之「眞」所貫通之
「神」必能感動他人，是以「事親則慈孝，事君則忠貞」。此中其實已隱含了
儒道會通的一種模式，即是以人性之本眞，來含攝儒家之仁義禮智，當人性
之眞全然開展之際，自然會表現出仁義禮智之德。

關於「大道」的爭議，外雜篇所尋求的儒道會通之途，是在黃老道家「因
循應時以求治」原則下，納入儒家之「禮義」、法家之「法度」；在外雜篇中，
道家之「（天）道」──儒家之「禮」──法家之「法」，這樣一套層層下落
的治世原則已然誕生。反映在孔子身上的，是孔子對漢陰丈人的批評，孔子
認爲渾沌氏道術唯可使個體遊於天地之間，卻不能安立世事，眞正的修道者，
不只是「治其內」，亦能「治其外」，體道者在內修之外，亦可治外，這其實
回應了黃老道家在大道的格局下，兼納禮義與法度的作法。

除了這兩種儒道會通的模式，人格境界的相通模式亦值得注意。孔子對
溫伯雪子「目擊而道存」的讚嘆，對市南宜僚「與世違，而心不屑與之俱」
的說明，對孫叔敖「眞人」境界的盛讚，都暗示了成德者人格境界的相通。
在此，〈讓王〉篇中的孔子形象特別值得注意。〈讓王〉篇中，出現了堅守仁
義的孔子，似乎也意味著道家後學對孔子「弦歌鼓琴，未嘗絕音」自得境界
的肯定〔註4〕，〈讓王〉作者認爲：儒家孔子與道家許由、共伯「所樂在道德」
的境界有相通之處。而同篇中孔子「知足者，不以利自累也，審自得者失之

─────────────

〔註4〕感謝論文審查老師提醒筆者：外雜篇出現堅守仁義的孔子，可見《莊子》一
　　　書並未將孔子全面道家化，筆者未進一步深入探討莊子及其後學對孔子如此
　　　高的興趣是否意味著對孔門某些價值的肯定，似有不足。因爲審查老師的提
　　　醒，是以有了本節的誕生。

而不懼，行修於內者無位而不怍」的形象，既與《論語》中孔子所言「不患無位，患所以立」相符，亦無違於莊子知足以自得、內修以應世的思想。雖然儒聖與道聖兩者的功夫進路與成德基礎並不相同，但莊子後學確實在「仕」與「隱」之間，在「儒」與「道」之間，找到了一條以人格境界為主體的會通之路。

二、秦漢階段

《呂氏春秋》與《淮南子》中的儒道會通，是立基於「王治」的政治目標所作的結合。「道」必須下落為治世之「術」，是以二書多以孔子的事例或言論來佐證黃老道家之理，這是書中常見的儒道結合模式，而作者此舉乃是出於追求治國之道的需要，而非出於溝通儒道的學術企圖（至少這不是首要目標）。

在《呂氏春秋》中，孔子基本上保持了儒家形象，然而在理論的闡發上，有向黃老道家發展的傾向，關於「無為而治」、「無言」、「棄智」的議題皆是如此。以「無為而治」此一議題而論，在《呂氏春秋》中，孔子先言「得之於身者得之人」，再言「不出於門戶而天下治者，其唯知反於己身者乎？」結合了儒家式「無為而治」與道家式「無為而治」。另一方面，《呂氏春秋》中亦有儒、道藉人格主體以交會融通的情形，〈離俗〉中舜、湯的聖王形象是結合了「以愛利為本，以萬民為義」的儒家使命，與「不得已而動，因時而為」的道家成色，作者不只轉化了舜、湯儒家聖王的形象，也同時肯定了道家之隱者與儒家之聖功。由此可見儒道關係由相爭競逐，逐漸趨向結合整併。

再談《淮南子》。在政治議題方面，可以《淮南子·繆稱》為例。〈繆稱〉中先高舉道家無為而治的最高境界——「聖人化育如神」，再以聖人修身以治天下（「執轡如組」之《詩》教）與待時而應、待命而發（「含章可貞」之《易》教）的儒家之理為操作步驟。這延續了《莊子》外雜篇中，在大道格局下，兼納各家的作法。在人格境界的會通方面，《淮南子》可說是直接以「孔子」為會通的對象。《淮南子》承襲《莊子》中「道家化的孔子」，〈齊俗〉言孔子見性自寤以歸返道本；〈道應〉言孔子搏氣至柔以與道合一。道家之修養境界直接體現於孔子，孔子不僅能體道，見微知著、通權達變、至言無言、心懷憂患的人格特質亦顯示其政治能力，因此，《淮南子》的孔子是儒道共通、道事兼備的聖人。《淮南子》實際上是以「孔子」為儒道會通的「人物符號」，

亦儒亦道的「孔子」象徵了儒、道為政治目標而結合的操作。

再者，《淮南子・道應》中多則「以孔子之行證明老子之言」的文字顯示此種儒道結合模式已經成熟。此種結合模式與《莊子》外雜篇中「孔老會面」顯然有所不同。外雜篇「孔老會面」的文字中，多以老子占上風，孔子是受教者，有待老子之提點調整。而在《淮南子・道應》中，老子之言教卻需要孔子之事例，才能下落為人事之術。也就是說，要經過孔子的實際運用，老子之道的價值似乎才得到了實踐與彰顯。

三、魏晉階段

相較於前面所提之典籍，《列子》中「孔子」已完全是貫通儒道之玄聖，在此書中，「孔子」之人格境界已真正超越了「儒道之是非」。既已超越了「儒道之是非」，故不見儒道之相爭，只有儒道之會通，而「孔子」正是儒道會通的載體人物。關於生命的取向，〈天瑞〉中的孔子不矜誇才能、追求名聲，亦不追求長生、執著形體，超越俗儒與狂人，在儒道共同關懷的議題上，試圖取得新的突破。孔子對隱者（榮啟期、林類）的超越，亦是如此。真正之「樂」並非「憂」的對反，而是超越「憂」、「樂」之上，否則必然導致以「貧」為樂、以「死」為樂、以「棄世」為樂的極端，是以「無樂無知，是真樂真知」。就人格境界來說，《列子》中的孔子形象，不但能「獨與天地精神往來」，更能「不敖倪於萬物」、「與世俗處」（藉用《莊子》之語）；不但能泯同有無、去除分別，更能不去「有」、「無」之名，不廢石、火之質；將入世與出世融通為一，他不僅是會通儒道，更超越了以往儒道之所論。

另外，《列子》中「至信感物」的論述也值得注意，《列子・黃帝》不談「真誠」對仁義禮智的收攝，只談「至信」、「至誠」所臻之聖人境界，儒家所論「至誠」強調經綸人倫之綱常、參贊天地之化育；而《列子》則強調順應外境、與物無迕，兩者雖有差異，然亦有可以縮合之處。與之相同，〈說符〉中「水且猶可以忠信誠身親之，而況人乎」之說，也將「忠信」的效用擴大到「物我」之間，強調至誠至信可以感動天地、親附萬物。以上兩則文字都以「至信」、「忠信」為出發，「忠信」向來為儒家所重，是君子立身行事之準則，《列子》將其效應由人倫之際擴展到物我之間，強調由儒道共通之德——「忠信」出發，可達到物我無傷、感動天地、萬物來附的境界〔註5〕。

〔註5〕這也反映在《列子》兼融儒家仁義的態度，〈天瑞〉曰：「聖人之教，非仁則

　　魏晉之後，逐漸確立了「經典注釋」的思想詮釋方式。在《論語釋疑》與《莊子注》中，王弼與郭象藉由「經典注釋」的方式進行儒道會通。不論將王弼的哲學體系歸於道體儒用，還是儒體道用，都說明了正始玄學兼融儒道的用心。王弼將孔子所志之「道」設定爲「寂然無體，不可爲象」之道，是常人只能企慕不能觸及的境界，又以「情之盡也」、「反情以同物」詮解「忠恕」，強調唯有回歸生命最眞實渾樸的自然狀態，才能盡理之極，與萬物齊。正因孔子以「無」爲本，是以能消解對反特質的矛盾，其本質爲「平淡無味」，對外能「變化無方」，通遠慮微、應變神化的能力皆緣於此。王弼以《釋疑》作爲注解《論語》之名，可知其應有代孔子發未申之旨、立未明之言的用意。而由他的注文，吾人可知其論道體，以沖虛之玄德取代剛健之實體；言聖人，以超越之境界代替修德之功夫；說政治，以自然之因順代換人文之化成；談時命，以不可奈何之命論取代知命之坦蕩，凡此種種，皆見其轉化《論語》、融合二家之用意。而王弼對聖人內涵之轉化，也正代表著時人對名教之反省、對自然之嚮往。

　　在《莊子注》中，郭象先預設了孔子能夠「體道」，能冥方內以遊方外，故要讀者「忘其所寄」。郭象「神人即今所謂聖人」之論，消解了儒與道、方內方外、入世與出世的矛盾。前文已言，莊子確實有可能想要創造一「理想的孔子」，至郭象時，他有了更明確的表達——「聖人常遊外以冥內，無心以順有」。孔子俯仰萬機，順應外務，根源乃是以心齋坐忘爲工夫，所達致的無心境界。王弼與郭象自覺地探究聖人境界的內涵，其創發在於加強了「應物」與「不累於物」的連繫，強調「應物」與「無累」同時並呈，並說明了孔子「無累」的根據。儒道之間的隔閡，確實已藉由「孔子」這位載體人物，得到了會通。

　　最後，《孔子家語》中孔子的道家色彩，反映了先秦到魏晉時期儒道會通的情形。《孔子家語》的編輯及興起過程，則展現了漢魏以來「兼融道家色彩的孔子」逐漸被士人所接受的現象。〈觀周〉中孔子向老子請學的情節，說明了《家語》儒道相通的基本立場；不同版本的金人銘，則說明了道家思想的逐步加入。而孔子認爲老子明識「禮樂之原」，也說明了「禮樂之原」是儒道可能和解的根據。再者，《家語》以「仁義」爲外加，其「損之又損之」、「道彌益而身彌損」的成聖工夫兼有道家色彩，其所論「聖人」形象亦兼具道家

　　義」，即以聖人之教爲仁義。

成色。《家語》雖是歷來資料之整編，但編輯者在整理（或收錄或刪除）的過程中，其實已反映出內心預設的孔子形象，正是儒道兼融的聖人。

參考文獻

壹、專著

一、傳統文獻（依古籍時代先後排列）

1. 荊門市博物館，《郭店楚墓竹簡》，北京：文物出版社，1998 年 5 月。

2. 馬王堆整理小組，《馬王堆漢墓文物》壹，北京：文物出版社，1980 年。

3. 〔春秋〕左丘明著、竹添光鴻箋，《左傳會箋》，台北：天工書局，1998 年 8 月。

4. 〔春秋〕左丘明著、徐元誥集解、王樹民、沈長雲點校，《國語集解》，北京：中華書局，2002 年 6 月。

5. 〔春秋〕老子著、王弼注，《老子注》，台北：學海出版社，1994 年 5 月。

6. 〔春秋〕文子著、王利器疏義，《文子疏義》，北京：中華書局，2000 年 9 月。

7. 〔戰國〕墨翟著、〔清〕孫詒讓注，《墨子閒詁》，台北：華正書局，1995 年 9 月。

8. 〔戰國〕商鞅著、蔣禮鴻注，《商君書錐指》，北京：中華書局，1986 年 4 月。

9. 〔戰國〕莊周著、〔清〕郭慶藩集釋，《莊子集釋》，台北：貫雅文化，1991 年 9 月。

10. 〔戰國〕荀卿著、〔清〕王先謙集解、沈嘯寰、王星賢點校，《荀子集解》，北京：中華書局，1988 年 9 月。

11. 〔漢〕陸賈著、王利器校注，《新語校注》，北京：中華書局，1986 年 8 月。

12. 〔漢〕韓嬰著、屈守元箋疏，《韓詩外傳箋疏》，成都：巴蜀書社，1996 年 3 月。

13. 〔漢〕司馬遷著、瀧川資言考證,《史記會注考證》,台北:文史哲出版社,1993 年 10 月。

14. 〔漢〕桓寬著、王利器校注,《鹽鐵論校注》,,北京:中華書局,1992 年 7 月。

15. 〔漢〕劉向著、向宗魯校證,《說苑校證》,北京:中華書局,1987 年 7 月。

16. 〔漢〕戴德著、〔清〕王聘珍解詁、王文錦點校,《大戴禮記解詁》,北京:中華書局,1983 年 3 月。

17. 〔漢〕戴聖著、〔清〕孫希旦集解、沈嘯寰、王星賢點校,《禮記集解》,北京:中華書局,1989 年 2 月。

18. 〔漢〕王充著、黃暉撰,《論衡校釋》,北京:中華書局,1990 年 2 月。

19. 〔魏〕王肅注、〔清〕陳士珂疏證,《孔子家語疏證》,北京:中華書局,1985 年。

20. 〔魏〕何晏集解、〔宋〕邢昺疏、〔清〕阮元校勘,《論語注疏》,台北:弘毅出版社,1994 年 3 月。

21. 〔魏〕王弼著、樓宇烈校釋,《王弼集校釋》,台北:華正書局,1992 年 12 月。

22. 〔晉〕陳壽著、〔南朝宋〕裴松之注,《三國志》,台北:史學出版社,1974 年 5 月。

23. 〔晉〕葛洪著、王明校釋,《抱朴子內篇校釋》,北京:中華書局,1985 年 3 月。

24. 〔南朝〕劉孝標著、楊勇校箋,《世說新語校箋》,北京:中華書局,2006 年 6 月。

25. 〔宋〕朱熹,《四書集註》,台北:學海出版社,1991 年 3 月。

26. 〔明〕程榮,《漢魏叢書》,長春:吉林大學出版社,1992 年 12 月。

27. 〔清〕王夫之,《莊子解》,台北:里仁書局,1995 年 4 月。

28. 〔清〕杭世駿,《續禮記集說》,台北:明文出版社,1992 年 7 月。

29 〔清〕崔述,《洙泗考信錄》,北京:中華書局,1985 年。

二、近人論著專書（依出版時間先後排列）

（一）莊子類

1. 陳鼓應,《莊子今註今譯》,北京:中華書局,1983 年 4 月。

2. 王叔岷,《莊子校詮》,台北:中央研究院歷史語言研究所,1988 年 3 月。

3. 葉海煙,《莊子的生命哲學》,台北:東大圖書股份有限公司,1990 年 4 月。

4. 高柏園，《莊子內七篇思想研究》，台北：文津出版社，1992 年 4 月。

5. 崔大華，《莊學研究》，北京：人民出版社，1992 年 7 月。

6. 歐陽景賢、歐陽超，《莊子釋譯》，台北：里仁書局，1992 年 9 月。

7. 劉笑敢，《莊子哲學及其演變》，北京：中國社會科學出版社，1993 年 3 月。

8. 陳德和，《從老莊思想詮詁莊書外雜篇的生命哲學》，台北：文史哲出版社，1993 年 10 月。

9. 牟宗三講述、陶國璋整構，《莊子齊物論義理演析》，台北：書林出版有限公司，1999 年 4 月。

10. 池田知久著、黃華珍譯，《《莊子》——「道」的思想及其演變》，台北：華泰文化，2001 年 12 月。

11. 王博，《莊子哲學》，北京：北京大學出版社，2004 年 3 月。

12. 劉榮賢，《莊子外雜篇研究》，台北：聯經出版社，2004 年 4 月。

13. 徐克謙，《莊子哲學新探》，北京：中華書局，2005 年 8 月。

14. 楊國榮，《莊子的思想世界》，北京：北京大學出版社，2006 年 10 月。

15. 賴錫三，《莊子靈光的當代詮釋》，新竹：清華大學出版社，2008 年 12 月。

16. 畢來德著、宋剛譯，《莊子四講》，北京：中華書局，2009 年 4 月。

17. 徐聖心，《莊子「三言」的創用及其後設意義》，台北：花木蘭文化出版社，2009 年 9 月。

18. 王葆玹，《黃老與老莊》，北京：中國人民大學出版社，2012 年 3 月。

（二）呂氏春秋類

1. 田鳳台，《呂氏春秋探微》，台北：臺灣學生書局，1986 年 3 月。

2. 牟鍾鑒，《《呂氏春秋》與《淮南子》思想研究》，濟南：齊魯書社，1987 年 9 月。

3. 陳奇猷，《呂氏春秋校釋》，台北：華正書局，1988 年 8 月。

4. 劉元彥，《雜家帝王學》，台北：錦繡出版社，1992 年 3 月。

（三）淮南子類

1. 于大成、陳新雄，《淮南子論文集》，台北：木鐸出版社，1976 年。

2. 李增，《淮南子》，台北：東大圖書股份有限公司，1992 年 7 月。

3. 張雙棣，《淮南子校釋》，北京：北京大學出版社，1997 年 8 月。

4. 陳德和，《淮南子的哲學》，嘉義：南華管理學院，1999 年 2 月。

5. 陳師麗桂，《新編淮南子》，台北：國立編譯館，2003 年 4 月。

6. 陳靜，《自由與秩序的困惑——『淮南子』研究》，昆明：雲南大學出版社，2004 年 11 月。

7. 孫紀文，《淮南子研究》，北京：學苑出版社，2005 年 7 月。

（四）列子類

1. 莊萬壽，《新譯列子讀本》，台北：三民書局，1979 年 1 月。

2. 楊伯峻，《列子集釋》，北京：中華書局，1979 年 10 月。

3. 嚴靈峰，《列子辯誣及其中心思想》，台北：時報文化，1983 年 10 月。

4. 蕭登福，《列子探微》，台北：文津出版社，1990 年 3 月。

5. 馬，達，《《列子》真偽考辨》，北京：北京出版社，2000 年 12 月。

6. 鄭良樹，《諸子著作年代考》，北京：北京圖書館出版社，2001 年 9 月。

7. 林秀香，《《莊》《列》思想比較研究》，永和：花木蘭文化出版社，2009 年 3 月。

8. 謝如柏，《《列子》「命」概念及其相關問題研究》，永和：花木蘭文化出版社 2010 年 9 月。

（五）魏晉玄學類（王弼、郭象）

1. 蘇新鋈，《郭象莊學平議》，台北：臺灣學生書局，1980 年 10 月。

2. 林聰舜，《向郭莊學之研究》，台北：文史哲出版社，1981 年 12 月。

3. 顧頡剛，《古史辨》第六冊，上海：上海古籍出版社，1982 年 11 月。

4. 林麗真，《王弼》，台北：東大圖書股份有限公司，1988 年 7 月。

5. 許抗生，《魏晉玄學史》，西安：陝西師範大學出版社，1989 年 7 月。

6. 牟宗三，《才性與玄理》，台北：臺灣學生書局，1993 年 2 月。

7. 王叔岷，《郭象莊子注校記》，台北：中央研究院歷史語言研究所，1993 年 3 月。

8. 郭梨華，《王弼之自然與名教》，台北：文津出版社，1995 年 12 月。

9. 王葆玹，《玄學通論》，台北：五南圖書出版股份有限公司，1996 年 4 月。

10. 謝大寧，《歷史的嵇康與玄學的嵇康》，台北：文史哲出版社，1997 年 12 月。

11. 莊師耀郎，《郭象玄學》，台北：里仁書局，1998 年 3 月。

12. 高晨陽，《儒道會通與正始玄學》，濟南：齊魯書社，2000 年 1 月。

13. 湯一介，《郭象與魏晉玄學》，北京：北京大學出版社，2000 年 7 月。

14. 湯用彤，《魏晉玄學論稿》，上海：上海古籍出版社，2001 年 6 月。

15. 孟慶祥、孟繁紅，《孔子集語譯注》，哈爾濱：黑龍江人民出版社，2003 年 1 月。

16. 田永勝,《王弼思想與詮釋文本》,北京:光明日報出版社,2003 年 9 月。

17. 王曉毅,《儒釋道與魏晉玄學形成》,北京:中華書局,2003 年 9 月。

18. 許建良,《魏晉玄學倫理思想研究》,北京:人民出版社,2003 年 11 月。

19. 周大興,《自然‧名教‧因果——東晉玄學論集》,台北:中央研究院中國文哲研究所,2004 年 11 月。

20. 余敦康,《魏晉玄學史》,北京:北京大學出版社,2004 年 12 月。

21. 高齡芬,《王弼與郭象玄學方法之研究》,台北:花木蘭文化出版社,2008 年 9 月。

22. 吳冠宏,《魏晉玄學與士風新探——以「情」爲綰合及詮釋進路》,永和:花木蘭文化出版社,2009 年 3 月。

23. 沈素因,《郭象天道性命思想研究》,永和:花木蘭文化出版社,2009 年 3 月。

24. 蔡振豐,《王弼的言意理論與玄學方法》,永和:花木蘭文化出版社,2010 年 3 月。

(六) 孔子家語類

1. 楊朝明,《孔子家語通解》,台北:萬卷樓圖書有限公司,2005 年 3 月。

2. 林保全,《宋以前《孔子家語》流傳考述》,台北:花木蘭文化出版社,2009 年 3 月。

(七) 其他類

1. 牟宗三,《智的直覺與中國哲學》,台北:臺灣商務印書館,1971 年 3 月。

2. 梁啓超,《諸子考釋》,台北:臺灣中華書局,1971 年 11 月。

3. 徐漢昌,《鹽鐵論研究》,台北:文史哲出版社,1983 年 7 月。

4. 林平和,《鹽鐵論析論與校補》,台北:文史哲出版社,1984 年 3 月。

5. 馮友蘭,《中國哲學史新編》,北京:人民出版社,1984 年 10 月。

6. 徐復觀,《兩漢思想史》,台北:臺灣學生書局,1985 年 3 月。

7. 余嘉錫,《古書通例》,上海:上海古籍出版社,1985 年 7 月。

8. 傅偉勳,《從西方哲學到禪佛教‧老莊、郭象與禪宗——禪道哲理連貫性的詮釋學試探》,台北:東大圖書股份有限公司,1986 年 6 月。

9. 唐君毅,《中國哲學原論‧導論篇》,台北:臺灣學生書局,1986 年 10 月。

10. 唐君毅,《中國哲學原論‧原道篇 (一)》,台北:臺灣學生書局,1986 年 10 月。

11. 王煦華編,《顧頡剛選集》,天津:天津人民出版社,1988 年 5 月。

12. 高專誠，《孔子・孔子弟子》，太原：山西人民出版社，1989 年 4 月。

13. 馮友蘭，《中國哲學史》，台北：藍燈文化事業股份有限公司，1989 年 10 月。

14. 項退結，《中國哲學之路》，台北：東大圖書股份有限公司，1991 年 4 月。

15. 陳師麗桂，《戰國時期的黃老思想》，台北：聯經出版社，1991 年 4 月。

16. 林聰舜，《西漢前期思想與法家的關係》，台北：大安出版社，1991 年 4 月。

17. 米歇・傅柯著，王德威譯，《知識的考掘》，台北：麥田出版社，1993 年 7 月。

18. 漢斯—格奧爾格・加達默爾著、洪漢鼎譯《真理與方法——哲學詮釋學的基本特徵》，台北：時報文化，1993 年 10 月。

19. 高柏園，《孟子哲學與先秦思想》，台北：文津出版社，1996 年 10 月。

20. 陳師麗桂，《秦漢時期的黃老思想》，台北：文津出版社，1997 年 2 月。

21. 勞思光，《新編中國哲學史》，台北：三民書局，1997 年 10 月。

22. 陳榮華，《葛達瑪詮釋學與中國哲學的詮釋》，台北：明文書局，1998 年 3 月。

23. 陳鼓應，《道家文化研究》第十四輯，北京：生活・讀書・新知三聯書店，1998 年 7 月。

24. 姜廣輝，《中國哲學》第十九輯，長沙：岳麓書社，1998 年 9 月。

25. 姜廣輝，《中國哲學》第二十輯，瀋陽：遼寧教育出版社，1999 年 1 月。

26. 張永言，《語文學論集》，北京：語文出版社，1999 年 5 月。

27. 王邦雄，《21 世紀的儒道：儒、道兩家思想的現代出路》，新店：立緒文化事業有限公司，1999 年 6 月。

28. 陳少明，《經典與解釋》，廣州：廣東人民出版社，1999 年 6 月。

29. 陳鼓應，《道家文化研究》第十七輯，北京：生活・讀書・新知三聯書店，1999 年 8 月。

30 郝大維、安樂哲，《漢哲學思維的文化探源》，南京：江蘇人民出版社，1999 年 9 月。

31. 徐復觀，《兩漢思想史》，台北：臺灣學生書局，1999 年 10 月。

32. 黃漢光，《黃老之學析論》，台北：鵝湖出版社，2000 年 5 月。

33. 鄭志明，《道教文化的精華》，嘉義：南華大學宗教文化研究中心，2000 年 7 月。

34. 丁原明，《黃老學論綱》，濟南：山東大學出版社，2000 年 10 月。

35. 陳鼓應，《道家文化研究》第一輯，台北：文史哲出版社，2000 年 8 月。

36. 陳鼓應，《道家文化研究》第六輯，台北：文史哲出版社，2000 年 8 月。

37. 陳鼓應，《道家文化研究》第十輯，台北：文史哲出版社，2000 年 8 月。

38. 吳冠宏，《聖賢典型的儒道義蘊試詮──以舜、甯武子、顏淵與黃憲爲釋例》，台北：里仁書局，2000 年 11 月。

39. 陳啓雲，《中國古代思想文化的歷史論析》，北京：北京大學出版社，2001 年 2 月。

10. 涂宗流、劉祖信，《郭店楚簡先秦儒家佚書校釋》，台北：萬卷樓圖書有限公司，2001 年 2 月。

41. 郭沂，《郭店楚簡與先秦學術思想》，上海：上海教育出版社，2001 年 2 月。

42. 熊鐵基，《秦漢新道家》，上海：上海人民出版社，2001 年 3 月。

43. 山東省儒學研究基地、曲阜師範大學孔子文化學院，《孔子‧儒學研究文叢（1）》，濟南：齊魯書社，2001 年 6 月。

44. 李學勤，《簡帛佚籍與學術史》，南昌：江西教育出版社，2001 年 9 月。

45. 洪漢鼎，《詮釋學──它的歷史和當代發展》，北京：人民出版社，2001 年 9 月。

46. 陳廣忠，《中國道家新論》，合肥：黃山書社，2001 年 9 月。

47. 葛兆光，《中國思想史》（第一卷），上海：復旦大學出版社，2001 年 12 月。

48. 曾春海，《兩漢魏晉哲學史》，台北：五南圖書出版股份有限公司，2002 年 1 月。

49. 李明輝，《儒家經典詮釋方法》，台北：喜馬拉雅研究發展基金會，2002 年 3 月。

50. 安樂哲、羅思文，《《論語》的哲學詮釋：比較哲學的視域》，北京：中國社會科學出版社，2003 年 3 月。

51. 饒宗頤，《華學》第六輯，北京：紫京城出版社，2003 年 6 月。

52. 季旭昇，《上海博物館藏戰國楚竹書（二）讀本》，台北：萬卷樓圖書有限公司，2003 年 7 月。

53. 劉小楓、陳少明，《經典與解釋的張力》，上海：上海三聯書店，2003 年 10 月。

54. 顧立雅著、王正義（王西艾）譯，《孔子與中國之道》，2003 年 11 月。

55. 史華茲著、程鋼譯，《古代中國的思想世界》，南京：江蘇人民出版社，2004 年 1 月。

56. 林存光，《歷史上的孔子形象》，濟南：齊魯書社，2004 年 3 月。

57. 謝維揚、朱淵清，《新出土文獻與古代文明研究》，上海：上海大學出版

社，2004 年 4 月。

58. 黃俊傑，《中國經典詮釋傳統（一）通論篇》，台北：喜馬拉雅研究發展基金會 2004 年 6 月。

59. 朱淵清、廖名春，《上博館藏戰國楚竹書研究續編》，上海：上海書店出版社，2004 年 7 月。

60. 黃俊傑，《中國孟學詮釋史論》，北京：社會科學文獻出版社，2004 年 9 月。

61. 楊朝明、修建軍，《孔子與孔門弟子研究》，濟南：齊魯書社，2004 年 12 月。

66. 淺野裕一著、佐藤將之監譯，《戰國楚簡研究》，台北：萬卷樓圖書有限公司，2004 年 12 月。

63. 陳德和，《道家思想的哲學詮釋》，台北：里仁書局，2005 年 1 月。

64. 龔鵬程，《漢代思潮》，北京：商務印書館，2005 年 2 月。

65. 陳來，《古代宗教與倫理》，台北：允晨文化，2005 年 6 月。

66. 楊儒賓、祝平次，《儒學的氣論與工夫論》，台北：國立臺灣大學出版中心，2005 年 9 月。

67. 羅安憲，《虛靜與逍遙——道家心性論研究》，北京：人民出版社，2005 年 9 月。

68. 福田哲之著、佐藤將之、王綉雯合譯，《中國出土古文獻與戰國文字之研究》，台北：萬卷樓圖書有限公司，2005 年 11 月。

69. 顏國明，《易傳與儒道關係論衡》，台北：里仁書局，2006 年 3 月。

70. 劉笑敢，《老子古今：五種對勘與析評引論》，北京：中國社會科學出版社，2006 年 5 月。

71. 鄭杰文，《中國墨學通史》，北京：人民出版社，2006 年 8 月。

72. 武漢大學簡帛研究中心，《中國簡帛學國際論壇 2006 論文集》，武漢：武漢大學簡帛研究中心，2006 年 11 月 8 日～10 日。

73. 丁四新，《楚地簡帛思想研究（三）》，武漢：湖北教育出版社，2007 年 1 月。

74. 郭齊勇，《儒家文化研究》第一輯，北京：生活・讀書・新知三聯書店，2007 年 6 月。

75. 吳全蘭，《劉向哲學思想研究》，北京：中國社會科學出版社，2007 年 6 月。

76. 王叔岷，《先秦道法思想講稿》，北京：中華書局，2007 年 7 月。

77. 林啓屏，《從古典到正典：中國古代儒學意識之形成》，台北：國立臺灣大學出版中心，2007 年 7 月。

78. 王叔岷，《莊學管窺》，北京：中華書局，2007 年 8 月。

79. 李零，《上博楚簡三篇校讀記》，北京：中國人民大學出版社，2007 年 8 月。

80. 李學勤、林慶彰，《新出土文獻與先秦思想重構》，台北：臺灣書房，2007 年 8 月。

81. 張祥龍，《海德格爾思想與中國天道》，北京：生活・讀書・新知三聯書店，2007 年 8 月。

82. 林明照，《先秦道家的禮樂觀》，台北：五南圖書出版股份有限公司，2007 年 9 月。

83. 劉笑敢，《中國哲學與文化》（第二輯），桂林：廣西師範大學出版社，2007 年 11 月。

84. 白奚，《先秦哲學沉思錄》，北京：中國社會科學出版社，2007 年 12 月。

85. 江竹虛，《五經源流變遷考：孔子事蹟考》，上海：上海古籍出版社，2008 年 8 月。

86. 何新，《聖・孔子年譜》，北京：中國民主法制出版社，2008 年 8 月。

87. 雷戈，《道術為天子合：後戰國思想史論》，保定：河北大學出版社，2008 年 10 月。

88. 劉笑敢，《中國哲學與文化》（第四輯），桂林：廣西師範大學出版社，2008 年 12 月。

89. 龔鵬程，《儒學新思》，北京：北京大學出版社，2009 年 1 月。

90. 徐剛，《孔子之道與《論語》其書》，北京：北京大學出版社，2009 年 1 月。

91. 劉笑敢，《中國哲學與文化》（第五輯），桂林：廣西師範大學出版社，2009 年 6 月。

92. 陳少明，《思史之間——《論語》的觀念史釋讀》，上海：上海三聯書店，2009 年 8 月。

93. 劉笑敢，《中國哲學與文化》（第六輯），桂林：廣西師範大學出版社，2009 年 12 月。

94. 陳榮華，《高達美詮釋學：《真理與方法》導讀》，台北：三民書局，2011 年 9 月。

95. 張鼎國，《詮釋與實踐》，台北：政大出版社，2011 年 12 月。

貳、期刊論文（依出版時間先後排列）

一、莊子類

1. 張宏生，〈四種先秦子書中的孔子形象〉，《孔子研究》1988 年第 1 期，

頁 35～43，1988 年。

2. 莊萬壽，〈莊子書中的孔子〉，《國文學報》第 19 期，頁 65～79，1990 年 6 月。

3. 謝大寧，〈莊子對孔子的評價〉，《中國學術年刊》第十二期，頁 45～56，1991 年 4 月。

4. 陳品川，〈《莊子》中的孔子形象〉，《汕頭大學學報》（人文科學版）1994 年第 3 期，頁 76～82，1994 年。

5. 李霞、李峰，〈從《莊子》中的孔子形象看先秦儒道衝突〉，《安徽史學》1996 年第 1 期，頁 15～17，1996 年。

6. 張岩，〈由儒而道及道家的代言人〉，《遼寧工程技術大學學報》（社會科學版）第 1 卷第 2 期，頁 64～65+68，1999 年 6 月。

7. 曹小晶，〈從《莊子·內七篇》中兩個不同的孔子形象談莊子之思想〉，《西安石油學院學報》（社會科學版）第 10 卷第 1 期，頁 77～80，2001 年 2 月。

8. 吳建明，〈論莊子對「命」的思考及其「安命」之可能〉，《鵝湖》月刊第 26 卷第 11 期，頁 54～64，2001 年 5 月。

9. 楊儒賓，〈技藝與道──道家的思考〉，王叔岷先生學術成就與薪傳研討會，台北：國立臺灣大學中國文學系，2001 年 6 月 28～29 日。

10. 陸建華，〈莊、孔關係略論〉，《鵝湖》月刊第 27 卷第 2 期，頁 30～35，2001 年 8 月。

11. 李水梅，〈老萊子其人及其思想考述〉，《無錫教育學院學報》第 21 卷第 3 期頁 31～37，2001 年 9 月。

11. 杜保瑞，〈《莊子外篇》中的儒道義理辨正〉，儒道學術國際研討會－先秦，台北：國立臺灣師範大學國文學系，2002 年 5 月 25～26 日。

12. 黃瑩暖，〈莊子的應世之道〉，儒道學術國際研討會──先秦，台北：國立臺灣師範大學國文學系，2002 年 5 月 25～26 日。

13. 劉錦賢，〈知命、安命與立命〉，儒道學術國際研討會──先秦，台北：國立臺灣師範大學國文學系，2002 年 5 月 25～26 日。

14. 朱曉海，〈孔子的一個早期形象〉，《清華學報》新三十二卷第一期，頁 1～30，2002 年 6 月。

15. 徐聖心，〈「莊子尊孔論」系譜綜述──莊學史上的另類理解與閱讀〉，《臺大中文學報》第十七期，頁 5～45，2002 年 12 月。

16. 馬麗婭，〈試論孔子在《莊子》中的形象〉，《浙江師範大學學報》（社會科學版）2003 年第 4 期（總第 126 期），頁 67～70，2003 年。

17. 莊文福，〈《莊子》中的孔子形象探析〉，《馬偕學報》第三期，頁 247～262，2003 年 5 月。

18. 張岩,〈孔子形象詳析〉,《遼寧大學學報》(哲學社會科學版) 第 31 卷第 6 期,頁 34〜38,2003 年 11 月。

19. 高慶榮、黃發平,〈《莊子》中不同的孔子形象分析〉,《通化師範大學學報》第 25 卷第 1 期,頁 42〜45,2004 年 1 月。

20. 徐文武,〈老萊子生平與思想考論〉,《長江大學學報》(社會科學版) 第 27 卷第 3 期,頁 7〜11,2004 年 6 月。

21. 霍松林、霍建波,〈論《孟子》、《莊子》中的孔子形象〉,《蘭州大學學報》(社會科學版) 第 32 卷第 4 期,頁 10〜15,2004 年 7 月。

22. 陳少明,〈「孔子厄於陳蔡」之後〉,孔子 2000 網站,http://www.confucius 2000.com/admin/list.asp?id=1678,2004 年 9 月 1 日。

23. 余華、梁小康,〈論莊子的心路歷程〉,《船山學刊》2005 年第 2 期,頁 99〜102,2005 年。

24. 羅翌倫,〈《莊子》「安時而處順」的新詮釋〉,《鵝湖》月刊第 30 卷第 12 期,頁 50〜59,2005 年 6 月。

25. 歐崇敬,〈《莊子》書中的儒者形象及其存有學脈絡表現〉,《通識研究集刊》第八期,頁 37〜56,2005 年 12 月。

26. 蕭裕民,〈《莊子》內外雜篇新論──從思想的一致性來觀察〉,《興大人文學報》第三十六期,頁 159〜186,2006 年 3 月。

27. 洪之淵,〈〈盜跖篇〉和先秦民間的孔子故事〉,《溫州師範學院學報》(哲學社會科學版) 第 27 卷第 4 期,頁 51〜55,2006 年 8 月。

28. 林崗,〈論莊子晚年悔意〉,《中山大學學報》2007 年(第 47 卷)第 1 期,頁 33〜39,2007 年。

29. 何炳棣,〈從《莊子・天下》篇首解析先秦思想中的基本關懷〉,《中央研究院歷史語言研究所集刊》第七十八本第一分,頁 1〜34,2007 年 3 月。

30. 尚建飛,〈寓言化的孔子形象與莊子哲學主題〉,《西北大學學報》(哲學社會科學版) 第 37 卷第 3 期,頁 64〜67,2007 年 5 月。

31. 高慶榮,〈「孔子」的雙重承負──〈人間世〉篇「孔子」代言現象解析〉,《澳門理工學報》2008 年第 1 期,頁 77〜83,2008 年。

32. 張二平,〈《論語》和《莊子》中的顏回與子貢〉,《海南大學學報》(人文社會科學版) 第 27 卷第 5 期,頁 575〜581,2009 年 10 月。

33. 賴錫三,〈從《老子》的道體隱喻到《莊子》的體道敘事──由本雅明的說書人詮釋莊周的寓言哲學〉,《清華學報》新 40 卷第 1 期,頁 67〜111,2010 年 3 月。

34. 莊敦榮,〈莊子說故事──論其寓言功能與書寫策略〉,《國立中正大學中國文學研究所研究生論文集刊》第十二期,頁 19〜33,2010 年 6 月。

35. 林明照,〈莊子的道論與反身性〉,《哲學與文化》第卅七卷第十期,頁

25～45，2010 年 10 月。

36. 楊儒賓，〈莊子與人文之源〉，《清華學報》新 41 卷第 4 期，頁 587～620，2011 年 12 月。

37. 杜玉儉，〈《莊子》對《論語》的化用和改造〉，《孔子研究》2012 年第 6 期，頁 121～126，2012 年。

38. 賴錫三，〈莊子身體觀的三維辯證：符號解構、技藝融入、氣化交換〉，《清華學報》新 42 卷第 1 期，頁 1～43，2012 年 3 月。

39. 林明照，〈觀看、反思與專凝——《莊子》哲學中的觀視性〉，《漢學研究》第 30 卷第 3 期，頁 1～33，2012 年 9 月。

二、呂氏春秋類

1. 朱守亮，〈呂氏春秋中之孔子〉，《孔孟月刊》第十五卷第二期，頁 21～25，1976 年 10 月。

2. 朱守亮，〈呂氏春秋中之孔子（續）〉，《孔孟月刊》第十五卷第三期，頁 12～17，1976 年 11 月。

3. 金春峰，〈論《呂氏春秋》的儒家思想傾向〉，《哲學研究》1982 年第 12 期，頁 60～69，1982 年。

4. 修建軍，〈博採眾長獨傾儒——從《呂氏春秋》的孔子觀談起〉，《齊魯學刊》1991 年第 4 期，頁 87～89，1991 年。

5. 修建軍，〈《呂氏春秋》與《荀子》思想主體之比較〉，《管子學刊》1994 年第 3 期，頁 43～48，1994 年。

6. 孟天運，〈《呂氏春秋》的思想主旨是「王治」〉，《暨南學報》（哲學社會科學）第 21 卷第 6 期，頁 69～72，1999 年 11 月。

7. 修建軍，〈《呂氏春秋》與道家析論〉，《管子學刊》2000 年第 3 期，頁 53～57，2000 年。

8. 陳鼓應，〈從《呂氏春秋》到《淮南子》論道家在秦漢哲學史上的地位〉，《文史哲學報》第 52 期，頁 5～51，2000 年 6 月。

9. 陳鼓應，〈從《呂氏春秋》看秦道家思想特點〉，《中國哲學史》2001 年第 1 期，頁 86～93，2001 年。

10. 佐藤將之，〈戰國時代「誠」概念的形成與意義：以《孟子》、《莊子》、《呂氏春秋》爲中心〉，《清華學報》新三十五卷第二期，頁 215～244，2005 年 12 月。

11. 李毓善，〈《呂氏春秋》之史料價值——以孔子爲例〉，《輔仁國文學報》第二十二期，頁 105～132，2006 年 7 月。

12. 陳平坤，〈《呂氏春秋》與《淮南子》的感應思維〉，《臺灣大學哲學評論》第三十二期，頁 167～222，2006 年 10 月。

13. 王啓才,〈《呂氏春秋》稱引孔子及其意義〉,《阜陽師範學院學報》（社會科學版）2007 年第 1 期（總第 115 期）,頁 1～4,2007 年。

14. 徐飛,〈《呂氏春秋》援引《莊子》研究〉,《四川文理學院學報》（社會科學）第 18 卷第 1 期,頁 62～65,2008 年 1 月。

15. 楊漢民,〈諸子「務爲治」與《呂氏春秋》雜家特色的形成〉,《南華大學學報》（社會科學版）第 12 卷第 1 期,頁 58～60,2011 年 2 月。

三、淮南子類

1. 陳師麗桂,〈淮南多楚語──論淮南子的文字〉,《漢學研究》第 2 卷第 1 期,頁 167～183,1984 年 6 月。

2. 陳師麗桂,〈淮南鴻烈的內容體系與價值〉,《中華文化復興月刊》第十八卷第四期,頁 29～38,1985 年 3 月。

3. 陳師麗桂,〈淮南子的無爲論〉,《國文學報》第十七期,頁 93～121,1988 年 6 月。

4. 陳師麗桂,〈淮南子裏的黃老思想〉,《中國學術年刊》第十四期,頁 113～160,1993 年 3 月。

5. 劉笑敢著、陳靜譯,〈「無爲」思想的發展──從《老子》到《淮南子》〉,《中華文化論壇》1996 年第 2 期,頁 93～100,1996 年。

6. 陳師麗桂,〈從出土竹簡《文子》看古、今本《文子》與《淮南子》之間的先後關係及幾個思想論題〉,《哲學與文化》廿三卷第八期,頁 1871～1884,1996 年 8 月。

7. 陳德和,〈試論《淮南子》道家思想的類屬──以徐復觀之觀點爲中心的展開〉,《鵝湖》月刊第 22 卷第 7 期,頁 26～33,1997 年 1 月。

8. 陳德和,〈淮南道家與黃老道家的對比性考察──《淮南子》性格的再標定〉,《鵝湖》月刊第 25 卷第 2 期,頁 16～27,1999 年 8 月。

9. 方勇,〈《淮南子》對莊子的積極闡釋〉,《漳洲師範學院學報》（哲學社會科學版）2001 年第 2 期（總第 39 期）,頁 26～33,2001 年。

10. 戴黍,〈「因循」與「治道」──《淮南子》中「因」的四重涵義〉,《江淮論壇》2005 年第 5 期,頁 115～118,2005 年。

11. 洪春音,〈論孔子素王說的形成與發展主向〉,《興大中文學報》第二十期,頁 101～140,2006 年 12 月。

12. 張允熠,〈《淮南子》思想主旨新探〉,《安徽大學學報》（哲學社會科學版）第 31 卷第 4 期,頁 4～8,2007 年 7 月。

13. 王光松,〈漢初「孔子素王論」考〉,《廣東教育學院學報》第 28 卷第 2 期,頁 93～96,2008 年 4 月。

14. 邱維寅,〈《淮南子》論孔子〉,《淮南師範學院學報》2010 年第 1 期（總

第 59 期），頁 36～38，2010 年。

四、列子類

1. 朱守亮，〈列子辨偽〉，《臺灣省立師範大學國文研究所集刊》第六號，頁 427～457 1962 年 6 月。

2. 劉禾，〈從語言的運用上看《列子》是偽書的補證〉，《東北師大學報》1980 年第 3 期，頁 34～38，1980 年。

3. 連清吉，〈列子書中的孔子〉，《中國文化月刊》第十四期，頁 75～82，1980 年 12 月。

4. 山崎徹，〈列子研究——列子書に於ける儒の家影響〉，《淡江學報》第二十期，頁 69～82，1983 年 5 月。

5. 譚家健，〈《列子》書中的先秦諸子〉，《管子學刊》1998 年第 2 期，頁 66～73，1998 年。

6. 譚家健，〈《列子》故事淵源考略〉，《社會科學戰線》2000 年第 3 期，頁 136～144，2000 年。

7. 林麗真，〈《列子》書中的「聖人」觀念及其思維特徵〉，《國立臺灣大學文史哲學報》第 52 期，頁 119～140，2000 年 6 月。

8. 鄭良樹，〈《列子》真偽考述評〉，《中國文哲研究通訊》第 10 卷第 4 期，頁 209～235，2001 年 12 月。

9. 周美吟，〈張湛《列子注》研究〉，《國立臺灣師範大學國文研究所集刊》第四十六號，頁 703～933，2002 年 6 月。

10. 管宗昌，〈《列子》中無佛家思想——《列子》非偽書證據之一〉，《大連民族學院學報》第 6 卷第 2 期，頁 29～31，2004 年 3 月。

11. 楊漪柳，〈論《列子》對《莊子》寓言的應用〉，《四川師範大學學報》（社會科學版）第 31 卷第 4 期，頁 46～52，2004 年 7 月。

12. 鄭良樹，〈論近世古籍真偽學的兩個趨勢——以《列子》為例〉，《南方學院學報》第二期，頁 1～9，2006 年。

13. 管宗昌，〈《列子》偽書說述評〉，《古籍整理研究學刊》2006 年第 5 期，頁 11～16，2006 年 9 月。

14. 程水金、馮一鳴，〈《列子》考辨述評與《列子》偽書新證〉，《中國哲學史》2007 年第 2 期，頁 40～48，2007 年。

15. 牟鍾鑒，〈《列子》與《列子注》之我見〉，《政大中文學報》第 8 期，頁 29～44，2007 年 12 月。

16. 王光照、卞魯曉，〈20 世紀《列子》及張湛注研究述略〉，《安徽大學學報》（哲學社會科學版）第 32 卷第 2 期，頁 14～19，2008 年 3 月。

17. 王東、羅明月，〈《列子》撰寫時代考——從辭彙史角度所作的幾點補證〉，

《西南交通大學學報》（社會科學版）第 10 卷第 6 期，頁 1～7，2009 年
12 月。

18. 管宗昌，〈《列子》與《莊子》敘述特徵的差異及兩書的先後關係——從
    兩書近同文字的比較說起〉，《古籍整理研究學刊》2010 年第 1 期，頁 10
    ～15+24，2010 年 1 月。

19. 徐曼曼、王毅力，〈從辭彙史看《列子》的成書年代補略〉，《西南交通大
    學學報》（社會科學版）第 12 卷第 2 期，頁 25～30，2011 年 3 月。

20. 周大興，〈《列子・楊朱篇》析論〉，《中國文哲研究通訊》第二十一卷第
    四期，頁 19～44，2011 年 12 月。

21. 陳濬祐，〈《莊子》與《列子》寓言中「孔子形象」比較研究〉，《思辨集》
    第十五集（第十八屆臺灣師範大學國文學系研究生論文發表會論文
    集），台北：國立臺灣師範大學國文系，頁 75～92，2012 年 3 月 24 日。

22. 鞏玲玲，〈從年齡稱數法探微《列子》的真偽〉，《齊齊哈爾大學學報》（哲
    學社會科學版）2013 年第 2 期，頁 106～108，2013 年 3 月。

五、王弼、郭象（魏晉玄學）類

1. 林聰舜，〈王弼易注對孔老之體認〉，《孔孟月刊》第十八卷第十期，頁
   22～26，1980 年 6 月。

2. 林麗真，〈王弼《論語釋疑》中的老子義〉，《書目季刊》第二十二卷第三
   期，頁 34～61，1988 年 12 月。

3. 莊師耀郎，〈魏晉玄學釋義及其分期之商榷〉，《鵝湖學誌》第 6 期，頁
   33～61，1991 年 6 月。

4. 陳榮灼，〈王弼與郭象玄學思想之異同〉，《東海學報》第 33 卷，頁 123
   ～137，1992 年 6 月。

5. 莊師耀郎，〈王弼儒道會通理論的省察〉，《國文學報》第二十三期，頁
   41～62，1994 年 6 月。

6. 余敦康，〈從《莊子》到郭象《莊子注》〉，《哲學與文化》廿一卷第八期，
   頁 712～732，1994 年 8 月。

7. 江淑君，〈論王弼注老之思維方式〉，《鵝湖》月刊第 20 卷第 7 期，頁 31
   ～38，1995 年 1 月。

8. 吳冠宏，〈何晏「聖人無情說」試解——兼論關於王弼「聖人有情說」之
   爭議〉，《臺大中文學報》第九期，頁 257～281，1997 年 6 月。

9. 林聰舜，〈王弼思想的一個面向：玄學式的體制合理化論述〉，《清華學報》
   新二十八卷第一期，頁 19～46，1998 年 3 月。

10. 林麗真，〈王弼玄學與黃老學的基本歧異〉，《臺大中文學報》第十二期，
    頁 125～127+129～146，2000 年 5 月。

11. 陳榮灼，〈王弼解釋學思想之特質〉，《臺大文史哲學報》第五十五期，頁275～294，2001 年 11 月。

12. 謝君直，〈王弼的「動」「靜」觀——從《老子注》及《周易注》論其儒道態度〉，《鵝湖》月刊第 27 卷第 11 期，頁 34～43，2002 年 5 月。

13. 莊師耀郎，〈言意之辨與玄學〉，《哲學與文化》第卅卷第四期，頁 17～34，2003 年 4 月。

14. 劉笑敢，〈經典詮釋中的兩種內在定向及其外化——以王弼《老子注》與郭象《莊子注》為例〉，《中國文哲研究集刊》第二十六期，頁 287～319，2005 年 3 月。

15. 謝君直，〈王弼思想型態的再分判〉，《揭諦》第 9 期，頁 125～151，2005 年 7 月。

16. 盧桂珍，〈王弼、郭象性情論研考〉，《臺大中文學報》第二十五期，頁 99～133，2006 年 12 月。

17. 吳冠宏，〈貴無與滯有——王弼「聖人有情說」之兩種詮釋向度的檢視及其對話〉，《中正大學中文學術年刊》2007 年第 1 期（總第九期），頁 97～121，2007 年 6 月。

18. 戴璉璋，〈玄思與詭辭——魏晉玄學契會先秦道家的關鍵〉，《國文學報》第四十二期，頁 31～54，2007 年 12 月。

19. 吳冠宏，〈王弼聖人有情說與儒、道、玄思想之關涉與分判〉，《國文學報》第四十二期，頁 55～86，2007 年 12 月。

20. 吳冠宏，〈王弼思想之歷程性的探尋：從聖人無情到聖人有情之轉變的考察〉，《臺灣東亞文明研究學刊》第 5 卷第 1 期（總第 9 期），頁 145～174，2008 年 6 月。

21. 林明照，〈詮莊與反莊：李禎〈廣廢莊論〉中的莊學詮釋與批判〉，《中國學術年刊》第三十三期，頁 35～66，2011 年 9 月。

22. 謝如柏，〈罔然無心與真性逍遙〉，《臺大中文學報》第三十九期，頁 71～104，2012 年 12 月。

23. 謝如柏，〈郭象的無心與忘境之說〉，《漢學研究》第 30 卷第 4 期，頁 1～34，2012 年 12 月。

24. 簡光明，〈郭象注解《莊子》的方法及其影響〉，《國文學報》第十八期，頁 37～60，2013 年 6 月。

25. 林明照，〈外內玄合與聖王之道：郭象哲學中「應」的意涵〉，《哲學與文化》第四十卷第十二期，頁 55～74，2013 年 12 月。

六、孔子家語類

1. 定縣漢墓竹簡整理組，〈〈儒家者言〉釋文〉，《文物》1981 年第 8 期，頁

13～19，1981 年。

2. 那薇，〈孔子家語中儒道兼綜的傾向〉，《孔子研究》1987 年第 2 期，頁 65～69+128，1987 年。

3. 徐正英，〈先秦佚文佚書三題〉，《鄭州大學學報》（哲學社會科學版）第 36 卷第 4 期，頁 33～36，2003 年 7 月。

4. 龐樸，〈話說「五至三無」〉，《文史哲》2004 年第 1 期（總第 280 期），頁 71～76，2004 年。

5. 姚小鷗、鄭永扣，〈論上海楚簡〈民之父母〉的「五至」說〉，《哲學研究》2004 年第 4 期，頁 48～51，2004 年。

6. 張岩，〈《孔子家語》研究綜述〉，《孔子研究》2004 年第 4 期，頁 112～114，2004 年。

7. 林素英，〈上博簡〈民之父母〉思想探微─兼論其與〈孔子閒居〉的關係〉，《中國學術年刊》第廿五期，頁 37～60，2004 年 3 月。

8. 寧鎮疆，〈八角廊漢簡〈儒家者言〉與《孔子家語》相關章次疏證〉，《古籍整理研究學刊》2004 年第 5 期，頁 5～15，2004 年 9 月。

9. 龐光華，〈論〈金人銘〉的產生時代〉，《孔子研究》2005 年第 2 期，頁 56～63，2005 年。

10. 徐少華，〈楚竹書〈民之父母〉思想源流探論〉，《中國哲學史》2005 年第 4 期，頁 71～77，2005 年。

11. 廖名春、張岩，〈從上博簡〈民之父母〉「五至」說論《孔子家語・論禮》的真偽〉，《湖南大學學報》（社會科學版）第 19 卷第 5 期，頁 6～10+32，2005 年 9 月。

12. 張樹國，〈孔子觀周考辨〉，《東方論壇》2006 年第 4 期，頁 21～26，2006 年。

13. 歐陽禎人，〈論〈民之父母〉的政治哲學內涵〉，《孔子研究》2007 年第 1 期，頁 42～49，2007 年。

14. 寧鎮疆，〈《家語》的「層累」形成考論〉，《齊魯學刊》2007 年第 3 期（總第 198 期），頁 9～17，2007 年。

15. 林保全，〈王肅序《孔子家語》相關問題考辨 ──以王氏獲得《家語》之時間及來源為核心〉，《中國文學研究》第二十四期，頁 1～40，2007 年 6 月。

16. 劉貽群，〈試說「五至」、「三無」和「五起」〉，《武漢大學學報》（哲學社會科學版）第 60 卷第 4 期，頁 610～614，2007 年 7 月。

17. 王詩評，〈上博簡〈民之父母〉的治道思想─以「三亡」為內容討論之〉，《思辨集》第十一集（第十四屆臺灣師範大學國文學系研究生論文發表會論文集），台北：國立臺灣師範大學國文系，頁 203～220，2008 年 3

月 15 日。

18. 黃懷信，〈「五至」、「三無」說〉，《齊魯學刊》2009 年第 6 期（總第 213 期），頁 5～10，2009 年。

19. 寧鎮疆，〈「層累」非「作偽」——再論今本《孔子家語》的性質〉，《學術界》總第 138 期，頁 110～118，2009 年 5 月。

20. 巫雪如，〈〈民之父母〉、〈孔子閒居〉及〈論禮〉若干異文的語言分析——兼論《孔子家語》的成書問題〉，《漢學研究》第 28 卷第 4 期，頁 319～349，2010 年 12 月。

21. 齊丹丹，〈上博簡〈民之父母〉研究綜述〉，《古籍整理研究學刊》2012 年第 2 期，頁 30～35，2012 年 3 月。

七、其他類

1. 張寧，〈試論孔子形象再造的先天性因素〉，《中州學刊》1995 年第 5 期，頁 108～111，1995 年 9 月。

2. 夏長樸，〈子為政焉用殺——論孔子誅少正卯〉，《臺大中文學報》第十期，頁 55～80，1998 年 5 月。

3. 王師開府，〈思想研究法綜論——以中國哲學為例〉，《國文學報》第二十七期，頁 147～187，1998 年 6 月。

4. 陳師麗桂，〈從郭店竹簡〈五行〉檢視帛書〈五行〉說文對經文的依違情況〉，《哲學與文化》廿六卷第五期，頁 430～441，1999 年 5 月。

5. 王爾敏，〈先秦貴因思想〉，《國立臺灣師範大學歷史學報》第 27 期，頁 1～16，1999 年 6 月。

6. 張岩，〈論《左傳》中的孔子形象及其描述特點〉，《遼寧青年管理幹部學院學報》2000 年第 1 期，頁 62～63，2000 年。

7. 白奚，〈儒道互補散論——對中國文化之結構與特質的一點思考〉，《孔孟月刊》第三十八卷第九期，頁 11～16，2000 年 5 月。

8. 林啟屏，〈「老子學」的兩個理論型態——以「韓非」「王弼」為例，王叔岷先生學術成就與薪傳研討會，台北：國立臺灣大學中國文學系，2001 年 6 月 28～29 日。

9. 劉錦賢，〈顏淵之聖學造詣蠡測〉，《興大中文學報》第十七期，頁 71～91，2005 年 6 月。

10. 佐藤將之，〈中國古代「變化」觀念之演變暨其思想意義〉，《政大中文學報》第三期，頁 51～86，2005 年 6 月。

11. 莊師耀郎，〈論牟宗三先生對道家的定位〉，《中國學術年刊》第廿七期，頁 59～80，2005 年 9 月。

12. 陳德和，〈戰國老學的兩大主流——政治化老學與境界化老學〉，《鵝湖學

誌》第三十五期，頁 59～102，2005 年 12 月。

13. 白奚，〈論先秦黃老學對百家之學的整合〉，《中國哲學》2006 年第 1 期，頁 49～53，2006 年。

14. 鄧曦澤，〈進退之間：孔子遭遇的困境〉，《鵝湖》月刊第 31 卷第 5 期，頁 59～62， 2006 年 5 月。

15. 陳師麗桂，〈道家養生觀在漢代的演變與轉化——以《淮南子》、《老子指歸》、《老子河上公章句》、《老子想爾注》爲核心〉，《國文學報》第三十九期頁 35～80，2006 年 6 月。

16. 鄭倩琳，〈從《郭店·老子甲》「絕智棄辯」章探析《老子》相關思想之詮釋發展〉，《國文學報》第三十九期，頁 81～109，2006 年 6 月。

17. 陳師麗桂，〈先秦儒道的氣論與黃老之學〉，《哲學與文化》第卅三卷第八期，頁 5～18，2006 年 8 月。

18. 張岩，〈先秦三部典籍中的孔子形象剖析〉，《遼寧大學學報》（哲學社會科學版）第 34 卷第 6 期，頁 87～92，2006 年 11 月。

19. 曹峰，〈出土文獻可以改寫思想史嗎？〉（《學燈》第 6 期），孔子 2000 網站 http://www.confucius2000.com/admin/list.asp?id=3568，2008 年 3 月 31 日。

20. 張岩，〈戰國時期孔子形象變異原因分析〉，《東莞理工學院學報》第 15 卷第 4 期，頁 61～63，2008 年 8 月。

21. 伍師振勳，〈聖人敘事與神聖典範：《史記·孔子世家》析論〉，《清華學報》新三十九卷第二期，頁 227～259，2009 年 6 月。

22. 陳師麗桂，〈從傳世儒典與郭店儒簡看先秦儒學的忠信之德〉，《國文學報》第四十七期，頁 1～36，2010 年 6 月。

23. 陳師麗桂，〈天命與時命〉，《哲學與文化》第卅八卷第十一期，頁 59～82，2011 年 11 月。

24. 陳師麗桂，〈先秦儒學的聖、智之德——從孔子到子思學派〉，《漢學研究》第 30 卷第 1 期，頁 1～25，2012 年 3 月。

25. 陳師麗桂，〈從〈凡物流形〉的鬼神觀談起——兼論〈鬼神之明〉〉，《哲學與文化》第卅九卷第四期，頁 63～76，2012 年 4 月。

參、學位論文（依出版時間先後排列）

一、莊子類

1. 彭昊，《莊子思想對儒家思想的融通》，湖南師範大學中文系碩士論文，李生龍先生指導，2001 年 5 月。

2. 姚彥淇，《《莊子》中的「孔」／「顏」論述研究》，國立清華大學中國文

學系碩士論文，楊儒賓先生指導，2003 年 6 月。

3. 劉芷瑋，《型變與思辯——《莊子》中的儒者形象分析》，國立政治大學中國文學研究所碩士論文，徐聖心先生指導，2008 年 7 月。

4. 周雅清，《莊子哲學詮釋的轉折——從先秦到隋唐階段》，國立臺灣師範大學國文系博士論文，莊耀郎先生指導，2011 年 6 月。

5. 張恪華，《莊子的理想人物問答體》，國立清華大學中國文學研究所碩士論文，楊儒賓先生指導，2011 年 6 月。

二、呂氏春秋類

1. 馬文戈，《《呂氏春秋》與《淮南子》孔子觀之比較》，曲阜師範大學孔子文化學院碩士論文，修建軍教授指導，2006 年 4 月。

2. 俞林波，《《呂氏春秋》學術思想體系研究》，山東大學儒學高等研究院博士論文，鄭杰文先生指導，2012 年 5 月。

三、淮南子類

1. 陳師麗桂，《淮南鴻烈思想研究》，國立臺灣師範大學國文研究所博士論文，于大成先生指導，1983 年 3 月。

2. 王雪，《《淮南子》哲學思想研究》，西北大學中國思想史博士論文，張豈之先生指導，2005 年 4 月。

3. 劉慧源，《《淮南子》、《史記》孔子論》，安徽大學中國古代文學碩士論文，陳廣忠先生指導，2012 年 4 月。

4. 周葉君，《《淮南子》對老莊思想的繼承與發展》，安徽大學中國哲學博士論文，李霞先生指導，2012 年 4 月。

四、列子類

1. 鄭宜青，《張湛《列子注》與《列子》思想關係之研究》，國立政治大學中文系碩士論文，呂凱先生指導，2000 年 6 月。

2. 黃翔，《《列子》寓言思想研究》，國立台灣大學中文研究所碩士論文，林麗真先生指導，2002 年 1 月。

3. 李彬源，《《列子》考辨三題》，福建師範大學中國古代文學碩士論文，郭丹先生指導，2006 年 9 月。

4. 吳萬和，《從詞滙語法角度考辨《列子》偽書實質》，江西師範大學文學院碩士論文，黃增壽先生指導，2009 年 6 月。

5. 蔡慧沁，《《列子》書中的人物類型研究》，國立台灣大學中文研究所碩士論文，林麗真先生指導，2010 年 6 月。

6. 楊孟晟，《《列子》考辨及思想研究》，南京師範大學社會發展學院碩士論文，李天石先生指導，2011 年 5 月。

7. 卞魯曉,《《列子》人生哲學研究》,安徽大學中國哲學博士論文,陸建華先生指導,2012 年 4 月。

五、魏晉玄學(王弼、郭象)類

1. 謝大寧,《從災異到玄學》,國立臺灣師範大學國文研究所博士論文,張亨先生、戴璉璋先生指導,1989 年 5 月。
2. 江淑君,《魏晉論語學之玄學化研究》,國立臺灣師範大學國文研究所博士論文,戴璉璋先生、楊祖漢先生指導,1998 年 1 月。

六、孔子家語類

1. 張岩,《《孔子家語》之〈子路初見〉篇、〈論禮〉篇研究》,清華大學歷史學碩士論文,廖名春先生指導,2004 年 6 月。
2. 陳建磊,《魏晉孔氏家學及《孔子家語》公案》,曲阜師範大學歷史學碩士論文,黃懷信先生指導,2007 年 4 月。
3. 鄔可晶,《《孔子家語》成書時代和性質問題的再研究》,復旦大學中國語言文學系博士論文,裘錫圭先生指導,2011 年 4 月。

七、其他類

1. 房慧眞,《陰陽刑德研究——黃學、陰陽與黃老三者之間的交會融通》,國立臺灣師範大學國文研究所碩士論文,陳麗桂先生指導,2003 年 6 月。
2. 林惟仁,《求道者——以孔子弟子爲研究的起點》,國立政治大學中文系碩士論文,林啓屏先生指導,2005 年 7 月。
3. 王化平,《簡帛文獻中的孔子言論研究》,四川大學歷史文化學院博士論文,彭裕商先生指導,2006 年 4 月。
4. 吳悦禎,《先秦兩漢孔子形象演變之研究》,天主教輔仁大學中國文學系博士論文,林慶彰先生指導,2006 年 6 月。
5. 張純杰,《古代典籍中的孔子形象》,華中師範大學中國古代文學碩士論文,韓維志先生指導,2008 年 4 月。
6. 單育辰,《楚地戰國簡帛與傳世文獻對讀之研究》,吉林大學歷史學博士論文,吳振武先生指導,2010 年 6 月。
7. 陳瑩,《先秦到西漢典籍中的孔子形象》,北京大學中國語言文學系碩士論文,傅剛先生指導,2011 年 5 月。
8. 高榮鴻,《上博楚簡論語類文獻疏證》,國立中興大學中文研究所博士論文,林清源先生指導,2013 年 7 月。